Manöver für unglückliche Lösungen

AF279966

Inhalt:
Das Buch ist ein unterhaltsames Sachbuch der Psychologie. Es ist auch Psychotherapiebericht; und gibt Anleitung zu Musterveränderungen.

Mit Wort und Tat imponiert der Autor durch psychologische Aufklärung, therapeutische Weisheit und Provokation zur Aktion.
Ihm geht es um die Aktivierung außerhalb des Therapieraums. Unglückliche Lösungsversuche gilt es beherzt mit Manövern zu drehen. Auch wenn hartnäckig Symptome und wiederholt Probleme herrschen, der Autor will Menschen neu mögliche Selbstwirksamkeit erfahren lassen. Nicht innerhalb der Therapiesitzung ein Psychotherapeut, nein, der aktive Mensch schleudert bei ihm im Leben immer wieder den Hammer.

Heiter erzählt Norbert T. M. Flamme, wie er nützliche Aufgaben für Patienten ersann, an sich selbst erprobte und was passierte. Das Vorgehen wird immer wieder vom Dipl.-Psychologen begründet und erklärt. Dem Fachmann geht es um Inhalte: über die es sich lohnt nachzudenken, was und wie man beobachten soll und praktische Experimente. Das Werk ist Fundgrube für Lösungen und Hausapotheke für psychologisch Interessierte.

Literarisierend, humorvoll und fachlich informativ führt der erfahrene Psychotherapeut in 22 Übungen durch unsere Welt und die der Psychotherapie und Psychiatrie. Den ernsten anspruchsvollen Stoff leicht zu verpacken ist ein geglücktes Manöver.

Manöver

für
unglückliche

Lösungen

Psychotherapie

ist nützliche

Aktivierung

Norbert Theodor Maria Flamme

Bibliografische Information der Deutschen Nationalbibliothek: Die Deutsche Nationalbibliothek verzeichnet diese Publikation in der Deutschen Nationalbibliografie; detaillierte bibliografische Daten sind im Internet über dnb.dnb.de abrufbar.

Verlag: BoD · Books on Demand GmbH, In de Tarpen 42, 22848 Norderstedt, bod@bod.de

Druck: Libri Plureos GmbH, Friedensallee 273, 22763 Hamburg

ISBN: 978-3-7597-8736-1

„Ich wollte nicht, dass man in mir einen Verbrecher sieht. Einen Wahnsinnigen. Es ist sehr wichtig für mich, dass meine Motive nicht missverstanden werden. Ich hatte nicht die Absicht, Böses zu tun. Ich wollte nicht zerstören. Ich verfolgte nicht den Zweck, uns einer Kostbarkeit zu berauben. Es verlangte mich nur danach, uns von dem zu befreien, was als unübertroffen vollkommen angesehen wurde. Ich empfand mich selbst als jemanden, der ein Geschenk anbietet, einen Ausweg, eine Herausforderung."

Christos Chryssopoulos (2021): Parthenon.

Innsbruck-Wien: Haymon.

Gewidmet dem Salz der Zukunft

Fion, Telmo, Mio,

Marlou, Anjou

Inhaltsverzeichnis I

Vorwort

Ich finde, Fachbücher und Selbsthilfeübungsbücher langweilen manchmal; auch wenn sie durchaus nützlich sein könnten. Sachlich vorgetragenes Wissen und Ratgeber entsprechen Lösungsbemühungen und können anstrengend sein.

Dieses Buch bietet interessiert Suchenden, Patienten und Psychotherapeuten etwas Besonderes, soll mehr als informieren. Es regt an und amüsiert. Letzteres geht auf jemandes Kosten, auf meine, so hoffe ich. Kommen Sie auf Ihre, werden Sie schmunzeln. Leser spüren das an Mund und Lippen. Würden Sie sich zu Aktionen verführen lassen, wundern Sie sich nicht, über ihr eigenes Erleben mit „Mannomann!" zu staunen.

Wenn Sie weniger an Theorie und mehr an Praxis interessiert sind, überspringen Sie das in Klammern Gesetzte.

(Im weiten, bunten Feld der Psychotherapieschulen hatte ich zu Beginn meiner Ausbildung die Freude, mit *A. T. Beck*s kognitiver Verhaltenstherapie arbeiten zu können. *Beck* empfahl Psychotherapeuten und deren Patienten – Wissenschaftlern ähnlich –, ihre Annahmen über die Welt zu klären und zu überprüfen. Er meinte, dass ihm und anderen Wissenschaftlern Fehler unterliefen, weil unbeabsichtigt falsche Vorannahmen in ihr Herangehen einflössen. Er meinte, dass auch psychisch gestörte Patienten gedankliche Fehler begehen, und so in der Folge „ganz logisch" bestätigen, was sie vorher unterstellen. Pessimistisches Aufgeben oder wütendes Herangehen ließe aber häufiger in Verzweiflung, Angst, Depressionen verfallen. Psychische Störungen verstand er als Folge unglücklicher Erfahrungen, dem Herausbilden einseitiger Grundannahmen, automatischer Gedankengänge und Handlungen, die falsch wiederholend bestätigten, dass die Vergangenheit, Gegenwart und Zukunft negativ zu bewerten seien.
In seinem Denken war unklar, ob der ängstliche oder depressive Patient mit seiner Sicht auf die Welt oder der an die Möglichkeit der Gesundung glaubende Therapeut Recht hatte. Als faire und wissenschaftlich korrekte Methode wurde die Überprüfung mithilfe der Erfahrung vereinbart. Dazu wurden Experimente und Herausforderungen entwickelt. Die Patienten gingen die prüfenden

Aufgaben zwischen den Therapiesitzungen in sogenannten Hausaufgaben an. Zur Verdeutlichung ein frei erfundenes Beispiel: Ein Mann, der dachte, er werde von allen Frauen abgelehnt, prüfte, ob er einen Korb und Ablehnung bekam, wenn er höflich flirtete. Was passierte wurde mit dem Therapeuten untersucht, und es zeigte sich, dass er einen Korb bekam, aber freundlich als „mutig" anerkannt wurde.

Wenn ich *Beck* richtig verstanden habe, war sein Vorgehen ein sehr vernunftgeleitetes von zwei Menschen in anscheinend symmetrisch gleicher Position. Im Ergebnis änderten sich „Grundannahmen" zur Welt. Die Angst und Niedergeschlagenheit der Patienten veränderten sich mit; also Gefühle, die psychische Störungen am häufigsten kennzeichnen.

Sachlich angemessener ist es, zu denken: Der **Umgang mit** Angst und Niedergeschlagenheit änderte sich. Oft ist **unglückliche Über- oder Untersteuerung** ein Merkmal psychischer Störungen. Über- und Untersteuerung veränderten sich durch die geduldige Reflexion des Zustandekommens der Grundannahmen.

Affekte zu haben, ist angeboren, gesund, ein Zeichen der Vitalität. Sie zeigen, was man notwendigerweise braucht oder nicht will. Angst und Niedergeschlagenheit können angemessenes Erleben angesichts widriger Umstände sein. Unangemessen, etwa „depressiv, ängstlich", sind sie nur, wenn sie ungewisse Zukunftserwartungen einseitig negativ betonen oder Ausdruck übergeneralisierter negativer biografischer Erfahrungen sind.

Systemische, psychodynamische, Psychodrama- und katathym-imaginative Therapie, auch klientenzentrierte Gesprächstherapie, prägten mich beruflich. Da ging es erlebnisnäher und mit mehr Gefühl zu.

Doch für meinen Umgang mit Anregungen zu **Hausaufgaben oder experimentellen Verschreibungen** sind systemische und hypnotherapeutische Einflüsse von *Paul Watzlawick, Mara Selvini Palazzoli* und *Milton Erikson* und *Gunther Schmidt* bedeutsam. Psychotherapiegeschichtlich wurden Heilsversprechen, Rezepturen und Verschreibungen ursprünglich in einer komplementären Experten-Patienten-Beziehung gegeben. Der Heilende „führte" die Behandlung. Heute sehe ich die Beteiligten an einer Psychotherapie mehr als selbst denkende und entscheidende Individuen; theoretisch kann von zwei kooperierenden Systemen gesprochen werden. Von Gleich zu Gleich werden Absprachen über das getroffen, was vielleicht außerhalb der Therapieräume zu tun wäre. Die Absprachen können von genau formulierten Hausaufgaben bis hin zu unklaren indirekten Anregungen variieren. Da das Gemeinte des Therapeuten manchmal nicht dem entspricht, was der Patient versteht, steht nicht fest, ob das direkt oder indirekt Gemeinte nützlicher für den Patienten werden kann. Auch die unzähligen Alltagsbedingungen lassen Patienten ganz andere und eigene Lösungswege für ihre Situationen finden.

Theoretisch sind **Aktivierungen** von Patienten **außerhalb des Therapieraums** extrem bedeutsam. Das Ziel jeder Psychotherapie ist, dass ein Patient bei einem guten Abschluss der Behandlung die Symptome oder die Probleme, mit denen er kam, draußen nicht mehr hat oder mit ihnen, ohne Therapeut, umgehen kann. Die Methode ist abstrakt und einfach gesprochen: Der Therapeut macht etwas mit dem Klienten. Dieser vorher motivierte und im Gespräch durch gemeinsames Tun und Absprachen weiter angeregte Patient nutzt anschließend das in ihm Aktivierte in privaten oder beruflichen Feldern. Dieser Nutzen des in der Beziehung zum Therapeuten Erfahrenen im Außerhalb, die sogenannte **Triangulierung** auf Dritte und Drittes, ist für die Auflösung unglücklicher Abhängigkeiten und Einseitigkeiten entscheidend.

Schon jede Hebamme hilft den Eltern, das Kind notfalls von der Nabelschnur zu befreien, um reifes Werden und Wachstum zu ermöglichen. Das Ziel ist die Autonomie. Können Patienten oder interessierte Leser für passende Verschreibungen und Aufgabenstellungen gewonnen werden, und setzen sie diese von innen motiviert um, arbeitet der Therapeut weniger, sparsamer, und der Kunde ist aktiv erfolgreicher.

Die wissenschaftliche Therapieforschung versagt seit vielen Jahren, wenn es darum geht, einzelne Bausteine, wie Hausaufgaben, hinsichtlich ihrer Wirksamkeit zu falsifizieren. Selbst die solide Prozessforschung, die der emotionsfokussierten Therapie zugrunde liegt, betrachtete mehr die Möglichkeiten des Therapeuten innerhalb der Psychotherapeutenpraxis als die der Klienten außerhalb. Ursachen dafür sind der ewige Streit um Geld und Einfluss, die Konkurrenz der Therapieschulen und Forschungscluster. So sind Ressourcen gebunden und integrative Ansätze wie Prozessforschung stehen Jahrzehnte hintan.

Hier wird deshalb leicht ein beispielhafter und kein empirischwissenschaftlicher Zugang gesucht zu dem, was Menschen tun können, wenn sie festgefahren sind und mehr seelische Gesundheit suchen. Nahegebracht werden sollen vorbildhaft mögliche **aktive Manöver angesichts eingefleischter unglücklicher Lösungen.** Das ist das Thema dieses Buches.)

Sie können im Text vor- und zurückspringen oder an dieser Stelle einfach weiterlesen. Sie werden sehen, die (fachlich-psychologische Information) ist interessant, in geringem Maße vorhanden und leicht verdaulich.

Die **praktischen Manöver-Übungen**, persönlich beschrieben und erprobt, finden Sie hinter der Einleitung, die erhellt, was sonst dunkel bliebe.

Nennen Sie dieses Buch bitte nie „Selbsthilfebuch", denn verändern kann nicht das Buch, sondern jeder nur sich selbst, und wenn überhaupt, dann gerne mit Humor.

Nach einigen Überlegungen bitte ich Sie zusätzlich, sich immer respektvoll und reflektiert zu verhalten gegenüber Individuen, Frauen und Männern und insbesondere Menschen aus Minderheiten, zum Beispiel der LGBTQI+- Gruppen (Gruppen die sich unter anderem als lesbisch, schwul, bisexuell, transsexuell, queer oder intersexuell erkennen). Einzelne, die sich von einer sozialen Gruppe, die sich mehrheitlich als ähnlich versteht, unterscheiden, haben es schwerer. Ich verzichte hier dennoch auf das Gendern im Text. Ich benutze freizügig mal die weibliche oder die männliche Form oder beides aufgrund der besseren Lesbarkeit. Und doch will ich mit dem Appell an Sie auf die der Sprache innewohnende Gefahr des ausschließenden „Entweder-oder" Mann bzw. Frau hinweisen und zu einem Denken in Normen der inklusiven Vielfalt und des Handelns im Sinne des friedlichen Miteinander anregen.

Ich wünsche herzlich Freude mit diesem psychologischen Aufklärungs- und Werkbuch, dieser psychotherapeutischen Hausapotheke. Es kann hoffentlich Anstöße und Anleitung zur gezielten aktiven Veränderungsarbeit geben! Ich will ermutigen.

Duisburg, den 30.11.2024   Norbert Theodor Maria Flamme

Einleitung für Leser

Psycho-Flamme ist männlich. Ich heiße Flamme. Als nur mit Norbert gerufen, ohne mein Th. M., gehe ich dem Broterwerb als niedergelassener Diplom-Psychologe in der deutschen Industriestadt Duisburg nach.

Da auch eine Möbelfirma meinen Namen trägt, habe ich entschieden, dass ich der Psycho-Flamme im Internet bin. Dabei war und ist klar, meine Kundschaft wird manchmal von unfreundlichen Mitmenschen als „Psycho" pauschal schlechtgeredet. Auch wenn das verständlich ist – meine Kundschaft redet auch mal so über andere –, habe ich äußerst interessante Menschen in meinem Berufsleben kennengelernt. Oft leiden die Kunden, Klienten, Patienten unter irgendetwas.
Ich finde es sehr spannend, Lösungen dafür zu suchen. Ich rede bewusst nicht schlecht über Patienten. Aber auch nicht gut. Ein Therapeut unterliegt der Schweigepflicht.

Trotz Schweigepflicht schreiben Therapeuten Bücher. Im unten folgenden Absatz erwähne ich, was ich nicht schreiben will und was der Leser in diesem Buch demnach nicht finden wird.

(Psychologen nennen eine Art von Neugierde, die aufkommt, wenn Grenzen gesetzt werden, hier oben beispielsweise, wenn der Autor sagt, was er nicht schreiben will, Reaktanz. Es wurde viel experimentell geforscht zu dieser speziellen Art, andere herauszufordern. Reaktanz bedeutet auf Deutsch so etwas wie Trotz, oder positiver: geweckte Neugierde. Der Autor will also auf die Dinge, über die er nicht schreibt, aufmerksam machen, und empfiehlt Folgendes:)

Es gibt großartige Bücher von *Paul Watzlawick*. Eines von ihm beschreibt Menschen, wie sie sich unbeabsichtigt, nach Lösungen suchend, verstricken. Ironisch betitelt er es „Anleitung zum Unglücklichsein". Ich will nicht über andere Menschen schreiben; die Gefahr ist, ein Missverstehen zu bewirken, ein „der ist dümmer dran als ich" ist zu vermeiden. Allgemein empfehle ich mir Selbstmitteilungen.
Irvin D. Yalom hat auch Fachbücher und schöne Psychotherapiegeschichten über sich selbst als Psychotherapeut und über ihn mit Patienten geschrieben; existentiell und klasse. Könnte ich nie so berührend, will's deshalb auch nicht.

Der große Versuch würde mich unglücklich machen. Ich will hier nicht biografisch schreiben.

Und zuletzt hat uns der Großmeister *Umberto Eco* – detailversessen, kenntnisreich – mit „Im Namen der Rose" und – weniger bekannt – „Nullnummer" beschenkt. Im letztgenannten Roman lässt der gelehrte Professor Dr. Eco seinen Icherzähler gegen promovierte Gelehrte polemisieren. Dieser meint, bei den breit aufgestellten, gebildeten Normalen sei glücklicherweise etwas schiefgelaufen. Er meint weiter, ohne Doktorhut ist man allgemein gebildet, und man weiß, wo der Hammer hängt; während bei Menschen mit einem Dr. vor dem Namen immer wieder Spezialisten mit Scheuklappen die anscheinende Regel sind. Vielleicht ein Seitenhieb Ecos auf einzelne Kollegen an der Universität; aber sicher ironisch gegenüber eigenen universitären Titeln und Nachweisen seiner Gelehrsamkeit und der anderer Wissenschaftler. Ein Roman von N. Theodor Maria Flamme soll das hier aber auch nicht werden. Auch wenn bei mir im Leben ganz sicher einiges schiefgelaufen ist und ich tatsächlich nicht promoviert bin, es aber gerne wäre; dies ist ganz sicher kein Versuch, eine Doktorarbeit zu schreiben. Was will ich denn schreiben? Ich hätte nichts gegen Humor. Aber die Gefahr ist, zynisch zu wirken, im Sinne alter, weißer Männer schlechtzureden. Auch beträfe dieser Aspekt, wenn er denn gelänge, mehr den Stil.

Den Inhalt zu ordnen helfen Nomen. Der Name wurde schon genannt. „Psycho-Flamme" soll für Teilidentitäten stehen.

(Um auch dem Leser psychologisch Vernünftiges zu bringen: Von **Teilidentitäten** kann man sprechen, wenn innerhalb einer Identität genauer unterschieden werden soll. Eine Identität ist meist durch ein körperliches Ganzes einer Person getragen. Verschiedene Identitäten haben Gründe, Tiefe und Geschichte. Ihnen liegen Erspürtes, Erlebtes und gefühlte Wertungen zugrunde. In der Psychologie wird meist ein einzelner Mensch oder eine Versuchsperson untersucht, doch auch Familien oder Nationen können als identitätstragend gedacht werden. Von Teilidentitäten spreche ich, wenn beispielsweise eine Person sich mit seinem erlernten Beruf als Tischler identifiziert; er verhält sich am Arbeitsplatz so, als ob er Tischler ist, und fühlt sich vielleicht auch zu Hause von der Arbeit erschöpft. Wenn aber seine Vitalität und Lust erwachen und er den Partner oder die Partnerin liebt, ist er, in anderer Teilidentität, als „Liebender" aktiv. In diesem Sinne kann bewusst unterschieden werden. Dabei weiß der Liebende vom arbeitenden Teil, oder besser eine dritte Instanz, die **Beobachter/Kritiker-Identität** genannt werden kann, die fühlt und entscheidet, was wann geschieht. Schließlich muss ausgeruht werden für den nächsten Tag, oder sonntags ist mehr Zeit da ... Die Gedanken sind frei, sodass unser „Tischler" vielleicht auch mal bei der Arbeit von einer Luise oder einem Louis träumt – damit will ich sagen, vieles wird nicht bewusst und nicht vom „Beobachter" kontrolliert passieren.

Von **dissoziierten Teilen** spricht man, wenn Menschen Erleben und Handlungen zeigen, die dem Selbstbeobachter gar nicht oder nur schwer zugänglich sind. Nicht steuerbares Verhalten läuft unbewusst unkontrolliert ab; so gemeint, kann ein dissoziierter Teil im körperlich-psychischen Ganzen steuern. In diesem Denken personifiziert man einen Teil des Ganzen als relativ unabhängiges Wesen. Das ist, als wenn innerhalb einer Person ein Akteur eines ganz kleinen Zirkus auftritt, ein Akteur neben und mit anderen, neben- und hintereinander. Und alles unter einem Zirkuszelt, nur vor eigenem Publikum, verborgen vor anderen. Ein Beispiel wäre Schlafwandeln. Aber auch Indizien oder Zeugen können jedem „Selbstbeobachter" klarmachen, „ich habe etwas getan, was ich vergessen haben muss", oder „Ich war das gar nicht", bis zu „Ich werde verrückt", „Ich habe Angst". Zur Entstehung von Dissoziationen sei stichwortartig genannt: Hilfe suchen bei anderen für emotionale Notstände wurde oft früh oder auf **Traumata** reagierend in der Lebensgeschichte blockiert oder war nicht möglich.

Von **dissoziativer Störung** spricht man auch, wenn innerlich mehrere Teile diskutieren, irritieren, körperlich zensieren – durch plötzlichen Schmerz, Krampf, Weh – und wenn eine versöhnende, ausgleichende innere Stimme oder Kraft fehlt, ein „ich selbst entscheide" oder eine wohlwollende Haltung wie „Zeit lassen", „eins nach dem anderen", „wird schon", „schlaf mal drüber". Stattdessen werden ein „die reden durcheinander" und ein unkoordiniertes „Nebeneinander" konstatiert. Ein außenstehender Psychologe würde sagen, bei Dissoziation ist die Integration der Teile und Schemata nicht gegeben. Das Ganze ist dem Kohärenzverlust und der Psychose nah. Anders ausgedrückt: Grundkonflikte sind dynamisch aktiv, Struktur ist instabil, Verzweiflung und Ohnmacht drohen.)

Wenn ich ausgewählte Teilidentitäten zu Wort kommen lasse und diese gleich unten beschreibe, sollen Sie sich über zweierlei Dinge klar werden: über das, was ich bewusst schreiben will, und das, was ich weglassen möchte. Nichts will ich unbewusst passieren lassen, auch wenn mir das nie gelingen kann – absolute Kontrolle des Selbst wäre reinste Illusion. Soweit ich von mir wissen kann, wirkt bei mir nichts dissoziiert mit. Für den Text wichtige Anteile werden vorgestellt:

Die **Mitmensch**-Teilidentität ist nur Teil der Privatperson. Wahrscheinlich jeder Psychotherapeut verwirklicht selektive Offenheit. Die will ich hier einbringen; nur so viel, wie Echtheit sich mit nihil nocere – dem Gebot, nicht zu schaden – verträgt. Der private und intime N. F. wäre auch allzu gemein; da sind doch Romane oder TV-Serien wie „Therapie" unterhaltsamer.

Die **Psychologen**-Teilidentität ist die, die in kurzen Fachinformationen vernünftigen Senf dazuschreibt; sparsam wie bei der Wurst auf Papier und in Klammern (…). Leser suchen auch nach sachlicher Einordnung – nur nicht zu viel ist hier das Motto. Auf keinen Fall will ich an den Überdruss bewirken, nicht an Psycho-Büchern, Zeitschriften und Ratgebern erinnern, die die nicht im Inneren erreichen. Der Psychologe soll dem staunenden, emotional aufgewühlten Leser sachlich wieder die Füße auf den Boden stellen.

Die **Psychotherapeuten**-Teilidentität soll eine Aktivität markieren, in der ich noch als „Therapeut mit Patienten" beschäftigt bin, aber ohne die Anwesenheit von Patienten. Behandler dokumentieren in der Regel Sitzungen; sie überlegen und planen oder haben noch Einfälle. Therapeuten reflektieren. Als emotionale Wesen nehmen sie aber auch etwas von Klienten auf, das sie mal tiefer oder näher beschäftigt. In den Texten soll diesem Teil der größte Raum gegeben werden.
Ich will hier einige Geschichten ausweiten und erzählen; mehr das, was mir passierte, wie ich selbst erlebte und was mich verblüffte. Dabei sind einige Selbstexperimente noch nicht einmal gelebte Erfahrung, doch der Plan und die Absicht, Gutes zu tun, sind unerschütterlich. Neben älteren Erfahrungen, die zu schildern wären, werde ich, abwechselnd schreibend und ins Leben stürzend, im Stil der Reportage berichten.

Lesen Sie nicht weiter, geben Sie das Buch zurück, wenn sie etwas anderes erwarten als einen Menschen, der immer wieder nach und vor Therapiesitzungen durchs Leben wankt.

Angestoßen durch mehr oder geringer unglückliche Lösungen der Patienten bin ich ein Suchender. Ich suche ständig Anregungen, Hausaufgaben, Übungen, die meine Klienten machen könnten. Natürlich muss ich die vorher selbst ausprobieren. Nicht immer gelingen mir einfache Lösungen, finde ich Nützliches, oft endet es fast tragisch für mich. Sie, meine Leser und Leserinnen, werden hoffentlich, trotz allem, zwischen den Zeilen lesen können, warum mir das eine oder andere Mal der Erfolg zerrann; Sie werden im Nachhinein mehr erkennen als ich.

Nicht immer ändern sich bewusst die Perspektive und das Tun, vielleicht vertrauen auch Sie zeitweise der Weisheit des unermesslich Unbewussten. Wenn meine Erfahrung Sie an Don Quichotte, den tragischen Helden und Ritter von trauriger Gestalt, oder auch an Columbo, den Detektiv, erinnert, dann war und ist das so gewollt, wenn es denn von Fall zu Fall für Sie von Nutzen ist.

Der Leser soll amüsiert an mir als vermeintlichen Helden erkennen können. Nur Mutige werden den praktischen Bemühungen selbst beobachtend, experimentierend folgen und lebenslang üben. Wenn in verschiedenen Kapiteln immer wieder verhaltens- und erlebensnah Selbsterfahrung und Übungen fürs Leben beschrieben werden, denken Sie immer nach, bevor Sie nachahmen. Vorsicht!

Ü01: „Ich habe keine Vorurteile"

„Puh", schoss aus mir heraus, als ich nach einer Gruppentherapie und dem dazu diktiertem Protokoll aus dem Büro in den kleinen, hellen Flur der Praxis trat und hinter mir abschloss.

Frühlinghaftes Wetter, die milde Spätnachmittagssonne und die Wärme einer gerade mit Eis und Schnee überstanden Winterzeit empfingen mich, als ich auf die Straße trat. Alles war getaut. Ich ging die kleine, beruhigte Straße entlang. Die parkenden Autos und die kahlen Bäume, deren Rinden im Sonnenlicht rötlich schimmerten, passierte ich zügig auf dem Weg nach Hause. Mildes Grün haftete an den gepflasterten Steinen. Genussvoll, fast gierig, fing ich die Sonne ein wie ein junger Hase, der nach dem Winter das erste Mal sein Nest verlässt. Die Idee, heute zu joggen, kam wieder in mir hoch. Die Lust dazu, dies bei frischer Luft zu tun, ebenfalls. Nachdem ich zu Hause angekommen war, zeigte sich, wie ich – allein in der Wohnung – zielgerichtet die wenigen Kleider und Schuhe suchte, ein Glas kühles Wasser trank, fast soff, und eine Banane im Stehen aß. Ein wenig Erschöpfung durch den Tag, zweieinhalb Wochen rutschige, eisige Kälte und viel zu wenig Bewegung im Freien bremsten jedoch nicht mehr. Ich lief, aber langsam. Mein Ort bietet kurze Wege ins unbebaute Grüne: zweimal rechts, an Fußgängern vorbei, mit Abstand, und schon war ich unterhalb einer selten genutzten Bahntrasse auf dem hundert Meter langem Patt mit festem Erdreich. Zwei junge Frauen picknickten auf dem Gleis, ich passierte sie und grüßte grinsend, was die beiden erwiderten. Bedächtig und bewusst setzte ich Fuß vor Fuß. Ich spürte meine Waden, Schenkel und Schultern. Der Atem floss. Ich schaltete auf langsame Automatik, nahm meinen Körper intensiv wahr, erblickte unmittelbar vor mir das Wiesengras, die vereinzelten Pfützen, denen es mit dem Setzen jeden Fußes auszuweichen galt. Ich reagierte und lief.

Etwas Asphalt kam und ich bog ab, rechts unter die Bahnbrücke. Der Gedanke musste mit der vorherigen Gruppe unter dem Stichwort „Vorurteile" aufgestiegen sein: *Habe ich Vorurteile? Ich hab' doch keine Vorurteile!* Auge in Auge sah ich mich mit zwei Radfahrerinnen konfrontiert, die knapp an mir auf falscher Fahrbahnseite vorbeizischten. Ein unnachahmliches, lautes „Höööärrrr!" der nebeneinander fahrenden Frauen traf auf mein Ohr.

Das Gesicht derjenigen Frau, die das Geräusch ausgestoßen hatte, war fremd, nicht hautfarben, nicht schwarz, sondern ... rötlich? Und rund. Übergewichtig. Sie meinte wohl die Mitfahrerin mit „Höre mal!".

Wo kommt die denn her?, war mein stiller, verärgerter Gedanke, mit dem ich auf meinen Schreck reagierte. Ich hörte wenig und verstand nicht mehr von der Sprache, die niemals Deutsch oder Türkisch war, die ich wiederum in der Metropole Ruhr und Duisburg für normal hielt. Ich liebe die Abkürzung MR, weil sie an den Schmelzpunkt Los Angeles erinnert, mit Hollywood, Weite, Western. Weder das Gesicht noch die Sprache erinnerten mich an etwas halbwegs Vertrautes.

Going on!, dachte ich gut gelaunt, überquerte eine abbiegende Einfahrt vor und nach den Märkten. Etwas Autoverkehr lief wie üblich. Nach der Unterführung kamen, vor dem Kreisverkehr, zwei Zebrastreifen links und rechts, um den geteerten Fußweg zur Ruhr und das dort überführende Wehr zu finden. Als ich die blau-weiß beschilderten Streifen fast betrat und auf den Pflastersteinen stand, hörte ich ein Auto heranrauschen. *Fahren die mich um? Kann ich jetzt rübergehen?* Obwohl mir das Fahrzeug meinen Vorrang nicht genommen hatte, ging es kurz darauf weiter. Hatte ich vielleicht doch Vorurteile? Sonst dachte ich nicht so klar über meine Gefährdungen nach. Ich neigte nicht zu Angst oder Paranoia. Vielleicht war da auch der Psychologe in mir, der lachend meinte: „Beobachte dich mal." Haha. Verlässt man die Innenstadt und lässt die Autohäuser links liegen, läuft man auf dem Ruhrradweg. Dieser plane, 1,50 Meter breite Fahrradschnellweg liegt erhöht neben der Ruhr, die durch ein breites Kanalbett fließt. Der Weg führte zum Wehr, das den Fluss quert. Es lief sich gut; die Muskeln waren nach mehr als zehn Minuten warm, ich schwitzte leicht.

Ich joggte unter alten Platanen, die noch ohne Blätterkleid waren, richtete den Blick auf die den Fluss begleitenden Wiesen, ich konnte keine Schafe sehen; manchmal bevölkern sie mit ihren Lämmern die Wiesen. Sie spielen, blöken, nehmen ihr Gras genügsam und folgen den Schäfern mit ihren klugen Hunden.

Fahrradfahrer, ältere Männer mit E-Bikes, Männer und Frauen mit Fahrradtaschen, vielleicht eine Tochter mit Vater und junge Läufer in Strumpfhosen mit Kniehosen, rötlichem Bärtchen und Piratenkopftuch kamen mir entgegen oder überholten mich, den langsamen Läufer.

„Mrrr. Ist das Tor wieder zu?" Irgendwer hatte zuvor im Corona-Lockdown wohl gemeint, den 120 cm breiten Radweg über das Wehr sperren zu müssen; damit man sich nicht ansteckt.

Der für mich übliche Freizeitweg, die letzte und gesuchte Freiheit, war mit seinem Stahlrohrtor, mit seinen eckigen, knallgelben Stangen und einer dicken Eisenkette mit Schloss versperrt gewesen. Bei Hochwasser erwartete ich es, aber nicht wegen Corona, da war ich verärgert gewesen. „Rrrr." Das grenzte an Freiheitsberaubung und Einsperren. Ein paar Meter weiter zeigte sich: Der Weg war weit geöffnet. „Huch. Alles gut." Spontan gönnte ich mir, auf einer Strecke von dreißig Metern bewusst den Körper zu spüren, zu gehen, und fiel aus dem lockeren Lauf heraus, was ich genoss. Als mir ein Fahrradfahrer auf der Wehrbrücke entgegenkam, drehte ich mich weg, nach außen zur Ruhr. Es war wirklich etwas eng. Wir sollten davon ausgehen, dass jeder eine Viruslast haben kann, und dementsprechend könnte die AHA-Regel, also „Abstand halten, Hygienemaßnahmen beachten und Alltagsmaske tragen!", angesagt sein. Den kurzen Moment ohne Abstand, ohne Maske zulassend, fädelte ich mich an der ersten Schleuse vorbei auf einen Rundweg.

Weiter ging es im stetigen Tritt, zwischen links doppelmannshohen Robinien, Rotdorn und Weiß-nicht-Was und rechts Maschendrahtzaun vor hochgewachsenem Buschwerk, vermutlich mehrheitlich Holunder, der den Blick auf den begradigten Lauf der Ruhr verwehrte, und ich wälzte per pedes auf einem grauem, erddurchwirkten Schotter weiter, auf dem zwei Fahrräder nebeneinander fahren konnten. Ein junges Reh war ich mal gewesen, inzwischen mehr alt mit Winterspeck. Hunderte Schritte vor mir zeigte sich ein großer Mann. Irgendetwas war da komisch. *Kennt er sich nicht aus? Sucht er was? Soll ich aufmerksam helfen?* Obwohl ich kleine Laufschritte ausführte und er ging, kam ich ihm scheinbar nicht näher. Auf dem Damm laufend, mit rundum weitem Blick, ließ ich die wenigen Hallen, die großen Parkflächen mit den Autos auf Halde links, unten liegen. Ich war oben. Sehr, sehr langsam rückte ich auf. Zwei junge und reizvolle Frauen, vermutlich Studentinnen oder Schülerinnen, kamen mir entgegen. Wir wichen aus. Mich freute der Anblick, still für mich. Noch fünfunddreißig Meter, da kamen auf den Damm zwei weitere Personen entgegen. Der merkwürdig große Mann sprach sie an. Sie hatten zarte Gesichter und antworteten einen kurzen Moment, dann liefen sie weiter. *Was wollte er denn von denen?* Ich musste ihnen ausweichen und dachte an die Gefährdung junger, hübscher Frauen. Manchmal höre ich in der Praxis von Missbrauch und Demütigung: Mädchenhandel. Als ich den Damm herunterlief, holte ich den Mann ein. Deutlich erschien er, war eine Zwei-Meter-Statur. Ein Riese mit langen Beinen. *Deswegen war der zu Fuß so schnell.* Ich sah, er hatte sein Handy gezückt, nachdem er mit den Mädchen gesprochen hatte. *Sagt er seinen Helfern Bescheid, vorne an der Schleuse, um die Frauen abzufangen? Na, du übertreibst!* Beim Passieren nahm ich seine Stimme und Sprache wahr. Er klang fremder als fremd, vielleicht ein Russe, aus Osteuropa stammend, doch nicht von hier.

In mir blitze eine Erinnerung an das Laufen in Portugal auf, ein Grüngürtel an der Küste, mit frühlinghaftem Schilf, Weiden am Wasser mit weißem Pony und strahlend blauem Himmel. Damals war ich allein in der Fremde. Jetzt fühlte ich mich als Einzelner unter Fremden in der Heimat. Die Idee und Absicht (oder war es die Folge der Gruppe gewesen, mich mit Vorurteilen zu beschäftigen?), hatte mir meine Situation, aktuell allein zuhause zu sein, schmerzlich bewusst gemacht. War auch meine tägliche Arbeit, mit den Schicksalen umzugehen, das, was Stimmung machte? Hatte ich meine Spannung in die Mitmenschen hineingelesen?

Ich spürte eine Schwachstelle, es piekte in der Wade. Als geübter Läufer variierte ich Stil und Tempo, lief mal seitlich die Beine im Scherenschritt überschneidend, mal meine Linke und die Rechte nach vorn schiebend. Ich nahm das knallrote Käppi vom Kopf, wischte mir den Schweiß von der Stirn. Ich schonte mich, bewegte mich nochmal achtsam ruhig und spürte in mich hinein. Ich war schön warm, schon wieder beruhigt.

An der zweiten Kanalschleuse ragte ein Steuerterminal wie ein Flughafentower über das Schiffshebewerk. Neben einem Parkplatz unterhalb des Turms verlief mein gewohnter Weg. Er ist dort gesäumt von Sitzbänken. Ein wirklich altes Ehepaar hielt an, mit Fahrrädern, Gepäck, ganz und gar Mitteleuropäer und schon optisch für mich „deutsch" anmutend, anscheinend waren die beiden erschöpft. Ich lief langsam vorbei, wandte mich freundlich zu: „Sie machen bestimmt eine verdiente Pause." Sie sahen wirklich älter aus. In höchstem Hochdeutsch, munter lächelnd, antworteten die beiden: „Ja, haben wir verdient! Wir sind ja auch schon siebzig Kilometer gefahren. Und müssen noch dreizehn. Tschüs!" Ich joggte weiter. Ganz zufrieden, denn nie würde ich aufgeben, weiterhin Kommunikation, Kooperation und, wenn es einer gebraucht hätte, tätige Hilfe dem Fremden zu geben. „Can you help me?", hatte mir im Ausland so viele Türen geöffnet, dass ich im Vergleich dachte, Deutsche seien wirklich gehemmt und stur, bestenfalls geben sie höflich Auskunft; Gastfreundschaft können die nicht, ich will Gästen freundlich begegnen.

Doch, gleich hinterher, der mich infizierende Gedanke, es mit Vorurteilen ernst zu nehmen, ließ in mir eine Stimme ertönen: *Jetzt bin ich so offen, und die Alten bieten mir gleich einen Leistungsvergleich an. Die Deutschen sind wie die Amerikaner. Immer mehr Kilometer als die anderen und Größter, Bester, Superstar sein! Ich will zufrieden sein mit meinen fünf oder sechs Kilometern. Protzende, prollende Fahrradfahrer. Bah.*

Ich überließ mich meiner Automatik, trabte am Verein vorbei, durch die noch verlassenen, ruhig gelegenen Schrebergartenkolonien mit den kleinen Häuschen; am Sauerländischen Gebirgsvereinsgebäude, an den Sportplätzen entlang, müde durch das Deutsche-Bahn-Gelände zur Küppersmühle am Innenhafen. Die warme Dusche entspannte die Waden und den ganzen Körper. Eines, war ich mir sicher, wenn ich wollte, konnte ich schnell: vorverurteilen.

(Aus psychologischer Sicht gibt es keine **objektive Wirklichkeit**. Bienen sehen andere Wirklichkeiten. Das ist so. Wir konstruieren entlang unserer reifungs- und lebensgeschichtlich aufgebauten Gehirnstrukturen. Seit Kleinkindzeiten werten wir verschiedene Sinneskanäle aus. Immer wieder überformt, bauen sich innere Prozesse, automatische Gedanken, sekundäre Agenten und Muster auf, die ihrerseits aktiv motiviert nach wichtigen Wahrnehmungen (Lustvolles, Gefahr) suchen und anderes ignorieren. Das Gehirn akkomodiert und assimiliert; bleibt dabei bis ins hohe Alter plastisch. Gerade mit nicht bewussten, das heißt impliziten Strukturen und Konzepten wird Äußeres eingeordnet und bewertet; oder wiederholend werden Nähe und Distanz zu Typen gesucht, die gut bzw. böse oder gefährlich sind. Das betrifft inhaltlich Wissen und die Prozesse, in denen wir denken, fühlen, Dinge sehen. Und nicht nur sehen, auch hören, riechen, auf was wir achten und wie wir spüren oder uns bewegen, ist ohne Vorerfahrung und Erwartung nicht möglich. Wir sind immer aktiv Suchende. Wir handeln aktiv, mit Voreinstellungen, Bedürfnissen und

Befürchtungen, auch wenn wir meinen, „nur reagiert zu haben". In uns selbst konkurrieren Wahrnehmungen und Einstellungen, nützliche und schädliche; das wird uns beispielsweise an Wechselbildern von *M. C. Escher* klar. Negative selbsterfüllende Prophezeiungen, als organisierende innere Prinzipien, können Folgen vom Verlust der eigenen positiven Erwartung sein. Im sozialen Umgang zeigt sich beispielsweise, dass, anstatt sich zu wünschen, freundlich zu bleiben, misstrauisch Enttäuschungsvorbeugung betrieben und bei negativen Vorkommnissen eine Bestätigung des generellen Vorurteils „erkannt" wird. So entsteht Fremdenfeindlichkeit. Umgekehrt wäre auch die Begegnung statt Spaltung möglich.

Entspannt auf der Couch könnte jeder sich klarmachen, dass alle menschlichen Menschen innerlich so vielfältig in ihren Möglichkeiten sind. So könnte jeder von uns, in jeder Situation, ganz anders sein, wenn wir mit unseren Erwartungen auf das vertraut Fremde zugingen. Unmittelbar oder systematisch würde unsere Veränderung einen Unterschied bewirken.

Doch in emotional stärkeren Momenten fällt es Menschen sehr schwer, die eigene Wahrnehmung als **Enaktion**, von innen selbst herbeigeführt und nur „auch" von außen angestoßen, zu sehen. Wir denken, wir „reagieren" auf Tatsachen und haben „wirklich" recht. Ohne jemandem seine Sichtweise streitig machen zu wollen, (ver-)einigen können wir uns nicht mit anderen, wenn die auch ihre Sichtweise und Bedürfnisse durchrechten wollen. Es macht aber einen Unterschied in allen Lagen, ob wir nett, freundlich-selbstsicher oder missmutig enagieren. Ich nutze den Begriff Enaktion als Zusammenfügung einer endogenen, das heißt von innen ausgehenden Aktion, und einer reaktiven, das heißt von außen angestoßenen Reaktion.

Die Verantwortung Einzelner endet selbstverständlich dort, wo Menschen selbstsicher enagieren, aber Opfer von Gewalt werden.)

Mir war es später auf jeden Fall ein Bedürfnis, mich mit meinen Erfahrungen Freunden anvertrauen. Eine Freundin meinte, das wäre doch nur meine ganz persönliche Wahrnehmung, „die meisten Menschen sind nett". Ich dachte, das stimmt, und das wäre anderseits das nächste Vorurteil, mit dem ich mir Qualen der Naivität verschaffen könnte, und war gewarnt.

- Lieber Leser, ich wollte noch festhalten, ob sich die **Beobachtung** eigener Vorurteile als Aufgabe für Klienten

empfiehlt. – „Eher nicht!"
Die generelle Empfehlung ist **einseitig positiv: „In Problemlagen beobachten, was ausnahmsweise gut läuft."**

- Andererseits, wenn Sie hartnäckige Urteile haben, die für sie selbst zu Nachteilen führen, könnte zu **prüfen sein, ob die sogenannte Realität den Vorurteilen nicht entspricht.** Ein fairer Test ist nur der, der überprüft, ob der andere recht hat oder das Gegenteil vom Vorurteil der Fall ist.

Ich melde mich erst mal zum Selbstversuch an, bevor ich gesicherten Rat geben will. Ich werde italienisches Eis probieren; für eine türkische Konditorei, in der es ebensolchen Mokka gibt, gelte mir, streng zu überprüfen, das heißt, wiederholt und mit geschlossenen Augen, Kaffee und Kuchen zu genießen.
Ich spüre schon eine leichte bis mittlere Anspannung. Das ist kein zu gewagtes Experiment. „Ich überprüfe meine Vorurteile! Ich mach das."

(Studien zeigen, dass weiße Menschen, die sich ihrer Vorurteile gegenüber andersaussehenden Afroamerikanern bewusst sind und sie zugeben, weniger ungerecht und rassistisch sind als weiße Menschen, die betonen, dass sie völlig gleich auf fremde Weiße oder Minderheiten „reagieren" und urteilen.

Erfahrungen der Wissenschaft sind exakt. Wer will, kann Studienergebnisse zu Vorurteilen verallgemeinern: Menschen sollten davon ausgehen, dass sie subjektiv wahrnehmen, ständig eigene Lebenserfahrungen und Vorurteile einbringen. Die eigene Eingenommenheit kritisch gegen den eigenen Strich zu bürsten, ist die einzige Chance, gefahrvoller Engstirnigkeit zu entkommen.)

Will man seine Vorurteile nicht so aufwendig beobachten und lustvoll experimentieren, kann jeder wie aus einem Katalog etwas Passendes wählen und im Alltag schnell seine „Gegengifte" nutzen. Dazu im nächsten Kapitel mehr.

Ü02 „Sprüche klopfen für das Leben" oder Bonmots

Ich lebe im Ruhrgebiet. Die 4438,69 Quadratkilometer große Fläche beheimatet 5,1 Millionen Einwohner, touristisch wertvolle Industriedenkmäler der Roheisen-Stahlproduktion und des Bergbaus, grüne Lungen, Bauerhöfe, Weiden, Äcker, Hecken, Flüsse, Wälder. Das Ganze ist eine Parklandschaft.

Natürlich findet sich – neben der offen fließenden Ruhr, der Lippe und der teils idyllisch renaturierten Emscher (einem Fluss der hundert Jahre als Abwasserrinne diente, weil es bei bergbaubedingten Bodenabsenkungen unsinnig gewesen wäre, Rohre zu verlegen) sowie den Schiffskanälen, die zum Rhein führen – viel Beton, Asphalt, schmutzige Industrie, einfach Dreck, Müll und Ekliges.

Zu sehen sind aber auch beblumte Bergmannssiedlungen, schlichte Reihenhäuser, moderne Villenviertel oder versteckte, reiche Einzelanlagen und besondere Innenstadtlagen. Die überbordenden Paläste der Industriebarone Alfried Krupp, die „Villa Hügel" in Essen oder der Park der Villa Josef Thyssens in Mühlheim sind öffentlich zugänglich. In vielen der Städte imponieren moderne und klassizistische Theaterbauten.

Zu sehen und zu hören sind auch multikulturelle Menschen: In die vor hundertfünfzig Jahren ländliche Region kamen mit der Industrialisierung, wegen der Bergbaukohle, den Wasserwegen und den Möglichkeiten, Stahl zu kochen, Menschen aus der Eifel, aus Bayern, Polen, Italien, der Türkei und bis heute aus aller Herren Länder. Manche können auch heute noch aufräumen und anpacken, andere machen auf Hightech.

Bei der Frage „Woher komm'se ?" weiß man, der Fragende ist schon länger im Pott. Feiner als Pott oder Ruhrgebiet ist „MR" zu sagen, die Abkürzung für *Metropolregion Ruhr*. Los Angeles mit 12,8 Millionen Menschen, bei einer Fläche von 14 763 Quadratkilometern, ist größer, aber strukturell ähnlich aus verschiedenen Städten, Stadtteilen und Landschaften zusammengewachsen. Meine Antwort ist, wenn ich abgehoben wirken will: „MR wie LA". Verständlicher wäre kurz „Dortmund", „Essen", „Schalke". Der Ruhrgebietler gilt, im Unterschied zu den Niederrheinischen, als trocken, direkt, rau im Ton, und er redet nicht immer und ständig. Ich lebe in Duisburg, in der Stadt der TV-Kommissare Schimanski und

Thanner, der Da-Bruno-Mafiamorde und der letzten Loveparade mit ihren jungen Opfern. Es gibt hier harte Sprüche:

„Noch so'n Spruch, gibt's Kieferbruch!"

Den empfehle ich nicht einmal im Spaß zu gebrauchen, weil er böse droht. Auch bin ich strikt gegen Gewalt – bei aller Verehrung für die Nichtkonventionalität und den Pöbel-Proll aus dem Tatort. Überhaupt gibt es Redensarten und Umgangsformen, die ich aus eigener Anschauung und Opfererfahrung nicht empfehle. Frei nach *Immanuel Kant* und dem Motto meiner Eltern:

„Was du nicht willst, dass dir man tu', das füg' auch keinem andern zu!"

Schon manche Sprüche sind von mir gehört worden. Einige eignen sich für mich. Und die fügen auch keinem anderen unnötig viel Leid zu. Sie können wie ein **Gegengift** für typische **unglückliche persönliche Haltungen** dienen. Die eigenen Haltungen erkennt man, wenn man genau nachdenkt (s. auch Ü5).

- Lieber Leser, hier empfehle ich, die unten aufgelisteten **„guten Worte" zu überdenken,** wenige oder nur **einen der „Sprüche" abzuschreiben** und das Handgeschriebene an die Tür zu kleben, um sich **täglich daran zu erinnern:**

„Es gibt nichts außer brauchbarer Illegalität." (nach *N. Luhmann*)

„Denken Sie doch noch mal in Ruhe darüber nach."

„Ein leeres Heft für Notizen für ihre Gedanken, so etwas wie ein Reflexions- oder Tagebuch für einen selbst, ist nützlich. Es ist interessant, wenn man sie Jahre später noch mal liest."

„Das Leben verspricht mehr, als es hält."

„Nach allen Seiten offen? Oder nicht ganz dicht?"

„Die große Liebe ist natürlich kein Trauma, auch wenn das Erleben ein extremer Ausnahmezustand ist und je nach Zeitpunkt daran grenzt."

„Sterben müssen wir alle. Die Frage ist, ob wir vorher einmal gelebt haben."

„Allein einsam? Allein kann gut sein!"

„Der Mensch wird am Du zum Ich". (nach *M. Buber*)

„Es ist nie zu spät für eine glückliche Kindheit. Fangen wir damit an?"

Person A (gerührt, liebevoll): „Schön, dass du deine Träume mitteilst."

Person B (hauchend, mit einer Träne im Auge): „Ich hatte so eine Angst, dass du nie mehr gefragt hättest."

„Es ist, wie es ist."

„Tiefer kann ich nicht fallen. Schlimmer geht immer?"

„Immer wieder geht's runter. Also geht's auch immer wieder rauf?"

„Humor ist, wenn man trotzdem lacht."

„If it's raining in the east, turn to the west!" (amerikanisch-pragmatische Redensart: „Wenn es im Osten regnet, drehe dich Richtung Westen!")

„Es gibt nichts Gutes, außer man tut es!"

„Nur die Tat befreit!" (nach *J. Rubin*)

„Erst denken, dann handeln!"

„Fake it, still make it!" („Fälsche und übe, bis es deins ist!")

„Lass uns denken an die Zeit, als das Wünschen noch half, was wäre gut gewesen oder jetzt für Sie gut?"

„Sei doch mal vernünftig!"

„Glauben Sie an Wunder?"

„Ich habe nicht das Gefühl, wir sind gescheitert. Immerhin, wir haben überlebt. Wir haben nichts unversucht gelassen. Die Reise hat allerdings einen anderen Verlauf genommen als geplant." (Shackleton nach *M. Bonné*)

„Gegen Dummheit, Vorsatz oder Pech kämpfen selbst Götter vergebens – zumindest in der vorgegebenen Zeit!"

„Wenn's chut is, is chut!" (nach Schreinermeister *K. Miggelt*) (Wenn etwas abgeschlossen wird, bei dem man aufmerksam, zügig und mit vollem Ehrgeiz gearbeitet hat, dann ist auch bei Merkmalen, die menschliches Arbeiten vermuten lassen – im Unterschied zu göttlichem – die Sache sehr gut gelaufen!)

Das sogenannte Kölner Grundgesetz ist in Fragmenten weit verbreitet. Und doch war es mir, bis vor Kurzem, in Gänze nicht so bekannt. Dem Ruhrgebietler schadet es sicher gar nicht, Kenntnis zu nehmen. Und ich sehe auch keinen Grund, warum Weises weltweiter und universaler Verbreitung widerstehen sollte.
Vom liebenswerten *H. Ullmann* in der folgenden Form erhalten, sei es der Welt zum Wohlbefinden gegeben. Nur die Kölner sollten nicht mit dem Frohsinn übertreiben; dass dort im Jugendamt eine Woche vor Rosenmontag niemand mehr arbeitete, als ich eine Wohnmöglichkeit für eine Jugendliche aus der Psychiatrie suchte, nehme ich denen wohl immer noch übel. Also empfehle ich den Kölnern getreu der Übung 04 „weniger vom Vielen" oder „Zu viel Frohsinn schadet der Gesundheit".

Kölsches Grundgesetz:

§ 1 „Et es, wie et es."
(Sieh den Tatsachen ins Auge.)

§ 2 Et kütt, wie et kütt.
(Habe keine Angst vor der Zukunft.)

§ 3 Et hätt noch immer jot jejange.
(Lerne aus der Vergangenheit.)

§ 4 Wat fott es, es fott.
(Jammere den Dingen nicht nach.)

§ 5 Nix bliev, wie et wor.
(Sei offen für Neuerungen.)

§ 6 Kenne mer nit, bruche mer nit, fott domet.
(Seid kritisch, wenn Neuerungen überhand nehmen.)

§ 7 Wat wellste maache?
(Füge dich in dein Schicksal.)

§ 8 Mach et jot, ävver nit ze off.
(Achte auf deine Gesundheit.)

§ 9 Wat soll dä Quatsch?
(Stelle immer erst die Universalfrage.)

§ 10 Drinkste ene met?
(Komme dem Gebot der Gastfreundschaft nach.)

§ 11 Do laachste dech kapott.
(Bewahre dir eine gesunde Einstellung zum Humor.)

Dieser Katalog von Sprüchen ermöglicht ein gezieltes Erinnern gesunder Haltungen. Ein solches Erinnern zu wollen, kann man auch als Aufgabe zur Neuprogrammierung und das Vorhandensein von Stress verstehen. Stress kann in Maßen gesund sein, bedarf aber Pausen. Wie im kindlichen Schulalltag sollte der Tag kleine und große Pausen zum Entspannen beinhalten. Am besten liegt in uns ein automatischer Wechsel zwischen Vorwärtsstreben und erholsamen Kraftschöpfen. Dazu mehr im nächsten Kapitel.

Ü03: „Schnelles Lesen oder langsames Lesen"

Diese Übung ist streng genommen keine, die ich für die Patienten unternahm. Die Selbsterfahrung suchte ich schon vor vielen Jahren. Dennoch bringt sie Anwendern viel.

Die Erinnerung stellt sich in Bruchstücken ein, vielleicht verwechsle ich Abläufe und Zusammenhänge. Doch die Beobachtung und ihr Wert sind in mir felsenfest verankert. Vielleicht lässt sich diese alte Lesererfahrung nützlich generalisieren. Sicher kann die Beobachtung die Verschreibungspraxis der Psychotherapeuten und die Praxis von Lesern anreichern.

Ich habe tatsächlich Selbsthilfebücher gelesen. Darüber, wie man Lernen lernt oder irgendetwas mit „Augen". Nicht das, was die Schwiegermutter mit „Augenpflege" meinte, nämlich dass ausreichend guter Schlaf mit geschlossenen Augen die Voraussetzung und nicht das Ergebnis einer großen Arbeitsleistung sei, soll hier besprochen werden, sondern die Lesetechnik.

- Ich erinnere genau und empfehle, dass man (a) **bei Absätzen oder Seitenblättern das zuletzt gesehene Wortzeichen innerlich auf einem weißen Blatt denken sollte und den Kopf vom Medium hochnehmen, die Augen schließen und zwei Minuten atmen sollte.** Das ist, wie es Pausen immer sind, sehr erholsam, und lässt auf Dauer einen Marathon gewinnen.

  (b) Eine Zeit lang habe ich auch das Springen des Auges innerhalb einer Zeile trainiert, indem ich **einen weißen Karton unter die Zeile legte oder am besten nur die Buchstaben der nächsten Zeile abdeckte.** Das unterstützt es, in der Zeile zu bleiben oder sich unter den Buchstaben an einer weißen Linie Halt zu holen. Die Methode „Finger in der Zeile" ist weniger gut.

  Ich glaube, das kann man ohne Vorbehalte anwenden, wenn man immer wieder übt, auch mit Tablet und PC. E-Book-Reader sind wegen weißer Hintergründe weniger ermüdend als ein Blaulicht ausstrahlendes Gerät, aber auch da machen die Übungen (a) und (b) einen schneller und halten länger munter.

(Die Zeit in den Erholungsminuten nutzt das Nicht- oder Unbewusste zur Verarbeitung des Gelesenen, während sich die Augen und die Wahrnehmungsnerven mit „Wortzeichen auf sehr weiß" wie bei einem Stillleben erholen.)

Weil ich keine Forschungsliteratur zu diesem Thema, das ich vor vielen Jahren aufgriff, las, müsste ich viel dazu nachholen. Schnelles Lesen wäre von Vorteil, doch es leuchtet mir ein, dass langsames Lesen, wie langsames Lernen – letzteres wurde von einem Nobelpreisträger erforscht – gewiss mehr behalten lässt. Doch welcher Patient hat so viel Zeit wie ein Professor, der schnelles und langsames Lernen jahrelang erforscht hat und dann ein dickes Buch schreibt, das ich nicht ganz und dann doch schnell verstanden zu haben glaubte.

Vielleicht beende ich hier die Erinnerung über das Lesen. Wichtiges wurde gesagt. Letztlich entscheidet jeder selbst. Und ich habe noch andere Übungen zu exerzieren.

Mit dem Lesen verhält es sich wie mit dem Körper oder dem Gehirn. Schon frühe Erfahrung setzt im Körper starke Strukturen, und die Anlage dazu ist in jedem Menschen in angeborener Weise vorhanden. Die Stärken und Potentiale sind aber mit viel Fernsehen, Faulheit und toxischen Substanzen – beispielsweise Drogen jeder Art – schnell ruiniert. Will man wieder stark werden, gilt es, sich aktiv zu zeigen, mit **Disziplin**, wie sie Deutschen nachgesagt wird; mit einem überzeugten **Glauben an die auserwählte Bestimmung**, wie er Amerikanern aufgrund ihrer manchmal religiösen Prägungen zugeschrieben wird, und mit **Aufopferung und sozialem Engagement** für das ganze Volk, was nicht nur in einem chinesischen Narrativ weniger Selbstverliebtheit und mehr Glück durch Fürsorge für das Ganze bedeuten kann (was aber nicht für Personen gilt, die bereits in hohem Maße andere versorgen, die sollten mehr an sich selbst denken). Die Muskeln sind trainierbar, die Sehnen zu dehnen, das Gehirn ist bis ins hohe Alter plastisch, fantastisch. Aber seien wir ehrlich, die **Doppelnatur des Menschen ist fleißig-begeisterungsfähig und faul-erholungs-**

bedürftig. Ich empfehle, über fast alles lang genug nachzudenken, nicht nur über Gelesenes.

(Geschichten in der Geschichte, die wieder in einer Geschichte erzählt werden, findet man im orientalischen *„Tausendundeine Nacht"* wie in den Märchen von *Grimm* und *Bechstein*. Auch Therapeuten sind sich mehr oder weniger bewusst, dass sie auf verschiedenen Ebenen gleichzeitig intervenieren. Das kann das Wohlbefinden des Körpers, die Ausgeglichenheit der Gefühle, die Klarheit der Gedanken und Handlungen betreffen. Selbstverständlich fordern sie zum Ändern und Zulassen auf der wichtigen Handlungsebene absichtlich und unabsichtlich auf. Aus Sicht des Psychologen sind systematische Pausen immer gut für das eigene Wohlbefinden. Das Aufschieben, auch von Pausen, ist weniger gesund, manchmal aber dem Wissens- und Veränderungsdrang geschuldet, sogar mit Lustgefühl verbunden. Es endet aber immer in Erschöpfung und hoffentlich erholsamen Schlaf. Die Beobachtung des Leseverhaltens stört, weil sie automatische Gewohnheiten verlangsamt und das Verstehen des Inhalts verlangsamt; **letztendlich nutzt das Üben** einer Lesetechnik **auf Dauer sehr.** Schlafen können ist unten weiterhin ein Thema. Als Psychologe empfehle ich, jetzt einmal für eine Minute hochzuschauen und sich das letzte Wort auf weißem Grund vorzustellen: „Durchatmen".)

Ü04: „Doofe beobachten"

Kein Psychotherapeut würde den Patienten die Aufgabe stellen, sich bei Fehlern einmal ganz genau zu beobachten. Oder hat jemand schon mal Folgendes gehört:

> „Bewegen Sie sich ganz normal im Alltag. Wenn sie einen Fehler machen, beobachten Sie, was sie tun!"

Aber genau das ist mir, ohne Therapeut, passiert. Noch vor dem Frühstück wollte ich frische Brötchen holen. Üblicherweise bin ich, was Abläufe anbelangt, gut sortiert. Als eine der ersten Tätigkeiten am Morgen knipse ich den Schalter der Kaffeemaschine an. Nach dem Duschen und Anziehen geht es in die Küche. Aber wegen des Walnuss-Zwiebelbrötchens und der Dinkelperlen sollte das anders sein.

Noch am Abend hatte ich mir die Flaschentasche für Leergut von innen vor die Haustür gestellt. Auf dem Weg zum Biobäcker wollte ich vorher leere gegen volle Flaschen aus dem separaten Keller tauschen.

Deswegen holte ich den Einkaufskorb, überschaubar mit je einer Pfandflasche Milch und Joghurt. Ich sollte diese, neben dem Brötchenkauf, im Markt gegen frisch gefüllte wechseln. Ich zog Jacke und Schuhe an, fingerte nach Haus- und Kellerschlüssel, setzte den Korb zunächst vor der Haustür ab und schnappte mir dann die Flaschentasche. Im Keller tauschte ich, wie geplant. Als das geschafft war, brachte ich die gefüllte Tasche in die Wohnung und ergriff den Korb. Dann lief ich los.

Zügig, wie ich gehe, sah ich das erwachende Viertel. Wenige Autos, einige verschlafene Menschen, ein heller, kühler Tag. Ich war schnell am Markt. Einige kontrollierende Bewegungen vor dem Eingang, ich klopfte mir auf die rechte Seitentasche, die ohne Gegenwehr leer blieb. Aus meinem Mund kam nur entweichende Luft: „Hmm, nein!"

Das war mir vor einigen Monaten schon einmal passiert. Portemonnaie vergessen. Der Verkäufer hatte mich meinen Einkauf mitnehmen lassen, weil ich versprach, sofort von zu Hause zurückzukommen, da ich es nach eigener Aussage gar nicht weit hätte. Der Weg war aber weit gewesen, mit dem vollem Einkaufskorb und zurück, das Hin und Her hatte genervt.

„Nicht schon wieder!" Da ich noch zeitlich und räumlich vor dem Bäcker meinen Fehler bemerkt hatte, wollte ich diesen natürlich schnell aus der Welt schaffen. Ich hielt das öfter so, mich nicht mit kleinen Fehlern zu beschäftigen. Ich beseitige und erledige zügig und zackig, bin diszipliniert und frustrationstolerant abarbeitend, bis zum Erfolg. Bedauernd, milde war da noch: „Schade, wie doof."

Zu Hause stellte ich den Korb ab und fand meine Geldbörse. Als ich mich bückte und den Korb wieder nehmen wollte, sah ich, DIN-A5 groß, mich anlugend und anlachend, die türkise Lederbörse meiner Frau. Ich ergriff sie und prüfte sie zackig. *Da ist auch Geld drin. Ach, wie doof ist das denn? Die lag offen unter dem Leergut. Den ganzen Weg umsonst. Alles so gut geplant und dann so doof! Hätte ich mal geguckt!*

Ich bin mir nicht sicher, ob ich mich wegen der Absicht, Beobachtungsaufgaben zu erfinden, in diesen Zustand mehr hineingesteigert habe als üblich. Absichtlich auf keinen Fall, das war mir passiert. Aber auf dem erneuten Weg brummte ich anfangs noch ein wenig. Ich beeilte mich, langsam verspürte ich Hunger.

Dennoch war die Frage da, *wieso haste das denn nicht gesehen?* Ein wenig milder gestimmt, bei erneut frischer Luft, erkannte ich schnell: Hätte ich bei jeder Unterbrechung, jedem Treppenabsatz immer schön Pausen gemacht, meinen zackigen Stil schon länger überdacht, umgelernt, geübt — wie beim Lesen aktiv trainiert — und an jeder Ecke des Wegs, auch vor der Bäckerei, den Kopf hochgerissen, dabei innerlich auf ein weißes Blatt Papier geschaut, mit geschlossenen Augen zwei Minuten Luft geholt, dann hätte ich eine Erfahrung im Bereich des Lesens übergeneralisiert, und auch keine Börse gesehen!

(Die Forschungsgruppe *R. Fisch, J. H. Weakland und L. Segal* zeigte ernste menschliche Probleme als behandelbar auf, indem einseitige Lösungen durch therapeutische Interventionen um **180 Grad** in die gegenteilige Richtung geöffnet und gedreht werden konnten. Dazu kommunizierten sie nicht immer transparent, weil der Stil, Einsicht zu gewinnen, manchen Klienten nicht zusagte, oder weil in wenigen Stunden Beratung, bei großer Not, die Zeit dazu nicht gereicht hätte. Sie sahen die Zufriedenheit der Klienten als Erfolgskriterium an.)

Aber nicht so viel bei Ärger in mich hineingucken und den Kopf wie die Augen weit öffnen! Atmen, Ruhe, wäre eine gar nicht so schlechte um 180 Grad gedrehte Antwort. Das Glück war so nah gewesen. Wie hätte ich mich gefreut, dass zufällig meine Frau ihr Portemonnaie in dem Korb gelassen hätte.

Und einmal den Blick gehoben, war auch schnell gewiss, sogar mein Pech, meine kleine Nachlässigkeit hat mich erinnert, Rhythmus mit minimalen Atem- und Blickpausen als Königsweg zu erkennen. In jedem Unglück könnte ein Hinweis auf Veränderung liegen, wenn ich nur richtig verstehen würde, woher es kommt und woran es liegt. Und selbstverständlich will ich jetzt zügig anders lesen. Ja, wenn es sein soll, auch das Lesen üben. Aber einen weißen Karton habe ich gerade nicht zur Hand.

(Strukturelle Arten und Weisen einzelner Probanden sind durch sie selbst, absichtlich, nicht leicht zu ändern, mit vermehrter Aufmerksamkeit und den passenden Übungs-Beobachtungsstrategien schon. Ohne Fleiß, kein Preis.)

Wichtig ist doch, dass ich ganz grundsätzlich erkenne, ob für mich ein Unterschied bei der einen oder anderen Vorgehensweise entsteht. Vermutlich werde ich auf Dauer profitieren, wenn ich mit dem „Leerer-Stuhl"-Therapeuten (s. Ü20) oder einem echten Gegenüber immer wieder vergleiche und vor allem mir die Dinge klar mache.

Doch nur das Erkennen reicht nicht, ohne Neues und ohne Übung geht nur ein altes Muster: Deshalb empfehle ich mir, die erste Fehlerart (L1) „Zackig drauf zu sein" mit der zweiten (L2) „Pausen und Distanzierung" **auf zufällig gerade und ungerade Tage zu verteilen**, Ergebnisse alle zwei Wochen zu notieren und in extra Sitzungen zu sichten. Für mich gilt dabei, auch differenziert für beide Lösungswege, die Spreu vom Weizen zu trennen. Ich neige zum Übergeneralisieren für jede der Lösungen.

(Viele Menschen wiederholen ständig lebensgeschichtlich einmal erfolgreich gewesene Verhaltensmuster. Ohne Alternativen zu kennen, ist das nicht verwerflich: „Das ist der dritte Falschfahrer" und „Ich ärgere mich über ..." oder „Ich fühle mich schuldig", zeigen Beispiele. Tragisch ist: Menschen wenden die typischen Verhaltensmuster auch bei der Suche nach Veränderungen an. Um das Vorherige zu

bewältigen, ist Folgendes typisch: „Jetzt gebe ich mal Gas" und „Dem zeige ich es" und „Jetzt mal ganz, ganz vorsichtig". Das drückt ein „weiter so" aus und nicht die 180-Grad-Kehre, wie *R. Fisch et al.* empfehlen.)

Generell gilt für die vorgeschlagene Übung: Die bisher erste Fehlerart **(Lösung I)** wird an einem ersten Tag beibehalten und hat ihren Anwendungsbereich. Unter passenden Umständen kann sie sich halten. Die zweite **(Lösung II)** wird an jedem zweiten Tag geübt und findet ihren Anwendungsbereich. So werden die Blockaden des Klienten gelöst und neben guten, alten Mustern entstehen neue, gute Bahnen. Solange Klienten das mit sich selbst machen und durchblicken, ist das mehr als transparent. Das Motto ist: Besser zwei unglückliche Lösungen als eine. Diese Art der Beobachtung ist sinnig, aber – das habe ich gelernt – nur unter bestimmten Bedingungen.

- Leser, denk nach! Ohne Neues und ohne Übung geht nur ein altes Muster. Deshalb sei empfohlen, **einen ersten Fehler oder Lösungsversuch (LI) „................"** und einen **fast umgekehrten, gegenteiligen zweiten (L II) „......................"** auf zufällig gerade und ungerade **Tage zu verteilen,** das heißt, geplant die Verhaltensmuster abwechselnd durchzuführen. **Beobachten Sie unmittelbar und notieren Sie, was passiert.**

- **Nach zwei Wochen sichten Sie bitte die Ergebnisse in einer extra Bilanzsitzung. Schreiben sie sich den Termin vorher in ihren Kalender.** Dabei ist wichtig, auch differenziert für beide Lösungswege, die Spreu vom Weizen zu trennen. **Klären Sie weitere Einsatzbedingungen und neigen sie nicht zum Übergeneralisieren für Lösung I oder II.** Unter bestimmten Bedingungen ist jede Lösung auch eine Art Fehler.

Übrigens wird abgeraten, andere Menschen auf deren Fehler hin zu betrachten. Es hat manchmal den Effekt, dass man mit ihnen aneinandergerät. Es könnten Mord und Totschlag oder gehemmte Wut,

Schuldgefühl und Bedrückung entstehen. Und nur im Glücksfall haben wir gute reflexive Zweisamkeit.

So wäre klarer, was man besser lässt. Die Frage sei aber gestellt: Was ist eigentlich der Schlüssel zu einer erfolgreichen, effizienten Therapie? Was soll man tun? Ärzte antworten im körperlichen Bereich darauf mit der Antwort: „Gute Diagnostik." Wir werden im nächsten Kapitel sehen, es geht auch in der Psychotherapie um das Verstehen der Problemaufrechterhaltung, aber auch um Zielesetzung, um neue Entwicklungen absichtlich vorantreiben zu können.

Ü05 Nachdenken: „Worüber?"

Das Nachdenken empfehle ich als Therapeut ständig. Hier will ich anders nachdenken, über das, worüber wir nachdenken sollten.

Üblicherweise fordere ich mal zum Ende der Stunde dazu auf:

> „Sie denken weiter darüber nach?"

Und, unerwartet ein anderes Mal, sage ich oft gar nichts dergleichen; auch nicht andeutungsweise, aber die Kundschaft sortiert und überrascht mich: Es ist vorgekommen, dass Klienten, Patienten, Beratschlagte mit „Situationen" in die nächste Sitzung kamen, deren Beschreibung einer genauen Selbstanalyse und -beobachtung oder gar Experimenten mit sich entsprachen.

Die Gedanken und Experimente der Klienten und fachliches Hintergrundwissen von Kollegen oder meiner Lektorin nutze ich ganz selbstverständlich als mein Wissen oder Können, obwohl streng genommen manches Plagiat ohne Quellenangabe ist. Ich erwähne das hier, weil nicht nur für wissenschaftlich Arbeitende und Psychotherapeuten, sondern auch für die an Selbstveränderung interessierten Leser die Frage, worüber wir nachdenken sollten, wichtig ist, um zu erkennen, dass wir ständig nachahmen und Wissensschätze implizit nutzen. Vieles bleibt unbewusst. Kein Mensch kann alle Quellen und Voraussetzungen reflektieren, während er handelt oder denkt. Eigentlich läuft es angenehm im Flow, wenn wir automatisch etwas können und dabei weder unter- noch überfordert sind.

Doch wenn wir hartnäckige Symptome und problematische Handlungs- muster verändern wollen, ist es bedeutsam, deren Quellen und mehr noch die aktuellen uns selbst steuernden Wissensbestände – man kann auch Repräsentanzen, Kognitionen, (Bauch-)Gefühle und Intuitionen sagen – zu erkennen, zu hinterfragen und aktiv anzugehen. Das ist für Laien aus Unwissenheit oft mit Zweifeln und Ängsten verbunden. Therapeuten können optimistischer sein, weil sie beispielsweise wissen, dass alte Lösungsmuster durch neue unbekannte ergänzt werden sollten. Therapeuten wissen, dass ihre Patienten sich nach einer etwas mühsamen Übungsphase oft als „Befreite" glücklich verändert zeigen. Aber auch Patienten, die gut nachgedacht haben, können hoffnungsvoll längerfristig auf erkannte Therapieziele zugehen. Wie diese Problem-Lösungs-Psychotherapieziele zu entdecken sind, das soll jetzt behandelt werden.

(Streng wissenschaftlich: Das ganze Leben ist ein **Plagiat**. Wir sind voller Identifikationen, Projektionen und geformt vom genetischen Abdruck unserer Vorfahren. Kulturelle Normen und schon einfache Worte und typische Redewendungen entstammen familiärer Tradition. Fast ausnahmslos gehört zum Allgemeinwissen der Satz: „Wir sind früh geprägt." Unter anderen Theorien – es gibt immer mehrere – wird das „konditioniert, klassisch oder operant" genannt.
Ursächlichen, reduktionistischen Theorien entgegentretend gibt es auch humanistische, konstruktivistische und weitere Theorien, die den Menschen als positiv, frei, kreativ, mit Potential für alles auf die Welt gekommen sehen. Für manche gilt, *Pippi Langstrumpf* korrekt zitiert: „Erfindet euch die Welt, wie sie euch gefällt!"
Psychologie ist selten parteilich, versucht, wissenschaftlich mehrperspektivisch zu bleiben. Jede **Theorie** hat ihren passenden Anwendungsbereich. Einzig der praktische Erfolg zeigt die Passungsstärke der Theorie.)

Patienten mit ihren problembelasteten Lebenssituationen legen nahe, erlebnisnah, sich mit ihnen von unten nach oben voran zu arbeiten, induktiv. Einzelsituationen ihres Lebens können mitfühlend durchdacht werden, bis das Verstehen entscheidende Schlüsse und Änderungen ermöglicht. Oder man gibt Interessierten von Anfang an Möglichkeiten vor, von oben deduziert.

Im Selbstversuch will ich nachdenken, worüber ich genauer nachdenken will, damit Patienten Orientierung bekommen könnten, was lohnend ist: *Nicht nachdenken* könne man gar nicht, behaupten schlaue Zeitgenossen und Psychologen.
Dem muss ich widersprechen. Während die meisten Patienten und ich zumindest versuchen, nachzudenken, habe ich im Alltag den Eindruck, die lieben Mitmenschen denken immer weniger nach; auch ich treibe Sport, schlafe und sündige oder genieße das Leben; Deutschland, Europa, die USA – ein Freizeitpark.

- Ich empfehle im weiteren Verlauf, nummeriert von 1. bis 4., die Ergebnisse zur Fragestellung, worüber Menschen nachdenken sollten, zu berücksichtigen:

  1. Nachdenken ergibt, einfach mal was anderes zu machen, nicht zu denken, die **Freizeit zu nutzen, ist eine empfehlenswerte Variante.** Aber wirklich machen, nicht nur drüber nachdenken! (Bitte Augen zu und atmen, s. Ü02.)

In meinem Alter habe ich schon über vieles nachgedacht. Da ich eher schnell als langsam las, worüber ich dann nachdachte, und auch Lebenserfahrung erwarb, über das TV mit dem wilden Westen hinaus, hatte ich immer viel Stoff, Rohmaterial, Situationen.

Mit manchen Dingen beschäftigte ich mich sehr intensiv. Beispielsweise lernte ich im Studium sehr viel über Psychotherapieforschung und hätte promoviert und einen Doktortitel erhalten, wenn ich nur über Möglichkeiten eines Stipendiums nachgedacht hätte. Aber da war ich unwissend geblieben, trotz bester Noten ging dieser Karrierewunsch schief. Doch so fand ich einen anderen Weg. Ich konzentrierte mich auf das Praktische des Fachs und wurde broterwerbender Diplom-Psychologe und Therapeut. Doch Jahre später las ich viel, textete viel, fragte, versuchte insgesamt, bei sage und schreibe drei Doktorvätern anzukommen, aber auch das ging aus verschiedenen Gründen schief. Die Quintessenz ist:

- **2.** Wenn du über etwas viel nachgedacht hast, wirklich viel und sehr gründlich, irgendwann besser aufgeben und etwas anderes zum Denken suchen. **Was viel bedacht wurde, mal weniger denken.**

(Das **Pareto-Prinzip** wird von einigen Klienten recht sinnig interpretiert: Wissenschaftlich bewiesen sei: in allen routinierten Zusammenhängen 20 % Neues wagen, mache glücklich und flexibel.)

Ich finde, es gibt so vieles auf der Welt. Sind es inzwischen acht Milliarden Menschen? Wie viele Tierfilme könnten mich erfreuen? Oder Wandern, Graben nach Würmern, die ich den Goldfischen zum Streiten, Ziehen und Knabbern gäbe? Zu Wildwest habe ich nachgedacht: Dort wiederholt sich, wer gut oder böse ist und wer überleben soll. Worüber sollte denn, wenn schon überhaupt noch, in einer Psychotherapie nachgedacht werden?

Mit mir als „Patient" und leerem Stuhl könnte ich viele ähnliche Situationen und Erlebnisse erzählen, die Lebensgeschichte, und der „Therapeut" auf dem leeren Stuhl würde nach und nach mühsam kapieren, was in einzelnen Situationen das Wiederholte ist. Dieses Vorgehen ist, wie oben schon benannt, induktiv.

Ich würde als bedeutsames Ereignis bezeichnen, dass eine Oberärztin meinte, ich könnte, auch als blutjunger Therapeut, Patienten auch Fragen stellen. Und am besten wäre, ich fragte mich selbst, was bei Patienten das **Unbewusste** sei. Ich kapierte gar nichts, obwohl das weise war. Sie meinte, dass ich Ideen haben könnte, was bei den Patienten im Argen läge, und ihnen helfen könnte, herauszufinden, was genau es war. Abgeleitet aus Theorietürmen – in meterhohen Bücherstapeln und Zeitschriftenbergen archiviert –, die es zur Diagnostik psychiatrischer Störungen, zu persönlichen, sozialen, kollektiven Abwehrarrangements und zur spezifischen Behandlung gibt, sollte ich gute Fragen stellen. Aber auch die Selbsterfahrung, die vielen hundert Stunden praktische Ausbildung in völlig unterschiedlichen Therapieschulen und die Ausbildungssupervision sollten in meine Fragen eingehen. Die Oberärztin meinte, weil ich doch etwas gelernt hätte, sollte ich deduktiv vorgehen.

Eine letzte Geschichte zu dieser Zeit aus dem letzten Jahrhundert: Ich war total modern ausgebildet und konnte unterscheiden, was interne oder externe und in jeder Kategorie stabile oder instabile Ursachenzuschreibungen, das heißt Attributionen waren. Aber zu der Frage, ob unbewusste Schuldkomplexe einen Menschen defensiv sein lassen, musste ich länger nachdenken, bis ich meinen intern stabil negativ attribuierenden Patienten auf die Sprünge helfen konnte.

(Das schönste und komplexeste Buch über Fragen ist das von *K. Tomm*.)

Ich werde jetzt eine Lücke von ungemessenen Metern Lektüre lassen, die ich durchschritt oder ausließ. Aktuell halte ich viel von einer kleinen Forschergruppe, die Grundlagenforschung, Psychotherapieforschung und die Praxis verschiedener Psychotherapeuten zusammenbringt (*J. G. Allen, A. Batemann, P. Fonagy, M. Target*). Ergebnis 3. ist von diesen Autoren geprägt. Die sagen, sie hätten nicht wirklich etwas Neues. Das finde ich gut. Ich habe doch schon so viel darüber nachgedacht, auch was Patienten tun könnten. Worüber können Menschen, die unglückliche Lösungen – eigene oder anderer – gefunden haben, nachdenken?

- **3.** Unter Berücksichtigung der Ergebnisse 1. und 2. – die Einschränkung ist von Bedeutung – sollte in Aspekten unterschieden werden zwischen
  „Inhalte" (z. B. bestimmte Bedürfnisse, Wünsche, Gefühle, Gedanken, Absichten, Halluzinationen und mehr),
  „Repräsentationsebenen" wie (bewusst denken, Erklärungen haben, explizit, narrativ, deklarativ) oder (unbewusst spüren, Bauchgefühle haben, einfach machen, implizit, intuitiv, prozedural, sensumotorisch),
  „Objekte" mit den Möglichkeiten des Selbst (mit unter anderem Teilidentitäten, Kind-Ich, falschem und authentischen Selbst, Ego-States, Über-Ich, Es, Ich) und anderer (und ihrer möglichen Innendifferenzierung),
  „Zeitrahmen" mit den wichtigen Unterscheidungen zwischen Vergangenheit, Gegenwart, Zukunft und
  „Fokussierungsradien" (eng aktuell, breit lebensgeschichtlich, inneres Erleben, Fühlen, weise oder ängstliche Erinnerungen, äußere Ziel- und Gefahren-, Freund- und Feindwahrnehmung).

Die unter 3. schon genannten Aspekte können daraufhin befragt werden, ob sich besondere Gewohnheiten oder Stile zeigen. Sie decken sich teils mit Antworten auf Fragen nach dem **Denkstil und Fühlen im Stress:**

> Brauche ich oft teleologisch, das heißt ziel- und zweckbezogen, **„sofort"** etwas und kann **„unkontrollierbar"** nicht aushalten?

47

Verstehe ich gut Teekesselchen oder bin ich konkretistisch, das heißt **gegenständlich verhaftet** oder auf etwas Bestimmtes bezogen oder verstehe ich Bedeutungsvielfalt von Wörtern? (Der Tee und der Buchstabe T, also dass zwei Dinge als gesprochenes Wort etwas Unterschiedliches bedeuten können.) Und dass Missverständnisse, zwei Sichtweisen zu einer Sache, normal sind?

Denke ich mir fantasierend etwas aus, und komme damit gar nicht mit anderen zusammen? Rede ich für mich im **Als-ob-Modus**? Versteht mich nie jemand? (Das wäre eine stabil externale Schuldzuweisung.)

Ist mein Denk- und Fühlstil sehr **wechselhaft, instabil**? Oder kann ich ideal, **flexibel-reif** (mit-)denken und (mit-)fühlen: „Sicher und gelassen im Stress" sein? (G. *Kaluza*)

Diese kleine Liste hat es in sich. Wenn man sich wiederholt fragt, wie denke ich, mit Pausen, sich ausreichend Zeit nimmt, weiß man, was man viel tut und was man mehr können könnte. Herauszuarbeiten, was immer wieder getan wird und was eine Lösung, einen Unterschied von Bedeutung bringen kann, kann recht zeitintensiv sein. Deshalb würde ich an dieser Stelle nur auf einer unsichtbaren To-do-Liste den Punkt „ausführliche Analyse meines Denkstils?" notieren. Ob ich das überhaupt machen will, sollte ich mir auch sehr gründlich überlegen.

Mit Stichworten kann ich die Zwischenergebnisse meines Denkens festhalten. Aufgeschriebenes lege ich an eine vor anderen sichere Stelle, ich bin nur meinem Gewissen und verinnerlichten Normen **(Über-Ich)** verpflichtet.

Alternativ kann ich auch nicht explizit nachdenken wollen und mich meiner Natur gemäß weiterentwickeln. Ich kann überzeugt sein, dass ich alles Lebendige in mir habe, meine Natur in mir biologisch angelegt ist, mir geschenkt oder „eingehaucht" wurde und ich mich mit den verlebendigenden Trieben, dem verinnerlichtem Unbewussten und Intuitivem **(Es, als große Ressource)** weiterentwickeln werde. Und das ist ganz sicher in der existierenden Umwelt, mit anderen und auch mit diesem Buch.

Ich habe neulich am Radioteleskop Effelsberg in der Eifel festgestellt, wie wenig Zeit ich habe. Die Sonne stirbt in vier Milliarden Jahren – das weiß ich schon nicht mehr genauer; ich dagegen habe im Vergleich dazu nur einen Wimpernschlag Zeit, um noch zu leben. Entfernungsvergleiche – von unserem Sonnensystem, inklusive der Erde, zur Nachbargalaxie Alpha Centauri sind es 4,367 Lichtjahre, und das Universum durchmisst zurzeit neunzig Milliarden Lichtjahre – haben verdeutlicht, gegenüber meinem besten Freund Michael bin ich zehn Zentimeter kleiner, aber gegenüber dem Universum existiere ich einfach nicht! Da schreie ich aber: „Hallo!" und übe gleich mal, ob Michael mich hört.

- Wenn ich weiß, was und wie ich zu viel und einengend denke, kann ich **vom Problem** (der bevorzugten Lösungsbemühung I) **um 180 Grad drehend zum Ziel** (der erdachten Lösung II) **schauen**. Ich weiß dann, was ich mehr können und was ich viel wiederholen sollte. Es geht darum, einen persönlichen Stil, eine Gewohnheit mit neuen Gewohnheiten, die es aufzubauen und zu stabilisieren gilt, zu ergänzen. Dann brauche ich Übungen oder ich pausiere und mache später weiter. Entweder mit **Übungen** aus dem Buch oder mit freundlichen anderen, die mir helfen können. Ich könnte mutig auch einem Freund oder therapeutischen Platzhalter auf einem „leeren Stuhl" bitten, zu helfen, vielleicht auch selbst aufschreiben, mich immer wieder zu erinnern: „Ich weiß, was ich mehr will!"
Ich kann von meinen großen Zielen **Tagesordnungspunkte** oder **für einzelne Situationen Agendapunkte ableiten** und so kleine Schritte planen und vielleicht mit Glück und Verstand umsetzen. So kann der Weg zum Ziel gelingen. Das Erkennen und Erinnern ist hier recht rational und vernunftgeleitet von oben nach unten in die Lebenspraxis gehend gemeint (deduktiv).

Aber so einfach ist die Sache nicht. Die Oberärztin sagte etwas vom Unbewussten. Wie kann ich über unbewusste Dinge nachdenken? Es geht. Die Frage danach, ob ich unabsichtlich im Problem eine Rolle mitspiele, deckt manchmal die eigene Beteiligung auf. Schließlich gehen andere Menschen anders mit Problemen um. Und zum offenen oder verdeckten, vermiedenen Streit oder Wünsche-Handel gehören immer zwei. Viele Menschen kennen die Zusammenhänge, die negative, unausgesprochene Erwartungen haben. Sie können sich fragen, was ist meine selbsterfüllende Prophezeiung. Ähnlich führt die Frage weiter, was müsste ich tun, wenn ich das nervende Problem sogar absichtlich herstellen wollte. Wenn man eine Antwort findet, ist selbstverständlich die nächste wichtige Frage, was denn dann eine grundsätzlich andere Herangehensweise wäre. Die Antwort entspricht sicher nicht dem eigenen Stil, entspräche aber einer neuen Lösungsstrategie (L II). Kann ich das Ungewohnte Schritt für Schritt in mir aufbauen, wäre das als selbstbestimmte Persönlichkeitsentwicklung und Selbstverwirklichung zu bezeichnen(s. Ü19).

- **Auch von tief innen und unten kann ich etwas nach oben ins Bewusstsein kommen lassen. Ich kann allein Unbewusstes erkennen (**induktiv**):**

Ich erkenne, dass ich zu viel lese und nachdenke, vielleicht auch zu schnell.

- **4.** Eine nachdenkende Person stellt sich ganz bewusst aufrecht hin. Als Nachdenker atmet er ein und aus. Und achtet auf sein Bauchgefühl. Wer mitmacht, sich wirklich die Zeit nimmt und insgesamt zwanzig Prozent mehr in diese Richtung unternimmt, wird zunehmend **mehr fühlen und achtsam merken.**
  Das Gefühlte kann man mit Worten zu benennen suchen, erinnern, fragen, wie alt das Gefühl ist, wohin es mich führen will und so weiter. Auch und gerade **Nacht- und Tagträume** können bedacht oder gemalt werden. Symbolische Darstellung kann uns das Unbewusste erschließen helfen. Auch dies ist wertvolles Denken.

Menschen, die sich auf meditative Achtsamkeit und die eigene Stimme einlassen, erleben zeitweise „traurige Gefühle", obwohl alles gut sei, oder

„Zweifel", „Leere", „Sehnsucht ohne Hoffnung", „Wut" und „Schmerz". Kein Preis ohne Fleiß – ich glaube dennoch, es lohnt sich. Meist entsteht nach einer Weile wiederholten Zulassens der Gefühle – manchmal mit stärker schmerzhaftem Fühlen – eine größere Lebendigkeit, Harmonie und gefühlte Stärke.

Belastende Gefühle im Prozess sind therapieähnlich. Persönliche Entwicklung ist möglich – allein, mit Freunden, Geistlichen, Therapeuten oder in der Familie, in Gruppen ähnlich Suchender. Aus teils generationenübergreifenden, lebensgeschichtlichen, neurotischen Engen heraus öffnen sich vielleicht Freiheiten, auch in der Nähe mit anderen, wenn man den meditativen Weg gehen will.

Mein Ausbilder sagte, die therapeutische Gruppe sei wie eine „zweite wahre Familie", die Altes zu überlagern hilft und „Wahlverwandtschaften" finden lässt. Ich glaube, auch in Familien, Vereinen und Freundschaftsgruppen lässt sich die zweite Chance fühlen, erleben und einüben (s. Ü17).

Auch Patienten finden in psychotherapeutischen ambulanten oder stationären Behandlungen viel Gutes. Belastende Vorerfahrungen in Ursprungsfamilien oder auf dem Lebensweg mit anderen Menschen können aber misstrauisch machen. War es *Woody Allen* als Stadtneurotiker, der sagte: „Ich würde niemals einem Verein beitreten, der Leute wie mich aufnimmt?" Auch wenn ich nachgedacht habe, merke ich am Bauchgefühl, ob mir jemand anderes guttun kann. Oder ich frage explizit nach, ob er als Dienstleister meine Lösungen II, entsprechend der obigen Liste, mit seinen Ausbildungen überhaupt bedienen kann; ich kann auch Kompromisse aushandeln. Auch Patienten und Klienten dürfen Fragen stellen. Jeder hat das Recht auf eine eigene Meinung, was er als sein Problem oder seinen Lösungsweg ansehen möchte. Fragen können helfen, herauszufinden, ob Therapeuten, Partner oder Freunde den Weg mitgehen und unterstützen.

(In diesem Buch finden sich keine direkten Partnerübungen. Die gibt es anderswo, auch im Buchhandel oder angeleitet in Eheberatungsstellen. Aber unter **„Leerer-Stuhl-Dialog"** (s. Ü18) wird beschrieben, was ich allein tun kann, wenn ich etwas mit Abwesenden klären oder trainieren will, selbstsicher mit Emotionen umzugehen (s. Ü10, 17).
Für einzelne Suchende gibt es Achtsamkeitsübungen in

Selbsthilfekursen und im Internet sowieso fast alles auf Distanz. Auch klassischerweise Yoga, Meditation, autogenes und progressives Entspannen, alles in diese Richtung kann eine mögliche Lösung II sein.)

Ü06 Nachdenken „in der Nacht über den Lebenssinn"

Übrigens: Eine wichtige Unterscheidung in der Zeitdimension ist die zwischen Tag und Nacht.

> Nachdenken, über den Sinn des Lebens, bei Nacht, kann nicht empfohlen werden und verursacht Albträume.
> (Ü22 ist grundsätzlicher geeignet dazu, nachzulesen, da Sinnsuche als Unterpunkt von Zielvisionen betrachtet werden kann.)

Überhaupt ist immer schon der Sinn, die Frage nach dem Sinn des Lebens von Menschen zu stellen, als solcher anzuzweifeln.

Denn zeigen sich nicht bereits evidente Antworten zur Sinnlosigkeit, die wissenschaftlich genaues Arbeiten nicht infrage stellen würde: Die Übernahme der Haltung **„Erfindet euch die Welt, wie sie euch gefällt!"** der als fahrlässig zu kennzeichnenden Heldin von *Astrid Lindgren* ergäbe Schlimmstes.

Durch die Übernahme der Pippi-Haltung seitens Einzelner, und solches geschah bereits, wird sich kein Sinn erschließen:

> *So wenig wie für ein Kind ohne warmherzige Eltern,*
> *so wenig wie für eine Nation mit einem lieblosen Großvater, abwesend auf See oder in Florida,*
> *so wenig am Independence Day der USA,*
> *des Konföderierte-gegen-die-Nordstaaten-Krieges mit 750 000 Opfern, der Apartheit- und Sezzionskriege der USA oder weiterer rassistischer Opfer gedacht wird, und*
> *so wenig ehrlich über Corona als „Grippe" gesprochen wurde,*
> *stattdessen Pflichten eines Präsidenten vernachlässigend mit Fakenews, Gewalthetze nur zum Zweck des eigenen Machterhalts agiert wurde und bei einem gesicherten Zwischenstand von 527 957 Coronatoten **250 000 überflüssige Opfer** innerhalb der USA **ungestraft nur auf die rote Golfplatzkappe eines Mannes gehen,***
> *so lange und ewig will sich der Sinn des Lebens mir nie mehr grundsätzlich erschließen.*

So sei statt *Astrid Lindgren* die Story „Per Anhalter durch die Galaxis" von *Douglas Adams* empfohlen. In seinem Science-Fiction wird in etwa wie folgt aufgeklärt: Die weißen Labormäuse der Psychologen sind getarnte Außerirdische. Sie haben die ganze Welt, und uns mittendrin, als Supercomputer gebaut. Als teilnehmende Beobachter, verdeckt als Labormäuse, lassen sie alles Lebende verrückt miteinander (ver-)stricken und leben, so wie es halt ist, um den Sinn des Universums zu berechnen. Die Berechnung ergab als Antwort auf die Sinnfrage – was nochmal? Auch *42* Seiten später wird der Leser der vierbändigen Trilogie in fünf Teilen lachen. Auch im Film „Don Juan de Marco" – *J. Depp* spielt die Hauptrolle – wird Sinnvolles mit *M. Brando* und *F. Dunaway* als altes Psychiater-Ehepaar im Ehebett etwa nach 42 Szenenschnitten im letzten Drittel des Liebesfilms mit **Popcorn** überdeutlich.

Andererseits hat mich die Lösung II, diejenige der in der Schwangerschaft oder zu früh nach ihrer Geburt verstorbenen „Sternenkinder", am tiefsten traurig berührt. Sie sind so zart und weich, ihre **Sphärenmusik** erreicht von den Sternen am Firmament ihre Eltern und mich. Sie tröstet sie und mich. Für mich sind die Sternkinder und das Sterntalermädchen die schönsten und sinnvollsten Wesen im ganzen Universum.

> Sie sehen das **5.** Ergebnis: Die Sinnfrage zu stellen, insbesondere bei Nacht, raubt Ruhe. Doch die Empfehlungen 1., 2., 3., 4. bleiben in Kraft (s. Ü5). Die nächtliche Sinnsuche schlafend im Bett (s. Ü22) sei uneingeschränkt empfohlen. Das Nachdenken bei Nacht sei mit Vorsicht zu genießen und der *Sinn wird besser selbst gekocht und mit 42 scharfen Popkörnern gewürzt.*

> Nach diesem nicht ganz humorlosen Kapitel wird es ernst, denn Zwang durch andere und nicht weniger durch sich selbst ist quälerisch. Die Beschäftigung mit diesem Thema ist aber lohnenswert, was im nächsten Kapitel deutlich werden kann.

Ü07 Kontrolle für Zwänge

(Viele Menschen leiden an zwanghaften Symptomen oder Kontrollzwängen. Da gibt es Handlungszwänge wie übertriebenes Händewaschen, Intimeres, Herd-aus-und-Tür-abgeschlossen-Kontrollieren und mehr. Es gibt auch gedankliche Zwänge – nicht nur das Grübeln des depressiv gestörten Menschen – sondern auch ein Repetieren von Zahlen in festgelegten Reihenfolgen, Gewalttätiges, Perverses und anderes, was die Patienten sich durch den Kopf gehen lassen und gegen den eigenen Willen vorstellen müssen, intensiv und bei Fehlern alles von vorn. Die Störungen sind vor allem unkontrollierbar, oft zeitaufwendig und belastend, Ärger über sich selbst bringend, schambesetzt.

Auch klinisch unauffällige Gesunde leiden manchmal unter zwar vorhersehbaren, aber unkontrollierbaren Fakten oder lebendigen anderen. Deshalb ist die Beschäftigung mit möglicher Kontrolle des Unkontrollierbaren für jedermann von Interesse.

Exkurs: Entwicklungspsychologen sehen schon bei Kindern sogenannte **Kontrollmotive**. Sie werden als stärkste Motive für zielgerichtetes Suchen, Erkennen, Verstehen und die Überwindung von Schwierigkeiten angesehen. Kontrollmotive und Bindungsbedürfnisse werden heute von Forschern als bedeutsamer geschätzt als die von *S. Freud* thematisierten sexuellen Motive.

Fantasie, magisches Denken, Als-ob-Denken ist in einer Übergangsphase der Kindheit Ausdruck davon, dass das Kind sich nicht mehr vorrangig mit Reiz-Reaktions-Zusammenhängen beschäftigt. In dieser Phase kann das kleine Kind innere Objekte, z. B. die Mutter, und Symbole, z. B. einen Klang oder ein Wort dazu, erfinden und innen behalten. In dieser Zeit ist dem Kind nur schwer oder gar nicht möglich, zwischen einer inneren und einer äußeren Realität zu unterscheiden. Es versinkt zeitweise im großartigsten Spiel, dass es liebt und braucht, manchmal fürchtet, und wechselt zeitweise, manchmal mit Schwierigkeiten, in den direkten beruhigenden, nährenden Kontakt zu Bindungs- und Bezugspersonen, die es anders liebt und auch braucht.)

Ich erinnere mich an einen knallrot-orangenen, glänzenden Lkw-Kipper mit schwarz-silbernen Stoßstangen, im grünen Rasen, den, wie immer, Marienblümchen zierten, und aus dem mein Vater noch nicht alle gelben Löwenzahnblumen entfernt hatte. Ich stand mit breiten Beinen, sodass ich die Beine weit spreizen musste; ich konnte sogar sitzen. Der Wagen war fast hüfthoch und ich vielleicht vier Jahre alt.

Noch Jahre später hatte ich das Gefühl, mir sei etwas gestohlen worden, damals, weil ich den hüfthohen Lkw-Kipper nach dem Mittagessen suchte, aber nie mehr fand, und weil von meinen wenigen Spielzeugen immer nur der 15 Zentimeter kleine, aber auch knallrote Laster real war. Mein Enkelkind konnte im ersten Urlaub ohne Eltern getröstet werden. Noch etwas verweint sage der Junge: „Dann denke ich einfach nicht an die", und ging spielen.

Eine Voraussetzung war kurz zuvor gewesen, dass die Oma das traurige Kind gesehen, nachgefragt, mitfühlend-mütterlich auf Augenhöhe bestätigt, berührend Auge in Auge, Arm in Arm gehalten und verweilend getröstet hatte: „Das ist Heimweh. Das ist echt schwer. Aber es geht vorbei."

(Erst später, wenn die Objekte stabil, die Bindungen sicher genug waren und flexibel gestaltet wurden, entwickelt das heranwachsende Wesen die Fähigkeit zur Reflexivität. Das bedeutet, wir wissen von uns selbst als „ich" und überdauernder Einheit, dass wir innere Erwartungen, Bilder, Wünsche gleichzeitig mit äußeren Gegebenheiten abgleichen sollten. Gegebenenfalls können wir selbst in die Außenwelt eingreifen. Oder wir passen unsere inneren Pläne an, können vielleicht auch allein wirkmächtig sein. Statt Kontrollverlust und Unruhe entwickeln wir Kontrollerwartungen.

Warum Erwachsene magische Rituale durchführen, innerlich oder äußerlich, ist nicht ganz klar. Es herrscht Theorienvielfalt. Es gibt mehr Fachliteratur, als ein Einzelner mit langsamem Lesen und Lernen bewältigen kann. Meine Beobachtung ist, dass häufig in der Beziehungsgeschichte emotional überfordernde Einsamkeit und emotional missbräuchliches Gebrauchtwerden durch andere eine Rolle spielten. Die Forschung zeigt aber keine eindeutigen Belege für Zusammenhänge zwischen Lebensgeschichte und spezifischen Symptomen, wahrscheinlich ist jeder Einzelne zu individuell.)

Wie auch immer ich mir die Zwangssymptomatik erkläre, für die betroffene Kundschaft sind die unkontrollierbaren, selbst durchgeführten wie gleichwohl selbst abgelehnten Aktivitäten immens zeitfressend und Leid bringend.

Das Allein-Zwängen-nachgehen-Müssen ist gar nicht so anders, als wenn ein anderer Mensch mit mir in einer Wohngemeinschaft lebte und mal überraschend plötzlich, mal vorhersehbar, aber immer für mich unkontrollierbar, die Musik mitternachts laut aufdrehte. Für mich wäre heute die Lösung zur Herstellung von Kontrolle: Er oder ich zögen aus. Aber wenn ich selbst derjenige wäre, der die Musik aufdreht, wäre das nicht so einfach.

Menschen mit unkontrollierbarem Leiden an sich selbst sind oft gut für Veränderung und Experiment motiviert. Deshalb empfehle ich Therapeuten und Patienten, zusammen oder allein immer erst mal ruhig nachzudenken, wer was tun kann und soll. Es gilt zu üben, aber, wie beim Schwimmen, im Trockenen, ohne Gefahr.

Da man das Problem nicht einfach los wird, muss als Erstes die Kontrolle über das Problem gewonnen werden, um im zweiten Schritt das Problem zu beseitigen. In der Fachliteratur wird dazu empfohlen, das Problem diagnostisch anzugehen, es absichtlich herzustellen und zu erforschen.

- Mein Spruch und die **empfohlene Hausaufgabe zu Zwängen**: **1.** Legen Sie fest, wann die Symptomatik unter Ihrer Kontrolle auftreten soll. Der genaue Zeitpunkt kann in einem Stundenplan notiert werden. Mehrfach am Tag, öfter als bisher, nur nicht unkontrolliert, sollte ausreichend Zeit eingeplant werden. **2.** Wählen Sie einen geschützten Raum; z. B. das Bett statt des Waschbeckens oder der Toilette, oder die Haustür von innen statt von außen. Legen Sie ein Handtuch auf das Bett oder markieren mit einem Handtuch den Raum hinter der Tür. Legen oder stellen sie sich auf das Handtuch. An dem so geschützten Ort nutzen Sie ihre Fantasiefähigkeit. Denken Sie und bewegen Sie sich exakt so, als würde die Symptomatik auftreten. Spielen Sie ernsthaft ihre Symptomatik. Seien Sie intensiv. Überlassen Sie nicht dem Zwang die Kontrolle. Sie sollen die Kontrolle über den zeitlichen Anfang und die extensive Intensität gewinnen. **3.** Legen Sie die Dauer fest. Oft ist eine halbe Stunde geeignet. Der Mensch mit intensiven Emotionen lässt nach zwanzig Minuten oder schon eher in seiner Konzentration und emotionalen Erregung nach. Passen Sie auf, bis zum Dreißig-Minuten-Schluss äußerst intensiv zu arbeiten. Steigern Sie sich hinein. Bleiben Sie im Extrem. Es ist wichtig, sich emotional zu verausgaben. Sie sollen nach 30 Minuten „kaputt"-entspannt und stark abreagiert sein.

Wiederholte Übungen verschlimmern zunächst Leid und Aufwand, bis der Zwang nachlässt. Es kann sein, dass der Zwang Sie anfangs noch neben den Übungen zusätzlich belästigt und „zwingt". Je intensiver Sie sich innerhalb der Übung engagieren und den Regeln folgen (mit festgelegten Zeitpunkten, der Dauer, der Intensität über 30 Minuten), desto schneller werden Sie Fortschritte erzielen. Doch ein vorzeitiges Einstellen der Übungen bewirkt, dass der Zwang aus dem Urlaub, in den Sie ihn schicken, zurückkommt. Bis er merkt, Sie haben ihn endgültig in die Rente geschickt, sollten Sie regelmäßig weiter üben. Die meisten Patienten schaffen es nach Anfangsschwierigkeiten, zwei Wochen mehrfach täglich zu üben. Das ist schon schwierig. Je nachdem, wie weit man kommt, sollte intensiv oder nach gelockerter Regel weiterhin Kontrolle gesucht werden. Bei Rückfällen ist sofort wieder intensiv vorzugehen.

Die Patienten verstehen, dass der Übungscharakter spielerisch-ernst ist. Die logischen Zusammenhänge, über die eigene Kontrolle das unkontrollierbare Problem zu beseitigen, leuchten dennoch ein.

(Früher wurden solche Übungen „paradox" genannt und intransparent verschrieben. Es tut dem Erfolg der Übung keinen Abbruch, sie psychologisch, transparent zu begründen und kooperativ von Psychotherapeuten begleiten zu lassen.

Wichtig ist, sich auf das wiederholte, häufiger auftretende neue und absichtliche Verhalten einzulassen.

Für einen dauerhaften Erfolg sollte über die Übung hinaus das wahre Selbst mit seinen Bedürfnissen im Kontakt mit anderen mehr zum Ausdruck kommen.)

Es ist im Weiteren verständlich, dass die eigentlich sehr motivierten Patienten immer wieder reflektieren, dass sie die Übung nicht perfekt durchführen. Das sollte zusammen mit Therapeuten und allein anhand von Kurzprotokollen ehrlich bilanziert werden können. Wenn Therapeuten oder Patienten der Übung leid werden, vernachlässigen sie wahrscheinlich diesen Symptombereich. Das kann zu Rückfällen führen, ist aber nicht dramatisch. Intensive, beabsichtigt gespielte Rückfälle sind besser.

- Immer wieder mal in den Alltag zur Erinnerung eine **Rückfallprophylaxe einzubauen** sollte vom Patienten streng geplant werden. (Wenn das vergessen oder vermieden wird, sollte der Patient sich liebevoll an diese unangenehme, aber sinnvolle Aufgabe erinnern.) Ich plane Übungen im Terminkalender und ich habe die Kontrolle über die absichtlich herbeigeführten Symptome, das wird präventiv gegenüber dem wenig spielerischen, echten Rückfall empfohlen.

Aber intensives Üben im Alltag ist schwer. Und Patient oder Therapeut haben in der Regel auch noch die aktuellen Beziehungen und Probleme mit wichtigen anderen zu lösen. Häufig werden Emotionen im Kontakt mit anderen von Patienten mit Zwängen zurückgehalten. Sie können die Gefühle noch nicht sicher im Kontakt mit den anderen leben. Wenn möglich sollen die Beziehungsthemen vor den symptomatischen Themen die Priorität erhalten. Schlimmstenfalls vernachlässigt man die Symptomatik und sie bleibt, wie sie war.

Ich als Therapeut bin dabei auf keinen Fall streng, auch Klienten sollten ehrgeizig und liebevoll zu sich sein. Bei strengen Therapeuten empfehle ich, auch ihnen gegenüber Geheimnisse zu behalten, auch ist in diesem Fall legitim, allein zu träumen. Schließlich käme mir die Übung so vor, als ob ich als Erwachsener noch mit dem Lkw-Kipper spielen müsste; obwohl ich den knallrot-orangenen Kipper lieber in einen Müllsack werfen würde. Wenn Symptome sich abstellen ließen und man sie „wegwerfen" könnte, dann wäre alles gut. Da das nicht funktioniert, gilt: Absichtliches Kontrolle suchendes

Herstellen von symptomatischen Zwängen ist ernst weiterzuführen oder Wichtigeres ist anzupacken.

Sie merken sicher, ich bin viel bei Patienten und Theorie. Ich will mich der Praxiserprobung stellen. Da ich keine Zwangssymptomatik habe, nutze ich mein WG-Beispiel:
Ich realisiere, dass ich gar nicht in einer rein funktionellen WG wohnte. Die WG sei als „mein Zuhause" gedacht. Als Erstes würde ich den Strom abschalten und die Musik oder den rücksichtslosen Krach beenden. Ich würde emotional mit Worten protestieren und Rabatz machen. Als Zweites später zum ruhigen Klärungsgespräch einladen, bitten, verhandeln. Mein Hauptargument wäre: Wir sollten uns beide in der WG wohlfühlen können. Wenn ich so nichts ausrichten könnte und in der Beziehungsfalle säße, käme ich der Lage nahe, etwas Unkontrollierbares – den Mitbewohner – bei mir zu haben, das ich nicht einfach loswerden kann.
Ich stelle mir weiter vor, als Erstes suche ich mir einen sicheren Ort, an dem ich meine Kontrolle intensiv erproben kann. Ich wähle das Bett oder ich nehme gleich den PC, an dem ich schreibe: Ich lege fest, wann, wie, mehrfach am Tag und in der Nacht, die Musikanlage voll aufgedreht wird, egal ob der Mitbewohner da ist oder nicht. Ich habe einen geheimen Stundenplan, der endlich mein eigener ist. Ich bestimme den Zeitpunkt, die volle Intensität und das Ende der Symptome. Die Musik passt zur Action-Entspannung, bei der Arme, Kopf und Oberkörper geschüttelt werden, geschwitzt und zu aufpeitschenden Rhythmen getanzt wird, *Kundalini*. Ich bin entschlossen, das vollkommen durchzuziehen.
Ich habe Anfangsschwierigkeiten, das nicht nur einmal und zu vorsichtig umzusetzen. Beim zweiten Mal läuft es etwas besser. Ich komme mir komisch vor, gehemmt. Ich nutze den „leeren Stuhl" mit dem Therapeuten, der mich versteht und fordert, ermutigt, selbstbestimmt weiterzumachen bis zur Ekstase, die Symptomatik selbst zu kontrollieren. Ich traue mich, voll in die Fantasie zu gehen. Ich stelle mir vor, wie mein Mitbewohner im Homeoffice und im Schlaf immer wieder gestört wird. Wie der Mitmensch protestiert, bittet, jammert und – nachdem ich unbelehrbar diesmal mein Ding durchkämpfe, wo ich doch schon in so vielen anderen Bereichen den Kürzeren ziehe – wie der ratlose Mitbewohner mich letztlich vom psychiatrischen Dienst einweisen lässt. Ups!

Zum Glück habe ich das nur am PC fantasiert und auf dem Bett mit großem Handtuch Kundalini-Tanz gespielt und herumgewühlt. (Ich stand aufrecht, schüttelte den Kopf, drehte den Oberkörper zu allen Seiten im Kreis sowie auf und ab, ging in die Knie nach dem Warmmachen bei 20 Minten wilder „indischer" Musik . Ich ließ mich gehen, angeleitet von einer Bhagwan-Schülerin in meinen Studentenzeiten in meiner Selbsterfahrungsgruppe. Das war damals für mich ein sportliches Training und brachte völlige wohlige Erschöpfung am Ende – ich hatte mich zu Glück schwergetan, Esoterisches oder göttliche Einflüsse und Mächte zu erleben. Ich tat mich vielleicht auch damals schwer, die körperliche Belastung assoziativ mit anderem aus meinem Leben zu vergleichen, zu erinnern, dass mir durchaus manchmal die Anderen und die Dinge überfordernd „um den Kopf geflogen waren" und mir zum Weinen oder Wüten gewesen war oder keiner mich sah und ich mich allein gefühlt hatte und Trost gebraucht hätte.) Mein „leerer Stuhl", mit mir als Therapeut, meint mitfühlend, wir könnten auch mal über meine Mutter, meinen Vater und meine Beziehung zu Mitmenschen sprechen. Inzwischen ist mein Mitbewohner tatsächlich rücksichtvoller geworden; er meint, ich sei in letzter Zeit so zurückgezogen in meinem Zimmer oder vor dem PC, weggekrochen, fragt, ob ich mal mit zum Tanzen gehen wollte.

Im Als-ob am PC geht die Auflösung schneller als in der Praxis mit Patienten, die an Zwängen leiden. Aber meine therapeutische Erfahrung mit Fleißigen ist: Für motivierte Klienten ist das intensive, ernste Spiel ein Ausstieg aus der Symptomatik. Eine Methode für das Ziel.

(**Entautomatisierung** ritualisierter Abläufe durch absichtliches Durchführen, Bewusstmachen, Beobachten lässt Kontrolle gewinnen, wo vorher keine war.)

In meiner praktischen Erprobung ist wohl einiges schiefgegangen. Die Situation nur am PC durchzuspielen oder durchzulesen ist zu wenig Konfrontation und Kontrollerfahrung mit der Symptomatik. So könnte nichts entautomatisieren, das waren keine „zwei Wochen" Kundalini mit intensiver disziplinierter Übung. Das war erfundenes Glück im „Als-ob-Denken". Da hätte ich nur denken, nichts tun und gleich das Buch weglegen können. Ohne Fleiß keinen Preis. Da dürfte ich noch mal ran. Und wichtig ist: Es macht einen großen Unterschied, ob ich mich mit unkontrollierbaren, von mir selbst abgelehnten inneren Zwängen auseinandersetze oder mit äußerem Zwang – Gewalt, Vernachlässigung und Willkür – durch andere Menschen. Im einen Fall ist das meine private Baustelle, im anderen sind sozial angemessenes, abgrenzendes Verhalten und Nutzen sozialer Hilfe gefragt, um eigenes gefügiges Fehlverhalten zu beenden. Ich bin für wehrhafte Selbstsicherheit.

(Jeder Klient sollte beim Thema „innere Zwänge" aufgeklärt sein, dass innere Selbststeuerung verändert werden soll. Die oft genug durchgeführten Übungen sollten implizit steuernde Strukturen ansprechen, die in sich selbst abgelehnt, dyston, fremd sind, eine Als-Ob-Realität herstellen, mit denen der Patient zeitweise pausiert, von einem zu stark angepassten, gefügigem und vermutlich reduziert und emotional erlebenden erwachsenen Selbst. Das wahre Selbst kann zu diesem im Konflikt im „Zwei-Stühle"-Dialog zu Wort kommen.)

Meine Probleme mit Unkontrollierbarem will ich im **Stühle-Dialog** bearbeiten; auf die Bühne bringen als inneren Konflikt zwischen „wahrem Selbst" oder „innerem Kind". Das innere Kind kann einem wütenden Drachen oder einem ängstlichen Mäuschen gleichen. Der Konflikt könnte auch zwischen einem „wahren Selbst" und einem „funktionalen Selbst" oder „kompensierenden Erwachsenenteil" angesiedelt sein, der einem gewissenhaften Wesen, wie dem duldsamen langsamen Esel, ähnlich ist. Oder wenn ich wenig verdränge und gut integriert bin, kann ein sozialer Konflikt zwischen mir und anderen, auch in den Modi des inneren Kindes, des funktionalen Selbst oder wünschenswert mit wahrem integriertem Selbst, gespielt und erprobt werden (s. Ü18 und ein Beispiel in Ü08).
Ich merke, das ist wie in Psychotherapien, das eine ergibt das andere. So entsteht eine Arbeit für Fortschritt. Ich glaube, ich könnte gerade mehr im Zustand des fleißigen Esels sein. Wenn ich sehr streng und genau wäre, sollte ich zum Anfang der Übung zurückkehren. Aber großzügiger lobe ich: „Fleißig gewesen." Deshalb sage ich mir löwenhaft streng: „Schreib- und Lesepause!" Bis zum nächsten Abenteuer mit dem Vater gilt es, Zeit und Ruhe zu lassen.

Ü08 Den „Vater" unter Kontrolle bringen

Ich, heute grau an den Schläfen, erinnere mich, als wenn es gestern gewesen wäre, dass ich bei meinem Vater auf dem Schoß saß. Ich weinte bitterlich, schluchzte. Und ich erhielt Trost. Er drückte mich, putzte mir die Nase und wischte mir die Tränen weg mit seinem großen weißen, sauberen Stofftaschentuch. Ich durfte ihn bei seiner Arbeit am Schreibtisch stören. Er hatte Zeit.

Das Komische daran ist, ich war etwa 26 Jahre alt, als das 1984 geschah. Und ich erinnere mich, dass mein „In den 1960er Jahren"-Vater fünfeinhalb Tage jeweils zehn Stunden arbeitete und nach dem Abendessen in seinem Arbeitszimmer verschwand, um sein Buch über die hübschen rotbunten Kühe zu überarbeiten. Er starb 1966. „Die deutsche Rotbuntzucht" lief noch eine Weile.

(**Moderne Psychotherapie** geht von der biologischen Tatsache aus, dass Menschen für Stoffwechsel offen, aber kommunikativ und geistig **abgeschlossene Systeme** sind.
Deshalb gelten einerseits Missverständnisse als normal und jeder kann sich nur wundern, wie viele sich doch mit und ohne Worte ausreichend gut abstimmen. Andererseits eskalieren Menschen, auch das ist normal. Streit und kriegerische Auseinandersetzungen ziehen sich durch Geschichte und Gegenwart im Privaten und Gesellschaftlichen.
Eine **instruktive Kommunikation**, im Sinne von „ich erklär dir mal und du kapierst das" – ohne vorherigen Aufbau von Sprache, Bezeichnungs- und Handlungsablaufwissen sowie hinreichend guter Beziehung –, ist nicht durch einen anderen möglich *(U. Varela)*. Nur entsprechend ihrer eigenen Strukturen registrieren Menschen etwas, nur entsprechend innerer Gestaltungsprinzipien verarbeiten sie Wahrgenommenes oder verändern ihre Strukturen selbstregulativ. So kann der Schlaf und die innere Verarbeitung beim Träumen als wichtigste Arbeit – neben absichtlichen Anstrengungen – unseres **Körper-Geist-Systems** verstanden werden. Bei der nicht bewussten Arbeit werden wach wahrgenommene und als wichtig gefühlte Umweltaspekte wie bei einem modernen Computer selbstlernend „verrechnet". **Mensch-Umwelt-Interaktionsmuster** und Koinzidenzen werden so wiederholbar gefestigt, erkannt, erwartet, gesucht oder weiter zu immer differenzierten Unterscheidungen

verarbeitet. Bei ausreichender Umweltanregung bauen sich Gedächtnisinhalte und Handlungsdenkabläufe als Wissensbestand auf. Entsprechende Repräsentanzen lassen gespannt erwarten, vitalisieren und motivieren; der menschliche Organismus will wissen, inwieweit sich seine Erwartungen erfüllen oder variieren lassen. Überforderung und Stress blockieren, hemmen oder aktivieren ängstliche und frustriert-aggressive Stimmungen; in diesem Fall ist der menschliche Organismus vermeidend oder misstrauisch, vorwürflich, schnell aversiv.

Mit zunehmender Reife entscheiden Menschen selbst darüber, ob sie sich mit immer Ähnlichem beschäftigen, Neues entdecken oder entmutigen lassen. Es sei denn, sie wurden in ihrer freien psychischen Entwicklung unterbrochen.

Belastende Lebensereignisse und andere Menschen, manchmal wichtige Bezugspersonen, können emotionale **Hemmungen** und **Fixierungen** verursachen. Die können, müssen aber nicht, zu **neurotisch** eingeengten Gewohnheiten, **Persönlichkeitsstilen**, oder zusammen mit Auslösern zu psychischen Störungen führen. Sie können – müssen aber nicht – ein Leben lang prägen. Das ist so, weil unser lebenslang **plastisches Gehirn** bei spezifischer Aktivität und Auslösern anhand assoziiert-steuernder Erinnerungen konditioniert reagiert. Unser Gehirn ist plastisch, das heißt, die erinnerten Erfahrungen können jedes Mal überlernt oder überschrieben werden. Aktivierte steuernde Erfahrungen und Erinnerungen werden so selbstverfestigt oder verändert. Das Gehirn erlaubt ein inneres – endogenes – Umschreiben der Erfahrung.

Wenn Psychotherapeuten schmerzhafte Erfahrungen mit Patienten durcharbeiten und emotional konfrontieren, aktivieren sie im Gehirn Komplexe um eine kritische Lebenserfahrung herum; und sinnvollerweise verbinden sie diese Erfahrung mit Trost und Neuorientierung. Neue Kraftquellen stärken dann. Ungenutzte Erlebnis- und Handlungsschemata werden befreit. In der Regel müssen diese neuen Muster nicht nur kennengelernt, sondern „könnengelernt" werden. Dazu dienen triangulierende, nach außen für Dritte öffnende Aufgabenstellungen, wie nur z. B. die Nähegestaltung zu männlichen Objekten. Doch auch das durch die Psychotherapie angeregte Träumen bei Nacht wird innere Bereitschaften und Erwartungen ändern.)

Die oben genannte Szene mit meinem Vater, die im Rahmen meiner Selbsterfahrung und Ausbildung zum Therapeuten mit alten Erfahrungen verschmolz, half mir sicher, viel vertrauensvoller Erfahrungen zwischen anderen Männern und mir herzustellen und zuzulassen. Ausbilder und Freunde stehen mir heute nah, weil ich meine Strukturen öffnen konnte und nicht verschlossen, enttäuscht und bitter, sondern getrösteter zurückblieb. Grundsätzlich mag ich heute gute Gespräche und Berührungen, auch durch Männer.

(Für den Umgang mit lebenden relevanten anderen ist die Arbeit mit dem **Leerer-Stuhl-Dialog** genauso nützlich wie für Verstorbene. Immer werden eigene vermiedene und nicht bekannte Aspekte aktiviert. Nie weiß man wirklich, was ein anderer antworten würde; wir haben bestenfalls differenzierte Vorurteile, die es fair zu überprüfen gilt. Nicht immer ergibt sich ein offeneres Gespräch mit dem anderen betroffenen Objekt. Regelmäßig wird jedoch die Haltung der Person, die die Stühlearbeit durchführt, wieder flexibler; die Selbstexperimente bringen selbst wieder in Schwung.
Es gilt allerdings: Wenn sich eine Person über ca. drei Monate im Alltag systematisch gegenüber anderen verändert, können sich die anderen in der Regel nicht mehr nicht verändern. Deshalb wirkt sich die Arbeit allein mit dem „leeren Stuhl" auch auf andere aus.)

Für ernste **Selbstkonfrontation und -experimente** ist es möglich, **mit dem „leeren Stuhl"** zu arbeiten, das geht auch begleitet von Freundinnen oder Therapeuten. Jeder Mensch kann sich vornehmen, die eigene Geschichte und Persönlichkeitsentwicklung voranzubringen.
Arbeiten mit dem „leeren Stuhl allein" ist eine gute Möglichkeit:

- Es empfiehlt sich, einige Tage zuvor für sich zu klären, mit wem man ein „Hühnchen zu rupfen" oder etwas zu klären hätte. Das kann ein nicht mehr erreichbarer Mensch aus der Vergangenheit oder auch ein aktuelles oder zukünftiges Gegenüber sein.
  Es wird die **relevante Bezugsperson** benannt, z. B. der Vater. Dann legt man am besten einen Termin im Abstand von vielleicht einer Woche fest, trägt eine Fünfzig-Minuten-Verabredung mit sich selbst in den Kalender ein, mit etwas

Zeit vorher und nachher, in der man ungestört ein Wohnzimmer oder Ähnliches nutzen kann. Die meisten Menschen denken schon mal an die Begegnung und die Bilder der Bezugsperson werden wacher. Das kann ein wenig Angst, Wut oder auch Sehnsüchtiges aufsteigen lassen – beobachten Sie das ruhig. Unternehmen Sie nichts Besonderes, Sie haben noch Zeit.

Ist es so weit, können Sie zu ihrer Verabredung mit sich gehen. Man kann einen Stuhl für sich selbst aufstellen (1). Einen oder gleich zwei leere für den relevanten anderen. In meinem Beispiel mit dem Vater habe ich zwei leere Stühle genutzt, eine für den „realen" (2) und den anderen für den, „den ich gebraucht hätte" (3). Tatsächlich hat fast jeder noch eine Position, die des Beobachters oder Regisseurs, das heißt, jeder Mensch erlebt sich mit Impulsen, die er ausdrücken will, gibt sich Anweisungen, dass, wenn etwas zu sagen ist, das erfolgen soll oder verschwiegen werden kann. Diese Position kann man als vierten Stuhl (4) für sich selbst an den Rand stellen oder mit dem Kopf zur Seite gewandt laut denkend aussprechen. Es ist wichtig, dass man von dieser Position jederzeit die Regie führt, zur Not eine Pause einlegt, bevor die Begegnung (1) und (2 oder 3) weitergeht.

Und dann geht es los: Man setzt sich zuerst als (2) in bewusst typischer Körperhaltung, mit entsprechender Mimik, Vorstellungen zur Kleidung, zum Alter, zum Geruch hin. Man bewegt sich wie der andere, guckt wie der andere, benutzt seine typische Art der Rede, ist wie der andere. Hat man diese Einfühlung, beginnt ein Gespräch mit einer Begrüßung. Meist kann gegenüber (1) etwas ansprechen wollen. Wenn (2) aus seiner Haut nicht heraus kann, versiegt das Gespräch; dann gäbe es die eine Möglichkeit, eine alternative Wunschperson (3) mit (1) in ein echtes Zwiegespräch kommen zu lassen. Aber ist viel Ärger bei (1), kann auch als zweite Möglichkeit (1) mehrfach (2) ansprechen, der etwas mehr zuhören kann, weil er einen mutigen (1) und (4) als Unterstützer sieht, und diesmal nicht einschüchtern soll – zur Not wird (2) kurzerhand durch (3) ersetzt, der dieses Mal zuhört. Doch sollte immer versucht werden, zu erforschen, was hinter dem Ärger steht, z. B. könnte (3) fragen oder sagen, welche Wünsche zu Frust und Ärger führten, was eine bessere Lösung wäre. Ständig werden durch den Dialog die Stühle gewechselt. Oder die Sprecher (1), (2) oder (3) bleiben hinter den Stühlen stehen, tragen körperlich etwas aus – es darf gestampft, gestikuliert, mit Kissen vor die Füße geworfen oder auch umarmt, geküsst und gestreichelt werden, während (4) zur Seite einordnet und Regie führt, wenn er spricht. Pausen sind in guten Gesprächen möglich, nach emotionalen Stürmen gilt es, sich miteinander zu beruhigen und vielleicht auch viel Zeit für Sprachloses, Fühlen und Spüren zu lassen.

Es folgt ein **Beispiel**, das ich mit mir ganz allein durchführte. Mein Beispiel soll verdeutlichen, wie jeder das mit relevanten anderen umsetzen kann. Alles Folgende **war ein akustisch hörbares Selbstgespräch auf verschiedenen Stühlen,** beginnend mit einem „leerer-Stuhl-Therapeuten" (s. Ü20) und nachfolgend auf den Stühlen 1 bis 4:

Leerer-Stuhl-Therapeut:

„Ja … Sie können zu Hause so eine Stillarbeit mal versuchen, sie können sich einen Stuhl für sich selber aufstellen, für …, wenn sie wollen, eben ihren Vater oder vielleicht auch parallel noch einen zweiten Stuhl für den Vater, den sie gebraucht hätten. Ja, führen sie dabei Selbstgespräche. Wenn sie das Aufstellen … da können Sie quasi die Funktion des Regisseurs übernehmen.
Und ansonsten … improvisieren, ja … und wenn Sie stecken bleiben, können Sie sich auch wieder an mich wenden … Ja, gut?

Ach so, noch eins. Wenn Sie die Rolle des Vaters oder des anderen einnehmen, versuchen Sie, körperlich … ein bisschen die Körperhaltung einzunehmen, so zu atmen, zu gucken, den Blick so zu machen, die Stirn zu runzeln oder eben sich so aufzustellen oder so zu setzen, eben wie es das das Gegenüber gemacht hat. Dann bekommen Sie über diese körperlichen Schlüsselreize auch ein Gefühl für diese Person. Das ist wichtig, um sich … ihre Erinnerung besser abrufen zu können. … Also, kriechen Sie ein bisschen in die Rolle hinein, als würde man das einem Schauspieler sagen, aber versuchen Sie, das wirklich körpernah nachzuempfinden. Wie alt die Person ist, können Sie sich fragen, wie groß, schwer. Ja? Gut, alles weitere können sie dann vielleicht auch noch mal durch Nachfragen bei mir klären. Tschüs!"

Beobachter und Regisseur (4), spricht erst laut und stellt zum Schluss einen vierten Stuhl auf:

„Der Patient hat sich ein paar Tage vorher Gedanken gemacht … Er hat sich jetzt eine Stunde Zeit reserviert, ohne Störungen in einen Raum zurückgezogen. Er hat drei Stühle aufgestellt, einen für sich (1), zwei für das Objekt, einmal das Realobjekt, die Erinnerung, Erfahrung (2), einmal, wie er das Objekt gebraucht hätte (3). Ja …, die Möglichkeit, zurückzukommen, auf vielleicht einen vierten Stuhl, auf dem er nachdenken kann, was der Therapeut ihm gesagt hat, wie er das machen kann, wohin er ausweichen kann, als Beobachter wär auch noch eine Option … gut …, dann kann's ja losgehen! … Ja … Vielleicht mit dem Einnehmen der Rolle des Anderen?!"

Vater (2), spricht erst zur Seite, schaut dann gerade auf den anderen:

Ich nehme jetzt körperlich ein bisschen die Haltung ein. Stelle mir vor, welche Kleidung mein Vater anhatte, welchen Haarschnitt, wie groß er ist, ein bisschen größer als ich heute … kräftig, 57 Jahre. Ich stehe … „Ja, ich bin Herr Dr. Flamme!"

Sohn, nach Rollenwechsel in (1):

„Ja, ich bin Norbert Flamme, dein Sohn. Magst Du dich

setzen … Bitte setzen Sie sich. Sie sind verunsichert. Sie können sich ruhig setzen … Ja … Sie, Sie sind im Jahr 2021 und das ist ein Zeitsprung für Sie. Das war, glaube ich, 1964, als Sie … noch lebten. Und … ich, Ihr Sohn, war viel jünger, kleiner … und Sie hatten auch ne gute Zeit, zum Teil, ne … ich glaub, Sie haben ihn schon gemocht … den Kleinen."

Vater (2):
„Also, das kommt mir hier ein bisschen komisch vor … Das kann ich nicht ganz ernst nehmen, was Sie mir hier jetzt erzählen wollen … Zeitsprung, das gibt's gar nicht … Sie sprechen davon, Sie wären mein Sohn, also das kann ja gar nicht sein. Ich bin ein studierter Mann. Sie können mir nicht so was erzählen."

Sohn (1):
„Wie soll ich dir das klar machen? Du bist mein Vater und ich bin froh, dich zu sehen … Kann ich dir irgendwas anbieten, ein Glas Wasser oder irgendwas? … Ähm … ich, ich, ich mein es gut. Ich will mich einfach nur mit dir treffen und sprechen …

Vater (2):
„Ich verstehe den Unsinn nicht und ich möchte jetzt auch meiner Arbeit nachgehen. Ich habe noch so viel zu tun und … können Sie mich jetzt bitte mal in Ruhe lassen …? Ich habe meine Verpflichtungen … Ich muss zu meiner Familie, ich muss arbeiten gehen … Ich habe da gar keine Zeit zu. Ich habe andere Sorgen, als mich jetzt hier mit Ihnen hier zu unterhalten. Sie sind kein Kunde von mir!"

Sohn (1), spricht erst laut und wendet sich dann zu:
Ich glaub, ich wende mich mehr dem anderen Vater zu, dem, den ich gebraucht hätte, der mal zuhört und sich auf ein Gespräch einlässt … „Hallo Papa!"

Vater (3), erst ist er laut, orientiert sich zeitlich und lässt sich ein, dann spricht er den Sohn freundlich an:

Ja gut, aus einer himmlischen Zeitperspektive habe ich das vielleicht ein bisschen überdacht, wie ich früher war …

„Hallo Norbert … lange nicht gesehen … Stimmt schon, ich habe das gehört, dass wir auch gute Zeiten hatten, also … mit dir habe ich gerne gekuschelt, wie mit ███ ███, den anderen Geschwistern … und … Ja, ich habe mich hier oben im Himmel schon an euch erinnert. Und die schönen Fotos vom Haus mit den …"

Zur Seite sprechend als Beobachter (4):
„Äh, wie heißen die, nicht Magnolien mit den … Mein Vater weiß natürlich, welche Blume er vorm Haus hatte, eine blaue Forsythie." **(Kommentar: Es ist wichtig, der Blume eine Benennung zu geben, weil so die Echtheit des gebrauchten Wunschvaters bestätigt wird. Zur Not sollte irgendein vorläufiger Name der Blume festgelegt werden, als vorläufig richtig, um auf jeden Fall die Echtheit von (3) zu bestätigen. Hier blaue Forsythie statt** blaue Clematis, **was die korrekte Benennung ist.)**

Vater (3):
„Ja, ich erinnere mich auf jeden Fall an die blaue Forsythie. Wo wir noch … mit ███ vor der Tür … Foto … äh … Fotoshooting gemacht haben. Und ja …, ich war schon sehr froh, dich auch zu haben. Und du warst der Kleine, bist anscheinend auch noch ein bisschen kleiner geblieben. Aber …, wie ich mitkriege, bist du jetzt hier Psychologe. Und … ja …, auch schon älter als ich geworden. Eine eigene Praxis, Chapeau, Anerkennung. Du hast es ja zu was gebracht!"

Sohn (1):
„Danke, das berührt mich sehr, aus deinem Mund die Anerkennung zu hören … Ich habe immer übrigens mein Leben lang versucht … deine Fußstapfen auszufüllen ████ ████████████████████████████████ … und es freut mich und

berührt mich, so spät in meinem Leben von dir persönlich noch mal Anerkennung zu erhalten. … Danke … ja, ich bin ja auch froh, dass ich dich als Vater habe, zwar nicht so lange, aber die Erinnerungen sind gut, die ich aufsuchen kann … Dass Du doch schön fleißig warst und darin ein Vorbild – aber auch das Toben und Kuscheln im Bett, das An-Fuß-und-Händen-Festhalten und Flugzeuge-Machen im Garten sind schon auch gute Erinnerungen …"

Vater (3):

„Ja, Norbert, das ist für mich auch schön gewesen. Ich habe gerne Kinder gehabt. Auch wenn es nicht so einfach für mich war. Du weißt das inzwischen, kannst das besser verstehen, wie das war. Also eine Frau vor deiner Mutter zu haben, die gestorben ist, die ihrerseits auch krank war … viele Jahre krank war. War schon sehr anstrengend für mich … Und auch die Suche nach einer Mutter für die schon geborenen Kinder. Ja, und deine Mutter hatte sich dann auch noch gewünscht, ein Kind von mir geschenkt zu bekommen. Wir haben es gemacht und es war auch eine Freude. Du warst eine Freude … Ja, ich erinnere mich, dass das du dich rasiert hattest mit meinem Rasierschaum und den … messerentfernten Rasiergeräten. Du hast da gespielt und das hat mir schon Freude gemacht. Du bist ein tolles Kind gewesen und … und … das ist auch nicht so gewesen, dass ich dich nicht genauso gerne gehabt hab wie die andern. Ich habe mal gesagt, du bist der Kleine, aber das war lieb gemeint, weil du der jüngste für mich immer geblieben bist … Doch, doch, ich hab dich gern … hach … rührt mich auch, so lange nicht gesehen, und im Himmel hab ich doch ein bisschen dazu gelernt, Gefühle zuzulassen und drüber zu sprechen."

Sohn (1):

Ja, Papa, da haben wir alle viel Zeit gebraucht, das ein Stück zu lernen … Mir fällt noch was Gutes ein … die Brote, die du nach der Arbeit mitgebracht hast und

nicht gegessen hast. Käsebrote mit, mit sooo …
Kasslerbrot und Schwarzbrot obendrauf, ein bisschen
warm geworden, das war immer schön.
Und für mich warst du ein Held, als du einmal mit dem
Auto so ausgewichen bist, damals in Seppenrade, als uns
der große Laster entgegenkam. Weißt du das noch, mit
all … allen Geschwistern und Mama im Auto …? Das war
knapp gewesen, aber das hast du gut gemacht!
Oder im Nebel – hab ich von dir gelernt - muss man
leise sein, Fenster runter drehen und hören, wenn man
nicht so gut sehen kann. Dann kann man hören, ob ein
Auto entgegenkommt, hab ich mir sehr gut gemerkt.
Obwohl du dann plötzlich nicht mehr da warst, was mich
irgendwie schon sehr … geschlagen, getroffen hat. Ich
habe die Welt gar nicht mehr verstanden.
Du fehltest. Da war viel Einsamkeit … Schmerz. Und alle
konnten das damals nicht aussprechen. Das war eine
Zeit, wo, ich glaube, ich immer dran denk und fühl,
wenn ich irgendwie, wie soll man sagen … eingeschränkt,
geschockt, reduziert war … Ich bin ja froh, dass ich
heute intensiver fühlen kann. Und weinen kann, an so
einer Stelle, es ansprechen kann … Ja …
Wir haben ja noch Zeit, oder?"

Beobachter (4):
Ja auf jeden Fall, wir haben doch fünfzig Minuten
vereinbart …

Vater (3):
„Ja … es tut mir auch leid … Das ist schlimm, die Kinder
zu verlieren. Oder die Kinder … die Kinder, die Väter
verlieren. Ich habe meinen Vater nicht so früh
verloren, aber … ich versteh den Schmerz. Ich weiß, was
das heißt, wenn jemand gestorben ist und, und, man hat
niemand, der einen tröstet. Oder es wird in der Familie
nicht drüber gesprochen, über den Schmerz. Und andere
Schwierigkeiten türmen sich auf … Hattest du denn gar
keinen als Trost?"

Sohn (1):

Natürlich war da irgendwie Mama, aber ich wollt dann auch nicht der Kleine sein und hab dann auch ,Mutter' zu ihr gesagt … wollte eben Geschwister sein … ja, mein Bruder … ███ war dann der große Bruder. ███ war eher mein Konkurrent … und … ja, mit den Mädchen, bis auf Ulla, habe ich da auch nicht so viel mit anfangen können, die waren ja schon älter … und dann gabs schon ne Menge Leute, die ich mir gesucht hab, Lehrer … ich … Mein Onkel Theo war vor dir schon gestorben, mein Patenonkel, aber Lehrer waren schon ganz gut oder … oder … Vetter ███ in ███, das war mein Held … ist er eigentlich noch, ████████ … weißt du gar nicht, ne … ja … Also, es war schon ein Trost da, aber ein langer Weg, mit Abbrüchen, ohne so einen Rückhalt … Auch mein Fußballtrainer war … sicher über viele Jahre ne ganz wichtige Person, die … dich natürlich nicht ersetzt hat. Ich spreche immer vom ,Vater-den-ich-gebraucht-hätte'-Stuhl.

Vater (3):

Ja … einen Vater kann man ja auch nicht einfach so ersetzen, ich bin doch dein Vater. Aber … gut, wie du das gemacht hast … wirklich gut … So ganz verstehe ich das, aber auch noch nicht. Was da passiert ist. Der … der …, ich glaube es war ein Herzinfarkt. Dass man da so schnell sterben kann. Das wusste ich nicht.

Sohn (1):

„Ja, es war damals auch gar nicht sofort klar. Es hieß erst … Du hast einen Autounfall gehabt … und … und dann … bist du irgendwie untersucht worden. Und dann hieß es Herzinfarkt … Darf ich dir erzählen, wie ich mitgekriegt habe, dass du gestorben bist? Ich bin von meinem Freund Heinzi gekommen, hatte da eine Nachmittags-Fernsehsendung geguckt. Irgendwie ganz wild, ein toller Indianer, mit dem ich mich identifiziert hatte … Der war auf nem Baum, von oben auf nen weißen Reiter, auf nen Cowboy irgendwie gesprungen. Und hatte dem, ratsch, die Kehle durchgeschnitten. Und …, ich glaub, ich hab mich mit dem Mörder irgendwie so … identifiziert, wie Kinder das eben machen. Und dann bin ich, so glaube ich, ganz munter, so, nach Hause galoppiert.

Und … dann waren zu Hause die Türen irgendwie auf, irgendwie alle möglichen Verwandten rannten da durch den Raum … Und ich bin irgendwie in dein Arbeitszimmer. Auch habe ich kurz reingeguckt. Und da lagst du. Irgendwie im Unterhemd. So, so irgendwie, wie du morgens so im Bett lagst. Und du lagst ganz steif da. Ich glaub, ich hab verstanden, dass du irgendwie tot warst. Und dann kam auch, weiß nicht, ob Tante Franziska, und sagte mir irgendwie, du wärst gestorben und Mama sei im Wohnzimmer. Und Mama würde mir sagen, ich sollte mal zum Nachbarn gehen. Dann kam aber meine Mama und hat mich umarmt und geweint, und mich dann noch mal zu den Nachbarn geschickt …, wo ich dann Trost von der Tante Wilms bekam. Das war gut, dass die da war. Erstmal habe ich das alles überspielt. Und dann konnte ich in deren Schoß oder Rock weinen … Hach … Was ich aber sagen wollte, ist …: Ich habe in meiner Fantasie echt irgendwie … gedacht, glaube ich …, ich hätte dich umgebracht.

Oder auf jeden Fall war da irgendwas … Ich glaub, das hat was damit zu tun, dass ich beobachtet habe, wie du, ich weiß nicht, wann, paar Wochen vorher, irgendwie ███ verdroschen hast, mit dem Rohrstock, Gehstock … Der ist dabei kaputt gegangen, so feste hast du da draufgehauen. Und ich glaub, dass ich da schon wütend bin auf dich. Und erschrocken, wie schlimm du sein konntest. Das ist nicht richtig, so was. Du bist mir gegenüber nie ganz böse geworden. Aber ich lehn das so ab, ich find das so schlimm … Das war so schlimm für mich … Ich hab richtig starr geguckt, Mama hat mich dann irgendwie getröstet, aber das, das hat sich eingebrannt in meine Gehirnschale. Und ich glaub, ich hab dich dafür auch gehasst, denn das ist nicht richtig, das macht man nicht ... Und da bist du für mich ein Arsch, muss mal gesagt sein .... **(Tränen und Naseputzen und Schnäuzen ins Taschentuch.)**

Vater (3):

„Also, du hast natürlich keine Schuld an meinem Tod ... Auch wenn du diesen Film gesehen hast, das, das ... sind zufällige Dinge, die nebeneinander sind. Ja, dass du wütend warst auf mich, und es mir damals gar nicht sagen konntest, versteh ich. Und ich hab dir auch nicht helfen können, das zu sehen und aufzuarbeiten. Das konnte ich damals nicht. Aber heute kann ich sagen: Ja, das find ich gut, dass du auch wütend warst, nicht nur erschrocken, und dass du dich da auch beschwerst bei mir. Das nehme ich auch an. Es tut mir leid. Es ist nicht   illoyal.
Heute - also ich will dich nicht irgendwie von deinem Ärger abbringen oder deinem berechtigten Erschrockensein als Kind - aber Norbert, ich kann dich heute auch als Erwachsenen ansprechen. Ich glaub, du weißt, dass ich damals ... ja, kurz vorm Herzinfarkt stand, die Sorgen um deine Schwester, die Kinder, das viele Hin- und Herfahren, das Arbeiten, das Noch-an-meinem-Buch-Arbeiten, alles das hat mich ... in dem Alter ... sehr angestrengt. Ich hatte wenig Freizeitzerstreuung, mach du das anders. Du hast jetzt auch gerade eine schwere Phase, oder viel gearbeitet, und dazu diese Corona-Einschränkungen. Pass auf dich auf. Dass dir nicht Ähnliches passiert ... Sorge dafür, dass du genug Sonnenstunden zählst und genug Freizeit machst. Arbeite nicht zu viel, das Leben ist plötzlich vorbei. Nicht ... nicht gemächlich, das kommt, glaube ich, immer plötzlich. Genieß es ... Das habe ich vielleicht zu wenig gemacht. Und ich glaube, das habe ich mir auch ein bisschen selbst eingebrockt, durch mein Arbeitsethos ... ich komm halt vom Hof, bin Bauer, der von morgens bis abends was Sinnvolles macht und

arbeitet.

Müßiggang, vielleicht ein Glas Wein am Abend, vielleicht sonntags den Kirchgang und einen Spaziergang oder Verwandtenbesuch. So war das auch damals in der Zeit."

Sohn (1):

„Ja, ich glaub, ich musste auch lachen, als Helmut Kohl mal gesagt hat: ‚Deutschland – ein Freizeitpark'. Also, der hat, glaub ich, auch die Philosophie gehabt, die du hattest, dass man arbeitet und betet und … bestenfalls schläft … Hach, wenn ich dir so in die Augen schau … Du siehst wirklich dem ██ heute sehr ähnlich, aber doch ein bisschen anders, die Augen … Ich würde dich gerne, so gerne, mal drücken. So von Mann zu Mann."

Vater (3):

„Joa, lass uns das machen."

(Selbstumarmend stehen Vater (3) und Sohn (1) auf der Bühne.)

(3) Mehr in der Vaterrolle, er streichelt den Sohn und lässt sich Zeit:

„ … Ja, ich muss heulen."

Sohn (1):

„Darf ich dich mal feste drücken …?"

Beobachter (4), spricht zur Seite:

„Wir lassen uns, ich lass ihn los und geh noch mal einen Schritt zurück, wir gucken uns an, zwei Männer, so ungefähr gleicher Statur … Aus Sicht des Sohns fühl ich mich gut, anerkannt, gesehen …"

Sohn (1):

„Und ich sag dir, ich fühl mich von dir gesehen und anerkannt, danke, dass du vorbeigekommen bist."

Vater (3):

„Es war mir ein Fest … Ich bin gerne hier … Ich habe

mich immer gerne getroffen, auf Familienfeiern … mit Verwandten, den ███████. Besuch die noch mal … und wenn es dem Vetter ███████████████████████ ████████████, besuch ihn, dank ihm noch mal, erzähl ihm vielleicht von uns …, dass du mich nochmal gedrückt hast und … welche Rolle er für dich auch hatte … als ,dein' Vetter.

Sohn (1):

„Oh, du weißt, dass er ,mein' Vetter war, im Unterschied, dass er eigentlich auch der Vetter meiner Geschwister war, schön, dass du das weißt, anscheinend kriegt man vom Himmel doch was mit …"

Vater (3):

„Ja, da draußen … gehts schon weiter, ich bin son bisschen schon beim Aufräumen, aber die 15 Minuten nehme ich mir."

Sohn (1):

„Setz dich ruhig noch mal, lass dir die Zeit … So ist das ja recht harmonisch, wenn ich dich jetzt so höre und sehe.
Aber wenn ich noch mal auf die Seite gucke, die du hast, dann könnte ich dich auch schütteln und rappeln an dir. Mit der Kraft, die ich heute auch habe, würde ich dich irgendwie wachrütteln, oder dich anschreien, oder dir sagen: Wach auf! Du doofer Kerl, du bist doch ein netter Mensch und du willst mich nicht verstehen, willst nicht anders können, in deinem Charakterpanzer … Weißt du eigentlich, dass ich in meiner Jugend gesagt hab, ich bin froh, dass du gestorben bist? Damals war ich 14 oder 15 oder 16 oder so gewesen. Ich habe gesagt, ich bin froh, dass du gestorben bist, weil ich nur mit dir Ärger bekommen hätte. Ganz ehrlich …, ich glaube, das wäre wirklich schwierig geworden zwischen uns. Es sei denn, du wärst eben dann irgendwie krank, hinfällig, irgendwie gewesen, dass hätte mich wahrscheinlich auch eher in so eine rücksichtnehmende,

77

versorgende Haltung gebracht. ████████████████████
███████████████████ aber … war ja nicht."

Vater (3):

„Na, das sagt man eigentlich nicht zu seinem Vater, dass man wünscht, dass er gestorben wäre, also, das hätte ich dir gerne beigebracht, dass du dann … ja, vielleicht deinen Ärger, als deinen Ärger hättest ansprechen können. Dass ich da gewalttätig war, in deiner Kindheit mit ██████████████████████, mich nicht korrekt verhalten hab, das will ich auch heute zugeben … Aber dass man jemandem den Tod wünscht, dass soll man nicht sagen. Das ist nicht gut für dich. Na, aber ich versteh das, da steckt dein Ärger drin, dein Ärger…und deine Enttäuschung, dass ich nicht mehr da war, dass ich nicht der gute Vater war, den du gebraucht hättest in der Zeit. Das war für dich schon auch bedenklich. Also, ich glaub eh …, deine Mutter hat sich nicht umsonst Sorgen gemacht um dich in der Jugend. Zum Glück hast du ja noch mal die Kurve gekriegt und ist was aus dir geworden."

Sohn (1):

„Ja, ich glaub auch, dass das glücklich war. Da haben mir eben auch meine Ausbilder, dann schon im Studium geholfen und … viele Menschen, die auch da waren. Zumindest immer kurz mal irgendwie von mir bewundert wurden, besetzt wurden. Ja, da haben mir einige geholfen. Auch der Fußballtrainer war wichtig, hat mich schon gehört … Ja, aber du könntest mir verzeihen? … Das war sehr illoyal und ohne Verständnis, aber vielleicht der Jugend und der klaren Abgrenzung dir gegenüber gezeugt?"

Vater (3):

„Ist in Ordnung, ist in Ordnung, Norbert … Komm her, wir drücken uns noch mal. Ich habe dich gerne, pass auf dich auf. Ich guck dir auch zu, von oben, du kannst mich auch grüßen."

Sohn (1):

„Ich weiß nicht, ob ich dich genauso grüßen kann wie meine Mutter. Ich guck mal, aber jetzt hier im Moment, ist es gut. Ich bin ein bisschen aufgewühlt. Vielleicht setzen wir uns noch mal zum Abschied, gucken uns noch mal an.
Stetiges Interesse, kontinuierliches Interesse, freundliches Interesse und keine übergriffige Haltung zur Verfügung stellen, wenn ich dich gebraucht hätte, dass fehlte einfach. Deswegen weine ich an der Stelle, wo ich dich sehe. Weil es schon wieder hochkommt, das Gefühl, dass du nicht mehr da bist.
Und … vielleicht kann ich dich ja so öfter auf gleicher Augenhöhe sehen? Und mit dir noch mal in den Dialog kommen? Ich merk auf jeden Fall, dass es gut ist, das auf diese Art und Weise zu machen."

Vater (3):

Ja, mach das, mach das und … Ich bin da, ich bin jederzeit für dich abrufbar von oben, ich habe da nicht viel zu tun, im Himmel gehts einem ganz gut … Mach's gut, mein Sohn, ich habe dich gerne, du bist ein toller Sohn … Ich bin auch so froh, mit deiner Mutter noch so ein Kind gemacht zu haben. War eine richtige Entscheidung, noch mal zu heiraten und auch deiner Mutter noch mal den Herzenswunsch zu erfüllen, und dass es dich so gibt, und dass es dich gibt, ist auch mein Herzenswunsch."

Sohn (1):

„Okay. War viel heute auf einmal … hätte ich gar nicht gedacht … kriegen wir das jetzt hier gut hin, ja, Wiedersehen ist möglich.
Komm, das hat man früher nicht gemacht, gib mir fünf! Kannst du mal deine Arme hochheben und so fünf machen? Oder noch mal so links, rechts in die Hand und das kennst du auch, so wie beim Abschluss, wenn man irgendeinen Handel abgeschlossen hat. Viermal Klatschen, mach's gut!"

Beobachter (4), zur Seite:
(Wir blickten uns noch einmal in die Augen, und als ich glaubte, er war wieder im Himmel, wurden die Stühle weggeräumt.)

- Mir ging es gut nach dem Experiment. Ich war erleichtert, beschwingt, wahrhaft „versöhnt".
Ich nahm mir vor, öfter diesen Kontakt zu suchen. Ein wenig traurig war ich mir gegenüber, dass ich mir nicht früher und häufiger solche Erlebnisse gegönnt hatte – mich von einer vermissten, akzeptierten Autorität anerkennen zu lassen, auch wenn ich selbst wie der „als ob"-Relevante zu mir sprach. Es soll doch angeblich nie zu spät sein für eine gute Kindheit (s. Ü02). Ich glaube, ich war auch milder, freundlicher und emotionaler in den folgenden Wochen.

(Der häufigste Fehler von Therapeuten und Patienten ist wahrscheinlich, dass sie nicht emotional genug, nicht ausreichend langsam und nachhaltig genug das gewünschte Erleben aktivieren und üben. Die alten Erlebens- und Verhaltensmuster werden ja nicht gelöscht, wir lernen nur Neues hinzu.)

- Ich empfehle **Boostersitzungen, z. B. einmal im Jahr** geplante Wiederholungen wichtiger Themenkomplexe (z. B. relevante Bezugspersonen erinnern) oder Rituale, die immer mal wieder ein wenig die Spuren der neuen guten, emotionalen Erfahrung aktivieren.
  Wer will, kann auch mit Freunden, Familienmitgliedern und im direkten Kontakt mit Therapeuten „boostern".

Ü09 Psychische Störungen wie Depression angehen

„Das alles kann man lächerlich finden, abgedreht oder idiotisch. Man kann aber auch die gesellschaftliche Ekstase bewundern, zu der die Fantasie fähig ist, ihren zügellosen Frohsinn, ihr flatterhaftes Temperament. [...] **Aber, und das lässt sich mit Bestimmtheit sagen, da ist niemals nichts.**" (WILLKE, Stefan 2016: Der Schatz im Berg. Die Zeit, 5, 15)

- Ohne weitere Einschränkungen empfehle ich: **Erzählen und Erinnern, was gut war** – auch kleine Ausnahmen sind gut. Noch **verspätet umsetzen** und tun, was einem gefällt und was gesund ist. Und **Erfinden, was gut hätte sein können und was hätte sein sollen.**
  Alles kann auch in kurzen Tagträumen oder Nachtträumen erlebt werden.

(*H. Kirsch* et al. (2016) sehen neben dem **g-Faktor**, der *generellen Intelligenz* einer Person, den **p-Faktor** als Ursache für Persönlichkeitsstile oder psychische Störungen.
Der Psychopathologie-Faktor p ist zusammengesetzt aus *aktuellen Belastungen*, *Lebensgeschichtlichem* und *Biologischem*.

Eine entwicklungspsychologische Perspektive nimmt die Position ein, im Kleinkindalter erlebter Stress des Babys führe zu einer Art leibseelischer Programmierung der Stressreaktion und größerer Verletzlichkeit. Abhängig von der Schwere des Stressors, der ererbt-biologischen Ausstattung und weiterer Lebensereignisse, entwickelt jedes Individuum einen **Persönlichkeitsstil**. Damit sind typische eigenaktive Muster der Wahrnehmungssuche, Emotionsregulierung, des Denkens und Handelns und der zugehörenden Umwelten gemeint, und auch typische Antworten des neuro-endokrinologischen, immunologischen oder allgemein körperlichen Systems. Diese Perspektive verknüpft unauflösbar Umwelt, Leib und Person.

Die Ergebnisse störungsspezifischer Forschungsansätze, also die Suche nach spezifischer Vergangenheit bzw. dem Erbe als Ursache für spezifische Störungen – Depressionen, Ängste, Zwänge, Psychosen, dissoziative Störungen, Traumata, Psychosomatosen – zeigen, es lassen sich keine festen Zusammenhänge finden. Die Ursachen lassen sich nicht spezifischen Hirnstörungen zuordnen. Bei gleichen Hintergründen gibt es Gesunde.

Im Alltag finden sich meist Überschneidungen von Symptomgruppen, Komorbiditäten und allerlei individuelle Schicksale. Sie sind immer verknüpft mit aktuellen Lebensbedingungen. Aktuelles und Zukünftiges ist gestaltbar. Sogar vergangene Erfahrungen sind überschreibbar (s. Ü08).

Die wissenschaftlich fortgesetzte, genauere Aufteilung von beispielsweise depressiven Störungen in Untergruppen und deren Untersuchung auf vergangene und innere Ursachen ließe sich ewig weiter fortführen, nach dem Motto: Wer suchet, der findet.

Die Fragestellung, wie man eine Depression oder psychische Störung erklären und heilen kann, scheint aus psychotherapeutischer Perspektive, wenn nicht ganz falschherum gestellt, so doch im ersten Teil der Fragestellung, bestenfalls die alten, unglücklichen Lösungen I ans Licht zu bringen.

Sinnvoller wäre es, zu fragen, was ein Mensch braucht, der Hoffnungslosigkeit, Lustlosigkeit, Schmerzen und vieles andere zeigt. Mögliche neue Lösungen II sollten bei individuellen Aktivtäten im Vordergrund stehen. Diese könnten zwar weitere ungeeignete erkennen lassen, aber es bräuchte nur eine Tür, um dem Labyrinth entkommen zu können.

In diesem Buch gibt es Übungen, die unter anderem bei depressiven Störungen an der einen und andern Stelle etwas in Fluss bringen, aber keine Übung gegen *die eine* Störung oder gegen *die* Depression. Es gibt schwarze Hunde, aber nicht diesen.)

Noch als Psychologiestudent arbeitete ich auf einer psychiatrischen Krankenhaus-Station, in der nur sehr alte und schwer depressiv verstimmte Menschen aufgenommen wurden. Sie waren körperlich krank, wurden von Ängsten und Sorgen geplagt. Fern von ihrer normalen Umwelt, wo sie nicht mehr zurechtgekommen waren, reichte die Kurzweil und Zuwendung auf der Station, welche sie durchaus bekamen, selten, die Menschen so stark oder geschickt werden zu lassen, dass sie ihr Muster drehen konnten. Einige aber gingen nach mehreren Wochen Behandlung deutlich beschwingt nach Hause. Doch ehrlich, was ich lernte, war auch: Irgendwann ist Ende. Das erkannte ich an. Der Begriff des **Final Common Pathway**, des letztendlich gemeinsamen Weges, war damals ein synonymer Begriff für die Depression, in dem ich meine Trauer verbarg. Ein wenig so, als wenn es eben jedermanns Schicksal wäre, einen dunklen Weg vor dem allerletzten Schritt, zu gehen. Aber heute glaube ich, selbst mit sehr alten und sehr depressiven Personen kann es sich lohnen, darüber zu sprechen, **was ihre Lebensträume und Lieben waren, gewesen wären und sind.**

Ich selbst habe in meinem Gehirn eine Szene „mit mir im Paradies" eingebrannt, und werde diese auf meinem letzten Weg sicher sehen; ich habe die schon in meiner Kindheit und Jugend geträumt, natürlich neben anderem Stoff:

Weiße, bestickte, schwere Baumwolldecken über Tischen, feierlich gedeckt mit zartem Spargelgrün, flammenzüngelnden Kerzen auf gravierten, güldenem Tellerchen, goldenem Sonntagsbesteck, Kuchen, Kuchen, Kuchen, Sphärenmusik und mit der Mutter, den Tanten, den Onkeln, die allesamt lachen und Gebisse zeigen.

- Unbedingt empfohlen: **rechtzeitig im Leben feiern mit Pomp!**

Meine Szene war meine Frühkommunion im Kreis der Großfamilie, die gerne zur Feier erschienen war. Ich erkannte das später, erst nach den Paradies-Träumen.

- Die Empfehlung „**erzählen, erinnern, was gut war – gerade auch, was hätte sein können –, und tun, was gefällt, was gesund ist und noch geht, das kann auch in den Träumen sein"**, war oben in diesem Kapitel schon gegeben und sollte wiederholt handlungsleitend werden.

Für manchen Leser erscheint es sinnvoll, weniger nachzudenken und mehr zu handeln und in Alternativen aktiv zu werden, um nicht wiederholt und öfter Opfer zu werden. Was man tun kann, folgt jetzt.

Ü10: „Dick und Doof"

Menschen werden zu Opfern. Opfer werden zu Patienten. Manche der Opfer tun etwas, und sie werden nicht zu Patienten. Was tun sie?

(Die Grammatik und die Alltagslogik lassen nur das handelnde Subjekt und das erleidende Objekt zu. Im alltäglichen Umgang von Menschen miteinander wird auf diese Art und Weise Schuld zugeschrieben oder vorgeworfen und gestritten.
Sich selbst erfüllende Prophezeiungen, kontextuelle Erwartungen und unsichtbare relationale Verknüpfungen zwischen Menschen sind aber Konzepte, die den Gedanken nahebringen, dass das Opfer selbst etwas verursacht oder mitbewirkt. Begriffe wie Wechselwirkung, Teufelskreis, Eskalation und Deeskalation stehen für solche sprachlich gesehen „unlogischen" Zusammenhänge.
Sinnvoll unterscheiden wir die klassische Logik von der mehrwertigen Logik.
Die klassische Logik arbeitet mit den Prinzipien „falsch/nein" oder „wahr/ja". Für sie ist komplexe zusammengesetzte Wahrheit durch die Wahrheit der Teilaussagen bestimmt.)

Im Kinderheim bekam ich als junger Praktikant zu hören (a): „Bist du mit dem Zwölfjährigen zu seinem Großvater gegangen? Was ist, wenn er einen Rückfall erleidet? Hat er zum Glück noch nicht. Wir geben ihn in die Jugendpsychiatrie und du fährst zum Großvater, was soll das? Das ist für mich ein Schlag in mein Gesicht!"

(Die mehrwertige Logik arbeitet mit mehr als zwei Ereignisfeldern: beispielsweise mit vieren wie den klassischen mit „ja", „nein", „sowohl [...] als auch" oder „weder [...] noch". Oder es wird in der mehrwertigen Logik mit unendlichen Ereignisfeldern oder vielen vagen und unpräzisen Aussagen eine Modellierung mit Wahrscheinlichkeiten künstlich maschinell berechnet (z. B. ChatGPT) oder es werden menschlich mit „Bauchgefühl" implizites Wissen und Erwartungen aus einem Erfahrungsschatz weise beurteilt. Bei zusammengesetzten Sätzen lässt sich deren Wahrheit nicht mehr über die Wahrheit der Teilaussagen bestimmen. Zusätzliche Bedingungen werden beispielsweise durch „es ist notwendig, dass ..." oder „es ist möglich, dass ..." eingeführt, um aussagenlogisch Verknüpfungen als Bedingung für Wahrheit einzuführen.

Für erfolgreiches Handeln ist bedeutsam, für welchen Zweck sich welche Theorie der Logik eignet. Oft ist ein „so" oder „nicht so" unpassend (obwohl die Auskunft „Ja" auf die Frage, ob die Sonne zu sehen ist, hinreichend klärt, dass es Tag und nicht Nacht ist), z. B. weil die Welt komplizierter ist und komplizierte Modelle aller Wahrscheinlichkeit nach zufriedenstellendere passendere Lösungen finden lassen (wenn z. B. eine Wanderung von 15 Kilometern im Gebirge nicht kurz vor der Abenddämmerung gestartet wird.)

Im Kinderheim hätte ich verschiedene sinnvoll-logische Antworten zeigen können (b1): „Ich bin als Praktikant angeleitet worden, die Wünsche der Selbstverwirklichung und emotionalen Ausdruck suchenden Kinder zu begleiten. Ich kann die Jugendlichen bei der Erledigung ihrer Schulhausaufgaben beraten und unterstützen. Ich arbeite in der Spieltherapie und mit einigen Jugendlichen in der Gruppe, die ich auch im Krankenhaus besuchen soll – wenn sie dort sind. Ich bin nicht informiert über Besuchsverbote oder Vorkommnisse der Vorgeschichte. Ich sehe im Nachhinein ein, dass es notwendig wäre, die Haltungen der Spieltherapie auf die der äußeren Realität hin zu differenzieren. Es wäre zu fordern, auch den Wünschen des Zwölfjährigen einen Rahmen zu geben, etwa durch Familiengespräche in der Jugendpsychiatrie."

Im Kinderheim alternativ (b2): Ich fühlte mich extrem angegriffen. Ich habe etwas falsch gemacht. Ich habe auch das Gefühl, im Kontakt mit dem Jungen etwas richtig gemacht zu haben. Ich sehe keine Chance auf Verständigung. Ich schweige. Später erkenne ich die insgesamt großartige Erfahrung mit meiner Vorgesetzten an und beende ordnungsgemäß mit positivem Zeugnis und freundlicher Verabschiedung das Praktikum. Der Angriff und der Schlag werden nie mehr angesprochen, bleiben verschlossen und verziehen.

Im Kinderheim alternativ (b3): „Was ist das denn für eine Scheiße? Ich werde hier als Mädchen für alles eingespannt. Von Therapie bis Hausmeister, Schulaufgabenbetreuung, Putzen, Besuchsdienst wird mir alles zugetraut. Das ist doch harter Tobak, ich habe niemanden geschlagen. Du kommst mit der verbalen Keule!" In der Folge werde ich in eine andere Gruppe versetzt, die „überfordernde" Arbeit der Spieltherapie wird zwangsweise beendet, aber ich verliebe mich in L., die später Mutter meiner Kinder wird.

(*G. Spencer-Brown* betont die Bedeutung des jeweiligen Beobachterstandorts für Unterscheidungen. So wird deutlich, für den einen „wahr" und für den anderen „falsch" ist nicht immer glücklich. Trotz des Wissens um zirkuläre Verursachung ist der Mensch wenig in der Lage, im alltäglichen Miteinander seine eigene Perspektive mit der eines Gegenübers zu verschränken. Empathie und Einblick in den anderen sind nur bedingt möglich. Neben Absicht steuern unbewusste Gewohnheiten und Zustandsvariablen den Akteur. Unter emotionaler Erregung und in spezifischen Bedürfnislagen sind Möglichkeiten des Erlebens und Handelns stark eingeschränkt.

Entwickeln sich Personen differenziert, stehen ihnen deutlich mehr Optionen zur Verfügung, um gesund zu bleiben:
Live-Event-Forschung zeigt, dass selbst katastrophale Verluste von manchen Menschen resilient beantwortet werden können; sie sind widerstandsfähiger und reagieren stressbewältigend.
Auch aus der Forschung mit eineiigen Zwillingen ist bekannt, dass aus genetisch mit Schizophrenie gleichermaßen belasteten Kindern größtenteils gesunde, kreative, sozial kompetente Menschen wurden, wenn sie gesunde – im Unterschied zu sozial-seelisch-körperlich belasteten – Adoptiveltern hatten.
Es spricht viel dafür, dass individuell gestärkte Kinder – aber auch gestärkte Jugendliche, Erwachsene und ältere Menschen – aufgrund der lebenslangen Plastizität des Gehirns nachhaltig widerstandsfähiger sind. Sie „enagieren" von innen endogen und reaktiv auf wahrgenommene Reize, auf äußeren Stress mit gesunden, differenzierten Stressreaktionen.)

Meine Schweigepflicht verbietet es, einfach etwas über Patienten auszuplaudern, auch wenn so etwas mit Einverständnis der Patienten, anonymisiert und verfremdet, statthaft wäre. Doch öffentlich besonders vorbildhafte zugängliche Informationen will ich mit Prominenten anführen: Komödianten sind typische Menschen, die wiederum Opfer werden können. *Oliver Hardy* und *Stan Laurel* bezeichneten sich als „Dick und Doof" und waren wohl eine der berühmtesten Opfer-Täter-Paare der Filmgeschichte des Stummfilms.

Aus meiner Beobachterperspektive ist der dicke Oliver auch der Doofe. Stan wiederum ist mein Held.

Selbstverständlich weiß ich, dass der Dünne der clevere Kopf hinter den schwarz-weißen, musikalisch begleiteten und untertitelten Filmchen war. Laurel war Drehbuch- und Gagschreiber, Regisseur und Produzent. Als Partner von Dick spielte er brillant, den anscheinend Einfältigen und Naiven. War Stan Opfer und Patient? Eine Szene brennt noch flimmernd in meinem Kopf:

Stan, mit fliehendem Kinn, immer blass, mit Knopfaugen, im Anzug, bewegt sich aufgeregt; er hat eine neue Liebe gefunden und ist bei ihrer Familie zum warmen Essen eingeladen. Mit Melone auf dem Kopf, Blume im Revers schick gemacht, wird er hereingebeten. Seine im kniekurzen Kleid zurechtgemachte, geschminkte Freundin begrüßt und herzt ihn. Sie lächelt und stellt ihn vor. Einige Händedrücke schmerzen ihn, denn der Vater und ältere Anwesende sind kräftige Burschen. Immer wieder zeigt Stan, neben dem Schütteln der Hände, einen etwas schmerzhaften Blick zur Seite, seine Mundwinkel ziehen mit der Schwerkraft und Absicht kurz nach unten und wieder hoch. Er ist tapfer, höflich, erträgt. Freundlich freudig herzt er auch die große Menge kleiner Geschwister. Es wird zu Tisch gebeten. Schüsseln stehen dort schon dampfend. Die Mutter trägt die große Bratenterrine herein und setzt sie direkt vor Stan ab. Man sieht, er hat Appetit und ist beschwingt. Er sticht mit seiner Gabel und will sich ein ordentliches Stück nehmen. Aber: „Oh", „Weh" und „Halt!" ertönen im Chor: „Erst wird gebetet!" Sein Bratenstück wandert zurück. Artig falten alle Anwesenden die Hände und sprechen tief in Gedanken versunken das längere Tischgebet der offensichtlich sehr gläubigen Familie. Stan hört zu und ist andächtig. Plötzlich fliegen die Gabeln der großen Familie, sie stechen zu, legen sich auf den Teller und alle essen ruhig, geordnet, andächtig, als wenn kein Sturm gewesen wäre – nach dem Gebet. Die Bratenterrine war leer geworden, bevor Stan nur an aktives Zugreifen denken konnte. Er akzeptiert das. Sein Gesicht groß und nah zeigt sich wieder, pikiert, betroffen, zu kurz gekommen. Aber die Augen blicken etwas länger, eindringlich, fordern den Zuschauer auf, bevor er ausgeblendet wird.

Stan spielt keinen deprimierten, ängstlichen Patienten, weil er nicht aufgibt und ohne Worte auffordert: „Denk nach. Beim nächsten Mal sei bereit und schnell!" Grundsätzlich ist seine Botschaft immer positiv:

- **„Zeige gesunden Umgang mit dem doofen Schicksal."**

Der echte Stan Laurel blieb dieser Haltung bis zu seinem Tod mit 74 Jahren treu: Minuten vor seinem Herztod habe er der Krankenschwester gesagt, er würde gerne Ski fahren. Die habe überrascht geantwortet, sie hätte gar nicht gewusst, dass er Skifahrer sei. Er habe geantwortet: „Bin ich auch nicht – aber ich würde es lieber tun als das hier."

Was tun Menschen, die Opfer, aber kein Patient werden? Auch ich wurde schon in meinem Leben angespuckt, erhielt 17 Backpfeifen am Stück, einen Tritt in den Hintern und unzählige verbale Attacken. Auch die hilflose Beobachterposition bei Gewalt zwischen anderen kenne ich persönlich; sie kann aber auch als universal betrachtet werden, wenn wir uns der Kriege und Krisen medial oder mitfühlend bewusst werden. Mit Laurels Worten würde ich sagen: Nichtpatienten zeigen einen gesunden Umgang mit Stress. Sie haben innerliche Umgangsformen entwickelt oder manchmal äußerlich sichtbare. Dazu gilt es, mehr zu sagen:

(Psychotherapeutisch und gesundheitspsychologisch wird zwischen äußerem **Stress** und der individuellen **Stressreaktion** unterschieden. Positiver spricht man von **Bewältigungsreaktionen** oder **Coping**. Negativ konnotiert ist häufig **Abwehr** als in der Lebensgeschichte oft früh erlerntes, gewohnheitsmäßiges Manöver im Umgang mit spezifischen Problemlagen; letztere perpetuieren Einengungen im potenziellen Repertoire oder menschlich Möglichen. Man spricht von **neurotischen Haltungen** oder Strukturen. Im Unterschied zu neurotischen gibt es auch **strukturelle Störungen**; sie sind durch Mangel und Instabilität gekennzeichnet. Das instabile psychische System hat nur primitive Abwehrformen wie Idealisierung, Entwertung oder Somatisierung mit harmonisierenden und aggressivierenden Interaktionsmustern. Abhängig von der Wunscherfüllung durch andere scheint der strukturell Gestörte seine emotionale Integrität nicht selbst gut herstellen zu können.
Für Klienten ist es immer wichtig, sich nicht von einer einzigen äußeren Bedingung im Sinne von Reiz-Reflex-Mustern abhängig zu zeigen. Das ist oft nicht so einfach herzustellen.
Abhängigkeiten einzugehen, ist existentiell notwendig für Kleinstkinder, gehört auch zur reifen erwachsenen Lebensbewältigung und kann bei ausreichender Bindungsflexibilität und bei Fähigkeiten zur

Selbst- und Objektsteuerung mit dem Ziel gemeinsamen Wohlergehens sinnvoll sein. Eine anfänglich physiologische Verwicklung von Bedürfnissen, ein emotionales Beziehen oder die rationale Entscheidung für eine Bindung führt zu festen Beziehungen und in deren Verlauf kommt es zu sozialen Konflikten. Diese berühren Materielles, Emotionales, Macht und Moral. Konflikte werden mit typischen Lösungen erster Ordnung bzw. Lösungen I bzw. Mustern beantwortet. Aus unglücklicher Abwehr können tradierte, maligne Muster entstehen, die – still oder laut – zu Leiden, körperlicher Krankheit oder psychischen Störungen beitragen. Aber auch der Abbruch von Beziehungen verändert nicht von allein die Stressresistenz; er kann in Folgebeziehungen zu verstärkter Abhängigkeit und Wiederholung führen. Oder es droht Isolation und Reduktion der Selbstverwirklichung innerhalb einer an sich möglichkeitsreichen Kultur.

Um entwicklungspsychologisch aus Reiz-Reflex-Mustern herauszukommen, hilft der Prozess innerer wie äußerer Veränderung durch verstärktes Nachdenken – das heißt Aufnahme von neuer Information – und Öffnung für dritte Personen wie allgemein für Umwelt. Theoretisch sind bedeutsame Wendepunkte mit der Öffnung für bisher vernachlässigte Lösungen möglich, mit einer punktuellen emotionalen Enthemmung neurotischer Muster, verbunden mit einer Orientierung in Richtung stabilerer Integration. Aber die nachhaltige Konsolidierung und Generalisierung in Beziehungen und in das alltägliche Leben hinein ist immer notwendig, wenn dauerhafte Fortschritte erzielt werden sollen.

In der Gesundheitspsychologie wurde gezeigt, wie selbstgesteuertes, körpernahes Wohlfühlen durch Entspannung, objektsteuerndes Problemlösetraining und Belastungsausgleich helfen können. Achtsamkeit ist aktuell in Mode. In stationären Kliniken kommen seit Jahrzehnten Musiktherapie, Gestaltungs- oder Kunsttherapie und Ergotherapie unter anderem neben den Maßnahmen der Medizin und Psychotherapie zum Einsatz.

Ambulante Psychotherapie für Menschen mit Störungen von Krankheitswert setzt spezifisch an individuellen Defiziten oder neurotischen Strukturen an und versucht, Muster zu verändern, oder strebt an, spezifische Ressourcen und Stärken der Patienten freizulegen oder aufzubauen.

Neben nichtkommerziellen Selbsthilfegruppen gibt es zahlreiche weitere Angebote seriöser und unseriöser Helfer im Gesundheitsmarkt bis zu pseudoreligiösen, religiösen und politischen Heilsversprechen. Es gibt viele seriöse Selbsthilfebücher und wissenschaftlich fundierte Trainingskurse, auch im Internet, die zu einer persönlichen Entwicklung beitragen können.

Ich will betonen: Eine aktive Freizeitgestaltung, Kontakt zu Freunden und Fremden, gesellschaftliches Engagement für andere oder für die Umwelt, Sport, Musik, Bücher wie die persönliche Begegnung können enorm die eigene Person entwickeln lassen. Nicht konsumistisches Reisen, sondern das Erleben von Neuem bildet. Wichtig ist, die eigene Lebensreise zu gestalten (s. Ü14).

Welchen Ansatz Sie auch wählen, es erfordert einigen Aufwand, alte Muster (Lösungen I) zu verlassen und neue (Lösungen II) zu etablieren. Eine Kosten-Nutzen-Analyse ist in der Regel zu empfehlen. Vor unbedachtem Agieren ohne Fernziele (s. Ü5, Ü22 und Ü Nachwort sowie die dort klärbaren geheimen Motive des Lesers) wird gewarnt.)

Wenn theoretisch nur der persönliche mentale und handelnde Aufwand hilft, wie kann dieser praktisch werden, wenn er nicht zum Repertoire gehört? Wie kann er erlernt werden, wenn die Stresssituationen chronisch herrschen oder unkontrollierbar selten überfallen? Was mache ich, wenn ich körperlicher Gewalt ausgesetzt bin? Was ist, wenn eine geliebte Bindungsperson erkrankt und im Sterben liegt?

Ich kann hier wieder besser aus eigener Anschauung sprechen:

1. Wenn eine *Bindungsperson schwer erkrankt oder sich im Sterbeprozess* befindet, wäre auch mein Leben, wie es ist oder war, heftig bedroht. Es gibt gute Trauerliteratur (*J. Didion, C. S. Lewis, J. Barnes, G. v. Arim*), Selbsthilfegruppen für Angehörige, und ich nutze Freunde. Ich würde mich nicht zu sehr scheuen, ambulante Psychotherapeuten aufzusuchen, wenn sie mir in existentiellen Krisen beistehen wollen. Selbst aktiv würde ich Spaziergänge machen und alles, was in einer solchen Situation gut wäre, suchen. Ehrliches Engagement für andere gehört zu ausbalancierender, gesunder Selbstsorge. Und ich würde einzelne Sinnsprüche suchen und für mich notieren (s. Ü02).

2. Bei Opfererfahrung mit *körperlicher Gewalt und Missbrauch* gilt für mich, als Erstes eine Situation herzustellen, in der diese Art der Opfererfahrung sofort unterbunden wird. Nichts anderes. Danach kann es besser werden. Ohne diesen Schritt wird die Lage nur schlechter.

Das gilt grundsätzlich auch für Gewalt gegen sich selbst. Notfallreaktionen, um sich wieder zu spüren mit Schnittverletzungen oder Alkoholmissbrauch, Substanzmittelmissbrauch, auch von Nahrungsmitteln mit selbstschädigendem Verhalten oder Hungern, müssen innerhalb von zehn Therapiesitzungen „abstinent" vom Patienten kontrolliert werden, wenn ambulante Therapie in Deutschland von Krankenkassen finanziert werden soll. Die indizierte Alternative ist eine stationäre Psychotherapie nach vorheriger Zielvereinbarung.

3. Es gibt *Grenzen des Psychologischen*. Bei materiell-finanziellen, körperlichen, juristischen und politischen Störungen sind meiner Meinung nach noch andere Maßnahmen als psychologische angezeigt. Der Versuch, globale oder gesellschaftliche Missstände mit psychologischen Aktivitäten zu vernebeln, sollte strafbar sein, Hilfe für Opfer gesellschaftlicher Verhältnisse aber nicht.

4. Alles in diesem Buch – und vieles darüber hinaus –, was als passend erscheint, kann für den Aufbau eigener Differenzierungen und Handlungsoptionen genutzt werden. **Die Welt hat alles, was gebraucht wird. Nimmt man innere Möglichkeiten dazu, stehen mehr als doppelt so viele Welten zur Verfügung.**

- Ich empfehle, zunächst eine **motivationale Klärung** (vielleicht mit Ü Nachwort). Die aufwendige und immer durchgeführte Übung Ü05, dort schwerpunktmäßig 3., wäre anzuschließen, will man gründlich sein.

Ich selbst neigte entsprechend meiner Prägung zum Schweigen und so gut es geht, zum Ruhen in mir (s. Im Kinderheim, b2). Manchmal fahre ich aber auch aus der Haut.

- Doch über die Jahre habe ich einiges hinzugelernt, was ich als **soziale Grundkompetenzen in Situationen** gerne bei mir sehe und empfehle:

a. Mir vor dem Gespräch meine Befindlichkeit, meine Wünsche, Fernziele und Anliegen vergegenwärtigen und mich auch empathisch auf den anderen einschwingen – das Gegenüber hat Rechte und könnte, auch wenn ich das anders sehe, recht haben. Gut ist, etwas Gemeinsames zu finden, das irgendwie verbindet.

b. Innerhalb eines Gesprächs mit gelegentlichem Blickkontakt, Lächeln und Nicken signalisieren, dass ich dabei bin. Das geht ganz von allein, wenn ich echtes Interesse habe und zuhöre. (*M. L. Moeller* hat ganze Bücher zum Zwiegespräch von Paaren oder anderen geschrieben.)

c. Mit Husten, Räuspern, vorsichtigem, kritischem Kommentieren und verbal auf die Nachfrage, ob etwas nicht stimme, mit „alles okay" antworten und leugnen, wenn ich es mit einem wehrhaften, aggressionsbereiten Gegner zu tun habe.
Das ist sinnvoll, weil ich für mich selbst nicht zu passiv und hilflos reagiere und doch defensiv bleibe.

d. „Darf ich etwas sachlich nachfragen?", wird als reine Verständnisfrage geäußert. Wenn der Sprecher erlaubt, wird die Frage kurz gestellt.

e. „Kann ich eine Information geben?", könnte sinnvoll sein, wenn der Sprecher offensichtlich von fehlenden Prämissen ausgeht. Häufig ist es sinnvoll, auf diese Intervention zu verzichten, da es dem Sprecher nicht nur um die Sache, sondern auch die eigene Positionierung in der Beziehung zum Zuhörer geht.

f. Mit kurzem, heftig ausrufendem Zwischenruf „Hey!" oder „Man!" protestieren, z. B. bei diskriminierenden Beleidigungen. Und sofort, in einem Atemzug, im Anschluss leiser und freundlicher bitten, doch sachlicher zu bleiben. Wichtig ist, im Weiteren nicht zu eskalieren: Zur Not ist zum nächsten Schritt überzugehen.

g. Mit „Stopp" den eigenen Abbruchwunsch zum Gespräch wie zuvor signalisieren und mit eigenem Gefühl begründen: „Stopp! Ich werde zu ärgerlich/überfordert und muss das Gespräch hier beenden. Ich will nicht mehr." Selbst wenn ich meine, der andere ist ärgerlich oder überfordert, sollte ich von mir selbst sprechen. Die Gefühle anderer kennen wir nicht sicher, unsere Absichten schon. Ich rechne inzwischen immer damit, dass der andere weiterredet und mich nicht so einfach davonkommen lässt.
Schwierig ist, gar nicht mehr auf Fragen zu antworten oder nur mit starrem Blick auf Reden einzugehen. Nach einer Weile wiederhole ich beiläufig und gelassen, dass ich das Gespräch beende. Ich stehe auf oder gehe langsam rückwärts, halte noch Blickkontakt. Der andere soll nicht denken, ich wollte flüchten, und er soll mir nicht aggressiv nachstellen. Er soll mich in Ruhe gehen lassen. Ich kann freundlich klingen. Der Wunsch, er solle sich keine Sorgen machen, ich müsse mich nur beruhigen, ist sehr hilfreich.

Will ich etwas grundsätzlicher klären, ist es sinnvoll, zunächst die eigenen Gefühle zu klären. Bin ich etwa so verletzt oder wütend, dass ich Trennungsimpulse verspüre? Kann ich mich trotz allem klar für die Aufrechterhaltung der Beziehung entscheiden?

- Nur nach Selbstberuhigung ist eine Form des **privaten Klärungsgesprächs** sinnvoll. Klärende sollten sicher sein, was sie wünschen:

A. Ich bereite mich emotional und inhaltlich vor (schriftliche Stichworte sind hilfreich zu B. und C.).

B. Ich lade mein Gegenüber zu einem „wichtigen Gespräch ein, damit wir uns wieder gemeinsam wohlfühlen können". Es soll „zwanzig Minuten" dauern. Ich sage deutlich, dass es „kein Streitgespräch" oder „Trennungsdrohungsgespräch werden soll". Ich weiß, es wird ein gutes Gespräch für uns werden, weil ich vorbereitet bin. Ich schlage einen Termin vor, zu dem mein Gegenüber potenziell entspannt in einigen Tagen kommen kann. Wenn die Person wissen will, worüber ich sprechen möchte, sage ich, dass ich zum Thema inhaltlich nichts sagen kann, weil es ernst ist und ich „zwischen Tür und Angel einen Streit befürchte". Ein weiteres Argument wäre, dass „ich gut vorbereitet sein will." Ich zeige Verständnis für „dringendes" Interesse und tröste vorsorglich: „Das Gespräch soll für uns beide auf jeden Fall gut werden." Der Termin ist wichtig, aber nicht dringlich. Wenn der andere bummeln möchte, lass ich ihn bummeln, wiederhole betont nur, dass es ein ernstes Anliegen ist, das ich habe, und dass es nützlich wäre, zusammen an einem Tag, wo es wirklich passt, darüber zu sprechen. Wenn er Druck macht, sofort zu sprechen, betone ich, dass es nicht eilt und die ungehetzte Atmosphäre wichtig ist. Es ist bedeutsam, dass ich die Kontrolle über das Gesprächssetting bekomme.

C. Kommen wir friedlich zusammen, lasse ich zügig die Katze aus dem Sack. Ich kann vorausschicken, dass ich mich auf das Gespräch freue und ich zunächst fünf Minuten etwas erzählen will, bevor der andere bitte erst antwortet, und wir insgesamt zwanzig Minuten haben:

> a. Wie in einem Dokumentarfilm schildere ich genau und – wichtig – nur eine einzige Beispielsituation für ein ganz bestimmtes typisches, störendes Verhalten. Bestenfalls zitiere ich. Bei Unsicherheiten entdramatisiere ich. Die Lautstärke, der Ton, die

Bewegungen, das Licht der Szene können beschrieben werden, sodass sich jeder Zuhörer eine Erinnerung dazu holen kann.

Gut vorbereitet habe ich mit dieser typischen Szene recht. Sie ist so geschehen. Der andere ist mit nicht nur der Szene, sondern auch mit seinen Schuldgefühlen konfrontiert. Das kann Bedauern, aber auch abwehrende Wut oder schweigendes Einfrieren bedeuten.

b. Ohne Pause tröste ich den anderen. Ich sage, dass es sicher viel schlimmere Verhaltensweisen bei Hempels oder anderen gibt – das Extremere und Schlimmere sollte konkret benannt werden, z. B.: „Sicher gibt es Schlimmeres. Bei Hempels würde es dazu eine Tracht Prügel geben." Auch diese inhaltliche Passung sollte ich entsprechend (a.) vorbereitet haben, vielleicht auf einem Zettel mit Stichworten. Alternativ wäre, dass nur besonders ausgebildete Pädagogen die kritische Verhaltensweise mit einer idealen oder besseren ersetzt hätten, „aber viele würden sicher so ähnlich handeln wie du." Auch mit dieser Mitteilung habe ich recht.

c. Ohne Pause konfrontiere ich dann zum Schluss mit meinem Gefühl. Ich stelle einfach fest, dass ich ein bestimmtes Gefühl in der Szene hatte. Das Gefühl oder dessen Benennung sollte auch vorbereitet sein, ich mache z. B. einen nützlichen Unterschied, wenn ich statt „Ärger" besser meine „Enttäuschung" anspreche, und bin dadurch weniger provokativ.

d. Im Anschluss erhält das Gegenüber viel Raum, um zu schweigen, zu verteidigen oder anzugreifen. Oder er zeigt sich einsichtig.

Ich antworte stoisch entweder mit: „Ich verstehe dich.

Und Tatsache ist [...] (ich wiederhole nur a., b., c.)", oder: „Das ist auch wichtig. Und die Tatsache, wegen der ich mit dir sprechen wollte, ist [...] (ich wiederhole nur a., b., c.)". Es ist wichtig, die Hauptargumente zu wiederholen und „langweilig" beruhigend einzuwirken. Vorsicht – Neues lässt im Streit verstricken.

Ich bleibe gelassen, weil ich mir sicher bin, dass mein Gegenüber sich nur anfangs über das konfrontierende Verhalten ärgert aber zusehends versteht, dass ich nur eine Bitte an ihn habe, sein für mich problematische Verhalten aufzugeben. Was er anders machen will, darüber kann er, muss er, allein in Ruhe nachdenken.

e. Nach der vereinbarten Zeit oder den zwanzig Minuten sollte ich mich für das Zuhören bedanken und das „gute Gespräch" beenden.

f. Wenn im Alltag das problematische Verhalten wieder auftaucht, was wahrscheinlich ist – ich rechne fest damit – rege ich mich nicht besonders auf, sondern erinnere freundlich scharf, unangenehm betont: „Darüber haben wir gesprochen!" Und möglichst fahre ich mit etwas anderem fort.

Berufliche Klärungsgespräche formulieren keine innerlichen Gefühle. Stattdessen werden Firmeninteressen, gemeinsame oder verhinderte Ziele und Beschädigungen vereinbarter Ziele benannt. Wichtig ist auch wieder, dass der Klärende seine Punkte bringt und sich durch die Wiederholung freundlich positioniert, um letztlich später, bei Wiederholung des kritischen Verhaltens, protestieren zu können mit

- „Darüber haben wir schon gesprochen!"

oder mit dem bekannten Räuspern. Der Protest ist aversiv für den Empfänger und bewirkt konstruktives Selbstbewusstsein für den

Sender.

Wenn ich alles versucht habe, kann ich überlegen, ob ich meine Lebensreise weiter an mein Gegenüber kopple oder mich für Neues öffne. Das heißt nicht gleich, dass ich kündige, aber die positive Besetzung von anderen kann mehr Bedeutung erhalten und Belastungsausgleich ermöglichen. So verbessert sich meine Stimmung.

Oft bewirkt die neue Lage, dass eigene Freiheit erkannt und neues Selbstbewusstsein erlebt wird; und das Gegenüber spürt das auch. Mit etwas Zeit entwickelt sich so oder so eine Veränderung. Zeigt sich Positives oder Erwünschtes, sollte das miteinander anerkannt werden. Loben ist immer gut.

Der mentale und praktische Aufwand kann allein geleistet werden, wenn ich Schritt für Schritt vorgehe.

- Ich reflektiere meine Motivation (s. Ü Nachwort, dort besonders 3.) und verschriftliche meine Ziele und methodischen Vorhaben (s. Ü05, 22).
  Ich übe **vorbereitend** einzelne Mikrokommunikationen vor dem Spiegel. Oder mit leeren Stühlen (s. Ü18) führe ich einen Dialog. Auch Pantomime, Tanz oder symbolisches Malen ist methodisch gut – wie die Indianer vor dem Kampf lassen sich Handlungen symbolisch vergegenwärtigen.

- Es ist dennoch üblich, dass Vorsätze wiederholt nicht gelingen, da die alten Gewohnheiten sich durchsetzen. Deshalb ist wichtig, sich verbindlich eine Zeitdauer auf ein bestimmtes Mikrozielverhalten festzulegen. Ich übe **nachbereitend**, das heißt wiederholt nach Situationen, in denen ich mit dem Versuch, neues Verhalten zu zeigen, scheiterte. Statt frustriert aufzugeben, wird aufkommender Frust nach dem Verpassen der Chance auf Neues als Energie genutzt, um imaginativ die Alternative durchzuspielen, ganz genauso wie beim vorbereitenden Üben.

Es wird praktisch vor und nach den Problemsituationen durchgespielt, was von meiner Seite kommen soll, bis die innerlich ausgearbeitete Alternative in den typischen sich wiederholenden Problemfeldern einfällt und sich doch noch zeigen lässt.

Das lohnt sich, denn habe ich bestimmte Grundkompetenzen der Kommunikation einmal aufgebaut, generalisieren sie bei Erfolg und werden unbewusst oder automatisch angewandt. Lassen Sie sich nachts wecken und fragen, wie sie in Situation XY reagieren wollen; Sie sollten jederzeit gewappnet sein.

Alternativ zum Autodidaktentum ist, ich gönne mir einen Vertrauten – einen Freund oder Profi. Professionelle Hilfe ermöglicht das Erlernen von Problemlösen, lehrt, wie man Verhalten aufbaut – das wird auch in diesem Buch versucht. Insbesondere im verhaltenstherapeutischen Feld habe ich Selbstsicherheitstrainings kennengelernt, die basal Gutes leisten. Allgemein gelten Gruppentherapien als die soziale Kompetenz- und die Empathiefähigkeit fördernd, es gibt aber noch mehr Möglichkeiten (s. Ü17).

Wenn ich üblicherweise zum aktiven Bewältigen neige, gerne Verhalten „erlerne und mache", wäre ich auch gut beraten, mehr und gründlicher „nachzudenken und zu spüren". Es könnten sich neue Türen öffnen. Ich empfehle Nachdenken (s. Ü05) und weitere Selbstanamnesen (s. Ü16). Körpernahe Entspannung, Meditation, solange sie nicht esoterisch abhebt, und Achtsamkeit sind empfehlenswert. Das kann einfach anfangen, beispielsweise mit Musikhören.

Erfahrung habe ich schon in meinem Studium gewonnen, einige Zeit habe ich genossen durch Autogenes Training, Progressive Muskelrelaxation und körpertherapeutische Bioenergetik bei Dozenten und in Praktika. Bei den Professionellen findet jeder dazu einiges im psychodynamisch-tiefenpsychologischen Feld. Klärungsorientiert wird so gearbeitet, dass ein Therapeut mit seinen Klienten unbewusste Anteile aufspürt, benennen lässt und eigene Motive und Bedürfnisse Raum erhalten, die vorher abgewehrt wurden. Auch in diesem Buch wird versucht, das anzuregen.

Ein Problem habe ich noch. Das bisher Gesagte suggeriert **Machbarkeit**. Auch wenn oben unter 1. bis 3. gewarnt wurde, sei deutlich gesagt: Es gibt für uns Menschen auch das „doofe Schicksal". **Unveränderliche Bedrohungen** lassen sich nur zeitweise verdrängen. Dazu noch ein schauspielender Held:

Forrest Gump ist für mich vierzig Jahre Amerika mit Olympiade, Vietnam, Moderne, progressiver Kultur in Konkurrenz zum „good old Europe" und tragischer Held. Und *F. Gump* ist für mich *Tom Hanks*. In einem weiteren Film mit ihm, in *Cast Away*, ist er am Ende der gerettete *Robinson Crusoe*, der vermutlich wieder ganz normal angepasst arbeiten und auf Party geht und eine Partnerin findet. Ganz nett und mit Happy End. Der Film ist auch für Kinder geeignet und, neben der Schleichwerbung, schön, weil der Held auf einer kleinen Pazifikinsel strandet, die idyllisch mit Bäumen, Berg und Wasser alles hat, was der Held braucht.

Wirklich tief und stark spielt Tom Hanks aber die existentielle Einsamkeit, das Scheitern eines Suizidversuchs wird angedeutet, die Scham, selbst das nicht hingekriegt zu haben, und die Not, die ihn einen Gott suchen lässt. Er sucht ein Objekt, dem er sich anvertrauen kann. Symbolisiert wird sein Gott durch den Volleyball „Wilson". Mit ihm spricht er persönlich offen, nur in dieser Bindung überlebt er. Diese Beziehung ist sein Sinn. Bei seiner Flucht von der Insel fällt der Ball vom Floß. Schwimmend will er seinen Freund bzw. Gott retten, doch er muss ihn auf hoher See abtreiben lassen, um sein Leben zu retten. Ohne Wilson ist unser Held zerstört, verzweifelt. Wie oben beschrieben findet der Held zurück in den Way of Life. Seine Bindungssehnsucht wird amerikanisch in eine erwachsene Partnerschaft hineinprojiziert. Was Sinn und Gottes Wille sein könnte, wird nicht mehr gefragt.

Statt die existentielle Sinnkrise zu privatisieren, wäre eine Option, sich für *ökologische, ökonomische und soziale Nachhaltigkeit* einzusetzen. Werte zu globalisieren war für Forrest Gump noch nicht möglich. Wir brauchen **viele Forrest Gumps** mit:

- „Dumm ist, wer Dummes tut" (Forrest Gump)
- „Zeige gesunden Umgang mit dem doofen Schicksal." (Stan Laurel)
- „Ich bin nicht allein – solange ich noch neben mir steh." (Lydia Daher)

Ich empfehle den Einsatz für die eigene Seele, die Körper und Seelen anderer und die Umwelt. Der solidarische Einsatz macht mit Selbstwirksamkeitsgefühlen gesünder. Dabei ist nicht die Selbstaufgabe unabdingbar sinnvoll, sondern minimal die Selbstsorge hinsichtlich der Grundbedürfnisse Trinken, Essen, Schlafen, wie körperliche Unversehrtheit, und begrenzt das Spiel. Bestens ist private Selbstverwirklichung, Lebensbejahung, Glück neben der Auseinandersetzung mit dem Schicksal möglich. Ich persönlich mag keine Heiligen und bin auch keiner.

Glück wird interessanterweise häufig mit einer emotional aufgeladenen, nahen Beziehung in Zusammenhang gebracht. Nicht nur Sex, auch emotionaler Halt wie Erregung, Einfluss und Effekt auf lebendig antwortende Wesen spielen ein Rolle. Wenn wir Beziehungen und Bindungen außerhalb unserer Ursprünge aufbauen wollen, können wir das durch Flirten. Wie das geht, wird speziell im nächsten Kapitel gezeigt.

Ü11 Flirt-Training

(In diesem Kapitel werden Möglichkeiten beschrieben, bei **Scham- und Annäherungs-Vermeidungskonflikten** aktiv auf das Ziel hinzuarbeiten, sich in sexueller oder partnerschaftlicher Weise annähern zu können. Das wird populär mit „Flirt-Training" bezeichnet. Der begleitende Affekt bei Annäherungs-Vermeidungskonflikten ist Angst und vielleicht auch Frustrationsaggression. Angst ist ein unmittelbares Ergebnis der erwarteten Gefahr. Die Angst muss nicht bewusst ins Erleben vordringen, sie kann handlungsleitend zur Vermeidung führen. Erst bei Wiederannäherung treten die Spannung und die Schamaffekte wieder auf. Die Frustrationsaggression ist eine emotionale Antwort auf die unerfüllten Wünsche nach Nähe und Geborgenheit, auf zärtlich-sexuelle Bedürfnisse oder auf die befürchtete Zurückweisung. Enttäuschung durch andere ist aber nur ein möglicher Angstinhalt; es können auch (Körper-)Selbstwertzweifel, Sorgen vor Überforderung, vor Ansprüchen, ungewollter Schwangerschaft oder entstehender emotionaler Abhängigkeit vorliegen. Auch droht die Konfrontation lange aufgebauter Idealbilder des Selbst und des Objekts mit der Realität.

Konfliktursachen liegen in der Verarbeitung der frühen und fortlaufenden Erfahrungen in sehr nahen Beziehungen zu einer **negativen Beziehungsrepräsentanz**, einem Bild, wie Beziehungen sich negativ wiederholen. Reinszenierungen finden oft unter Auslassung bittenden Wünschens statt, ohne eine bewusste Absicht wird einer möglichen Enttäuschung durch Unterlassung vorgebeugt. Eine gelingende Veränderung solcher Muster ist abhängig davon, ob Einsatzbereitschaft, Zeit, Geduld und ein Gegenüber gefunden werden können. Im intimen und partnerschaftlichen Dialog geht es um zuvor abgewehrte Wünsche. Durch bittendes Zeigen der Wünsche und emotionales Wiederzulassen werden neue Entwicklungen ermöglicht.)

Als 17-Jähriger begleitete ich einst spätabends zwei 18-jährige Freundinnen, die einen Führerschein hatten und zur Disco „Tenne" fuhren. Wir saßen in Boxen an Tischen und tranken ein Bier. Ich brauchte damals ein bisschen Zeit, um zu verstehen, die beiden wollten nur tanzen und Ältere kennenlernen, flirten, und ganz sicher nichts von mir. Ich war der Aufpasser, sicherte wie der Dackel.

- Die einfachste Art des **Flirtens** ist, es zu tun: Die Begleitung durch eine Freundin oder einen Freund, die sicher an einem Tisch oder an einer Wand lehnend warten, per Handy erreichbar sind, hilft. Sich körperlich an ein oder mehrere Objekte annähern, nur sich zeigen, anblicken, lächeln und vielleicht vom anderen wahrgenommen werden, oder auch nicht, das kann der erste Versuch sein.

Sich vorzustellen – den eigenen Namen, den Wohnort mitteilen, begleitende Freunde im Rückraum erwähnen – kann ein weiteres Annähern sein.

Dann eine Pause machen: „Ich will mal zu meiner Freundin. Wir sehen uns!" Nie zu lange kleben bleiben. Sich rarmachen. Nach der Pause bei fast zufälligem Wiedersehen: „Ah, da bist du ja wieder. Sollen wir ... tanzen, frische Luft schnappen, mal draußen reden?" So könnte es weitergehen. „Du gefällst mir!" ist vielleicht zu weitgehend? Von sich zu erzählen, was man macht, was man liest, welche Musik man gut findet, ist eventuell besser. Reagiert das Gegenüber aufmerksam, sollte man zur Frage wechseln: „Und du? Was ist für dich gut?" Kommt gemeinsame Resonanz auf, können die Blicke tiefer werden. Flüchtige Berührungen drücken Sehnsüchte aus, sollten aber abgestimmt, vorsichtig, mit der Freiheit des Rückzugs des anderen erfolgen. Oder man fragt besser vorher: „Ich würde dich gerne berühren" oder „Ich würde dich gerne in den Arm nehmen." Ohne gemeinsame Resonanz oder bei Unsicherheit sollte die Pause gewählt werden – Dackelrückzug ins Körbchen. Wenn da unter der Oberfläche doch etwas ist, kann es für die Beteiligten schöner sein, sich Zeit zu nehmen und immer wieder vorsichtig Interesse zu finden oder zu erwidern.

Es ist wie beim **Smalltalk**, es geht um die *Erleuchtung der anderen*. Entweder bestätigen wir durch aufmerksames Zuhören. Dabei sind wir bereit, dass unser Gegenüber Themen brutal abhackt, uns aufgrund dritter Gesprächspartner ausblendet oder gar ganz stehen lässt. Auch wir zeigen uns „flatterhaft" und offen für anderes und andere. Keiner soll Besitz ergreifen, einengen, sich gekränkt oder verantwortlich-schuldig fühlen. Auch zulassen soll man das nicht. Das Ziel ist es, unsere Gegenüber zu erfreuen: durch kurze Zuwendung, kleine Geschichten zu unmittelbar Gegebenem – dort diese Musik, die blinkende Discokugel, die Ruhe in der frischen Luft. Gegenseitig kann die Lust zu tanzen gezeigt werden. Oder jederlei Einfälle, Impulse werden vorsichtig ausprobiert und vielleicht sofort wieder verworfen. Es geht darum, zu werben und zu Nähe einzuladen. Die Haltung ist locker, flexibel und hält die Augen offen. Das Gespräch wird von nichts dominiert, von keiner Person und keinen Themen. Es flattert nur in eine Richtung, zum gefälligem Unterhalten und Miteinander-Wohlfühlen – oder es pausiert. Manchmal allein mit wünschendem Blick, innerer Sehnsucht oder dem aktuellen Glücksgefühl. Ein andermal „unabhängig" auch mit Dritten, Menschen in entlegenen Raumecken gegenüber, auf die eine „Ich muss mal zu Karl"-Entschuldigung zueilt, auch wenn es ein Unbekannter ist; erreicht man ihn, kann man freudig sagen: „Ich dachte, du bist Karl, aber bist's nicht. Wer bist du? Ich heiße ..!" Wird der vorherige Flirt später „zufällig" wiederfindend fortgesetzt, kann das Charmieren eskalieren, körperlich kann es, muss es aber nicht, zu Äußerstem kommen. Sich Zeit zu lassen und sich wohlzufühlen, ist alles. **Was nicht zum Flirten gehört:** 1. Die Anbahnung ernster verbindlicher Verabredungen. Den Ort oder die Telefonnummer für ein vages Wiedersehen zu erfragen, geht noch und sollte trotz des Glücksfaktors bedacht sein. 2. Eigene Selbstreaktionen auf frühere lebensgeschichtliche Enttäuschungen, etwa der nicht bewusste Komplex, das Gegenüber solle früher Erlittenes kompensieren. Dieser Aspekt wird dynamisch in der Regel erst bei der Suche nach Verbindlichkeit relevant. Soll es verbindlicher werden, sollte man sich allerdings auch fragen, ob der potenzielle Partner zumindest auch etwas mit sich bringt, das neue Lösungen ermöglicht oder sich nur zur Problemverstrickung und kollusiven Wiederholung (J. *Willi*) eignen würde. 3. Der erste Streit.

Die obige Empfehlung „einfach tun" folgt dem Motto: Übung macht den Meister. Und: Flirten, insbesondere unbeholfenes, aber ehrliches, schadet keinem.

Nur gibt es hartnäckig ängstliche Klienten, die meinen, nicht den Moment erleuchten zu können. Sie wollen nicht aus echten Schwierigkeiten lernen, oder sie wollen nur mit mehr Vorbereitung in die manchmal heikle und immer für beide unsichere Mission gehen.

- Die Selbstverpflichtung zum Üben ist größer, wenn der Proband sich mit einem Freund zusammen verabredet und ihn als informierten Unterstützer und Basis im Rückraum hat. **Flirt-Training** ist eine Vorstufe zum Flirten, weil vermieden wird, sich direkt mit dem eigentlich begehrt und gefürchteten Objekt zu treffen.

  Rollenspiele mit Freunden wären gut, um für die Praxis zu üben. Familien praktizieren immer schon das Annähern mit Wünschen, das wäre kein Flirt, aber doch ein ähnliches Vorgehen – mit inneren Wünschen auf Familienmitglieder zugehen, sich für diese interessieren und ihnen etwas Unterhaltsames oder Persönliches erzählen, das ist gemeint. Gewagter und stärker auf Dritte **und die Realität mit Fremden** orientiert ist das Üben in Musikkneipen, Kinos oder allgemein öffentlichen Orten. Die junge Probandin soll sich ältere und verheiratete Menschen suchen, die sie anflirtet. Je nachdem, ob sich ein Blickkontakt, ein Smalltalk oder ein gegenseitiger Flirt entwickelt, wird aktiv der Rückzug zur Basis gesucht. Klammern und Festlegen wird vermieden. Immer wieder kontaktiert die Probandin ruhig neue Personen. Es geht darum, einzelne Momente aktiv mit Sympathie aufzuladen oder die berühmten Glocken zum

Klingen zu bringen, z. B. einem alten Mann oder einer Frau Komplimente zu machen, etwa wegen eines schönen Ohrrings, oder selbst Komplimente anzunehmen. Annähern kann man sich mit: „Darf ich mal dazukommen?" Es ist sehr wahrscheinlich, dass kontaktbereite andere sich gerne auf das Flirtspiel einlassen, sich einfach freuen über Freundlichkeiten. Wichtig ist es, sich rechtzeitig um den Freund an der Basis zu sorgen; **Flirttraining ist auch eine Abgrenzungsübung!** Dazu geht man etwas näher in den Blickkontakt und sagt z. B.: „Ich muss mal nach meiner Freundin gucken. Tschüs!" Und sich bewegen und sofort gehen, egal was der andere noch sagt.

Gewagt ist der Vorschlag, weil er zwei Dinge klärt: (a) Ich will keine ernsten sexuell-partnerschaftlichen Beziehungen zu Älteren und (b) warum gebe ich mir nicht sofort die Mühe, mit der eigentlich begehrten Zielgruppe zu üben? Was nicht unbedingt zum Flirt-Training gehört: Internet und Apps sind heute die Medien, in denen gedatet wird. Ich empfehle, nicht zu lange hin und her zu schreiben. Das lange Texten kommt einer Vermeidung nahe. Besser ist, sich bei gegebener Sympathie zu verabreden, sich zugewandt zu zeigen und sich abzugrenzen. Eine verbindliche Verabredung zum Beschnuppern, mit oder ohne Freund im Hintergrund, wäre möglich. Aber meist steht beim Internetdating weniger das Wohlfühlen im Vordergrund, sondern vielmehr das Anliegen, einen Partner zu suchen – ein Druck erzeugendes Motiv.

Ich empfehle den Besuch von öffentlichen Orten. Das kann und zusätzlich motiviert sein durch ein Interesse an einer spezielle Kundgebung, einer Fortbildung oder einem kulturellen Event. Dort sollte sich die Probandin tummeln. Sicher ist dann schon von vornherein, dass die Menschen vor Ort eine Sache gemeinsam haben – ob noch mehr, wäre herauszufinden.

Die Sache hat mich beschäftigt. Selbst älteren Jahrgangs habe ich mich gefragt: Was machen ältere Singles, Verheiratete oder Flirtwillige, wenn sie aus der Übung gekommen sind? Dass in festen Beziehungen mit Verbindlichkeiten, mit alltäglichem und situativem Stress der „liebevolle Talk" verloren gehen kann, routinierte, coole Selbstreaktionen der Beteiligten das Erleuchten hindern und sich die Kommunikation verengt, wird nicht nur in dem Film „Don Juan de Marko" mit *Johnny Depp* deutlich. Flirten und Smalltalk kann ich allen älteren Menschen empfehlen. Es erkennt uns als Mitmenschen an. Es soll erleuchten und erfreuen. Wie weit man geht und ob es zum Äußersten kommen soll, entscheiden hoffentlich die Beteiligten nach ihren Werten. Vermutlich ist die Kunst für feste Paare, zwischen Zeiten mit ernsten Problemgesprächen und Zeiten liebevoller Kommunikation bewusst zu wechseln. Dazu empfehle ich unter anderem *M. L. Moeller*s Zwiegespräche.

Flirt-Training für Ältere ist hinsichtlich der Nebenwirkungen riskanter. Ein junger Mensch, der mit älteren aktiv flirtet, muss sich vielleicht auch etwas anhören, aber ein alter Mann, der bei der Nichtzielgruppe der Zwanzigjährigen üben will? Droht da nicht schon Gewalt? Ich würde mich weigern und meinen Wünschen ein direkteres Ziel geben. Ich werde das nicht empfehlen, auch wenn ich gegenüber der jungen Gruppe zurecht charmant bin – sie hat es wegen ihrer beneidenswerten Jugend und ihrer Zukunftsfähigkeit verdient. Ältere Erwachsene sollten mit anderen passenden Alters sprechen, und, im Sinne des Trainings aller Tage, sich kennenlernen, aufeinander beziehen und Freude bereiten. Sie entscheiden, wie weit das Wohlfühlen und Spaßhaben gehen soll.

Hat ein älterer Erwachsener Schwierigkeiten, mit dem andern Geschlecht in Kontakt zu kommen, ist eine Ressourcen und Kraftquellen suchende Klärung der Lebensgeschichte (s. Ü14, 16) und seiner typisch abwehrenden Selbstreaktionen sinnvoll, wie eine beherzte Entscheidung, das Schöne vielleicht doch noch an geeigneten Treffpunkten zu üben. Der Vorsichtige verlangt von sich ein Training, bei dem er vielleicht nach zwei Minuten einen begonnenen Kontakt abbricht und sich auf seine Basis zurückzieht. Er trainiert Annäherung und Abgrenzung. Nach Beendigung des Trainings und mit gewonnenen Erfahrungen kann der Ängstliche dann selbstbewusster in den Flirtkontakt gehen.

Ist Progression ein Herzensanliegen, kann ein Monats- und Jahresplan Sinn ergeben. Mit oder ohne professionellen Helfer wäre längere Zeit an der Lösung zu arbeiten, Nähewünsche zu verwirklichen. Erste kleine Schritte sollten schriftlich im Kalender terminiert werden, z. B. „Nachdenken über …", „Träumen von …" oder „lockeres Treffen mit …" – der Schritt zum Verbindlichen sollte allein, mit Kumpeline und erst im Anschluss mit dem Objekt der Begierde zunächst herausgezögert und dann besprochen werden.

Eine andere Hausnummer ist es dagegen, sich mit einem langjährigen Lebenspartner verändern zu wollen. *A. Retzer* beugt allen Träumereien vor, wenn er das Motto ausgibt: „Vom Verlieben zum Ertragen kommen, ist das Ziel."
Flirten, Liebestalk und der Einsatz für die Träume des Partners, auch für die Wünsche nach Zärtlichkeit, Geborgenheit und altersentsprechender Sexualität, sind meiner Meinung nach möglich, aber das ist herausfordernd. In diesem Buch wird dazu die Arbeit mit sich allein und dem „leeren Stuhl" genutzt, in der ein Proband sich und sein emphatisch zu erfassendes Gegenüber klären kann (s. Ü18).
Aber Einfaches ist vielleicht auch möglich: „Ich verabrede mich mit meiner Frau zu etwas Schönem."

Damit jede Art von Verabredung gelingt, sollte man gut erholt nach Pausen sein oder vorzugweise immer gut schlafen. Darum geht es jetzt weiter.

Ü12 Schlafstörungen

Zur **Schlafhygiene** eignen sich frische Luft und ein weißes, kahles Schlafzimmer, ohne jede Art von Technik. Auch gilt als Goldregel, ausschließlich Zeit für Sex, für den Erholungsschlaf und für den abzugrenzenden Grübelstuhl zu reservieren. Doch was ist ein Grübelstuhl?

(Obwohl in diesem Zusammenhang – und nicht nur in diesem – die jeweilige Ärztin oder Psychotherapeutin schnell mit therapeutischen Maßnahmen ihrer jeweiligen Fachlichkeit bei der Hand ist, soll hier vorweg seriös auf Diagnosemöglichkeiten und Behandlungsoptionen hingewiesen werden:
1. Schlafstörungen sind eine Symptomatik und ein Zeichen anderer Störungen.
2. Eine ursächliche Anamnese der Zusammenhänge des ersten Auftretens der Schlafstörungen mit anderen körperlichen oder seelisch-sozialen Veränderungen erscheint sinnvoll, um nicht nur die Symptomatik zu betäuben, dabei aber die Ursachen dynamisch weiterhin ungelöst zu lassen.
3. Auch ist die genaue Beschreibung der Schlafstörung sinnvoll. Ist es eine **Einschlafstörung**, bei der die Betroffenen innerlich noch mit Inhalten oder Problemen beschäftigt sind und grübeln? Oder können sie nicht entspannen, weil mediale Eindrücke, Hektik, späte Nahrungsaufnahme oder übermäßiger Alkoholkonsum schlecht einschlafen lassen können oder zu **Durchschlafstörungen** führen? Der Durchschlaf ist auch gestört, wenn latent tiefe psychische Themen oder erlebte Traumata nächtens zur Verarbeitung drängen. Das Gehirn verarbeitet in der Nacht emotional Unerledigtes, kann aber manchmal zu starke oder zu schwierige Inhalte nicht so aufnehmen, dass diese als in der Vergangenheit einmal Erlebtes im Gedächtnis abgelegt werden können. Manchmal überfluten einen deshalb die zugehörigen Emotionen und Sinneseindrücke in der Nacht. Unverarbeitete Aspekte können auf zuvor rational Erkanntes treffen. Statt aber integriert werden zu können, wacht der Betroffene auf, hat bewusst oder unbewusst einen Flashback oder erinnert sich alptraumhaft verzerrt. Solcherart Inhalte werden in den Traumphasen der Nacht lebendig und können auch eine Ursache von **früh morgendlichem Erwachen** ohne tiefes Wiedereinschlafen sein.
Frühes Erwachen mit ängstlich gegrübelten Inhalten ist nochmals vom

Erleben von Leere und Angst ohne Inhalte zu unterscheiden. Diese Betäubtheit, eine Art Neben-sich-Stehen, kann als Versuch des Gehirns verstanden werden, abzuschalten oder sich tot zu stellen. Dahinter können überfordernd starke Gefühle stehen.

Schnarchende Menschen leiden oft an Sauerstoffmangel und wachen deshalb immer wieder auf. Sie werden im natürlich ablaufenden Wechsel von Traumphasen und Tiefschlafphasen gestört.

Patienten, die mehr als zwei Tage keine Minute und **gar nicht mehr schlafen** können, weil sie unruhig oder ängstlich sind, sollten sich sofort ärztlich vorstellen. Eine beginnende Manie oder Psychose kann bei rechtzeitiger medikamentöser Intervention in ihrer schädlichen Wirkung aufgefangen oder zumindest in Bahnen gelenkt werden, die weniger gravierende Folgen zeigen, als wenn sie unbehandelt blieben.)

Im letzten Satz wechsele ich schon zu der mit diagnostischen Fragestellungen verknüpften Idee der Behandlungsmöglichkeiten:

(a.) Reflektiert der **kluge Patient**, kann meist schon eine Auswahl getroffen werden, welcher Facharzt oder Psychotherapeut aufgesucht werden sollte oder ob man selbst etwas verändern kann – allein oder mit Mitbewohnern (s. Ü07).

b.) Für vom **Hausarzt** diagnostizierte Schlafstörungen erhält der geneigte Patient Schlafmittel oder die sinnvolle Beratung zur Schlafhygiene (s.o. und Ü06, 07, 22). Schlafmittel machen oft abhängig und sollten, wenn überhaupt, nur schlafanstoßend an ein bis zwei Tagen eingesetzt werden. Die Medikamente bewirken oft nach nur wenigen Tagen nichts mehr gegen vorhandene Schlafstörungen, außer dass sie, setzt man sie ab, vermehrt zu Schlafstörungen führen.

Zur Schlafhygiene gehören neben der oben genannten Belüftung, der Einrichtung des Zimmers (s. Ü22) und der zeitstrukturierten, abgegrenzten Nutzung der Schlafstätte auch genügend Bewegung, eine Tagesstruktur mit Belastungsausgleich und Abspannen vor dem Schlafengehen – ohne medial oder anderweitig Aufregendes. Der Mensch ist körperlich an den Tag-Nacht-Rhythmus gekoppelt und saß in seiner Polygenese vermutlich des Abends über tausende Jahre am Feuer gemütlich im Gespräch – bevor TV, PC, Tablet, Handy und mehr uns körperlich-seelisch, bis in die Nächte teils unbezahlte, zumindest für die Augen und Ohren anspruchsvolle Arbeiten verrichten ließen.

c.) Die diagnostische Klärung kann zum Zwischenergebnis führen, dass in **Schlaflaboren** nochmals genauer beobachtet werden soll, was für eine Problematik vorliegt. Schnarchern werden oft Sauerstoffgeräte für die Nacht verschrieben und in der Regel wird ihnen bei Übergewicht das Abnehmen empfohlen.

d.) **Psychotherapeuten** werden in die Behandlung von Schlafstörungen einbezogen. Das ergibt Sinn, wenn die Symptomatik ein Ausdruck anderer psychischer Probleme ist.

(Bei zahlreichen psychischen Störungen gehören somatische Beschwerden wie Schlafstörungen, Rückenschmerzen, Sodbrennen und Kopfschmerzen mit in das syndromatische Beschwerdebild, das sich aus verschiedensten Symptomen zusammensetzen kann. Das sind nicht nur die körperlich anmutenden psychosomatischen Störungen, sondern gerade auch Angststörungen und depressive Störungen. Schlafstörungen habe ich auch regelmäßig bei dissoziativen Störungen und Psychosen gesehen.

Im stationären Bereich werden **übende Verfahren** eingesetzt: Autogenes Training, Progressive Muskelrelaxation, Tanztherapie, Sport und neuerdings Achtsamkeitstraining. Das wären auch wertvolle Maßnahmen im ambulanten therapeutischen Bereich – aber aufgrund von Versorgungsengpässen sind sie mehr durch Krankenkassen als Präventionsmaßnahme oder in der Volkshochschule und Sportvereinen zu buchen.

Neben den übenden Verfahren ist eine **individuell abgestimmte Psychotherapie** mit einem oder einer fachlich qualifizierten Psychotherapeutin bzw. Psychotherapeuten sinnvoll, wenn sich bei Traumata Flashbacks und Numbing – überflutendes Erinnern und betäubtes Neben-sich-Stehen – bemerkbar machen, oder wenn, anhand von symptomatischen Auffälligkeiten, vermutlich verdrängte, nicht bewusste Themen und Konflikte indirekt Beschäftigung einfordern.

Allgemeine Informationen erhält der Klient im Internet über die Ärzte- und Psychotherapeutenkammern, Krankenkassen und Verbände der Psychotherapeuten. In Sprechstunden oder Erstgesprächen können Interessierte sich bei örtlich erreichbaren Behandlern informieren.)

Doch was kann ein Mensch selbst unternehmen, wenn er durch symptomatisch wiederkehrende Schafstörungen unglücklich ist?

Ich habe immer wieder gehört, dass „etwas anders machen" hilfreich sei. Obschon mir die Theorien über „unsichtbare Wasseradern" esoterisch unglaubwürdig erscheinen, haben Freunde durch das einfache Umstellen ihres Betts sofortige Erfolge verzeichnet. Ich habe jederzeit Respekt vor erfolgreichen Lösungen, die jeder für sich finden kann.

(Psychologisch erlebt der verändernde, ausprobierende und damit aktive Mensch **Selbstwirksamkeit** und erhöht so die positive Erwartung weiterer persönlicher Wirksamkeit. Das hilft gegen jede Art von Ohnmacht und Unkontrollierbares – auch bei Schlafstörungen. So erklären sich **Placeboeffekte**, bei denen das spezifische Mittel keine Wirksamkeit hat, aber die Anwendung des Mittels zusammen mit der Zuwendung eines Arztes oder einer nahestehenden Person eine positive Erwartung weckt.
Psychotherapie ist kein Placebo, weil sie die therapeutische Beziehung neben weiteren spezifischen Techniken, die zum Einsatz kommen, ganz bewusst als wichtiges Agens der Veränderung benennt und weniger die spezifischen Techniken betont als etwa Ärztinnen, die Medikamente oder Operationen einsetzen.
Wird die therapeutische Beziehung, und wie sie geführt wird, selbst zum inhaltlichen Gegenstand des Gesprächs, erfährt der Patient Möglichkeiten, wie er relevante Beziehungen umgestalten kann, ohne alte Beziehungsmuster zu wiederholen. Generalisiert er dies in wichtige Alltagsbeziehungen, verändert sich sein Leben wesentlich.)

Ich selbst probierte, nach teils jahrelangen Erfahrungen mit dem Wecken durchs Radio oder innerem Nachdenken vor dem Aufstehen, was für mich richtig in Bezug auf das **Aufstehen** ist, und empfehle, routinemäßig abends vor dem Schlafengehen in einen Kalender zu schauen und sich zu erinnern, was ich konkret am anderen Tag vorhabe.
Weiterhin empfehle ich, nur einen Wecker zu stellen. Mit dem Hören des Weckers oder beim Erwachen kurz vor dem Piepton des kleinen Geräts, rate ich, diesen auszustellen und sofort erst einen Fuß und anschließend das ganze Bein aus dem Bett zu schieben. Dem Bein, das aufsteht, gilt es, unmittelbar zu folgen.

Die Zeit, die ich spare, weil ich nicht noch Minuten im Bett nachdenke, nutze ich nach dem Duschen und Anziehen, um private Gedanken zu ordnen und mich erst anschließend mit den Radionachrichten nach außen zu orientieren. Es gibt noch mehr zu hören, das von anderen gedacht wurde, und für den, der es will, Musik.

Ich folge dabei der Logik, dass die Zeit zum Nachdenken im Bett gegen die Regel der Schlafhygiene verstößt.

Dieser Logik entspricht auch die **Praxis des Grübelstuhls**: Ich weiß nicht mehr, bei welchem Kollegen ich vom Grübelstuhl erfuhr, es tut mir leid, ihn hier nicht würdigen zu können, aber unter Umständen geht die Praxis schon auf ältere Weisheiten zurück; auch Könige und Königinnen des Altertums hatten sicherlich Schlafstörungen und schlaue Ratgeber.

- Die Praxis gebietet, einen harten, möglichst unbequemen Stuhl weit entfernt vom Bett in einer dunklen, kalten Ecke aufzustellen. Empfohlen sei, ihn vor dem Zubettgehen zu inspizieren und auszuprobieren, wie hart und kalt er ist.
- Vor dem Zubettgehen sollten die Regeln für den Belastungsausgleich und das Entspannen zur guten Nacht befolgt werden.
- Kann man nicht ein- oder durchschlafen, bewegt man sich ohne längeres Zweifeln direkt zum Grübelstuhl. Der Toilettengang oder eine Kleinigkeit zu trinken seien gestattet, Licht oder Lesen auf dem dann unmittelbar aufzusuchenden Grübelstuhl nicht.
- Auf dem Stuhl darf jeder der will, grübeln, nachdenken und fühlen, so viel er will. Aber nie etwas aufschreiben (s. Ü22).
- Wird dem Sitzer langweilig, wird es ihm ungemütlich oder wird er müde, kann er wieder ins hoffentlich noch warme, gemütliche Bett. Einmal umdrehen und einschlafen ist erlaubt.
- Zweimal umdrehen und ein Wälzen im Bett sollten sofort unterbrochen und mit wiederholtem Aufsuchen des Folterstuhls beantwortet werden.
- Schlimmstenfalls verbringt der an Schlafstörungen leidende Mensch die ganze Nacht auf dem harten Platz – und bringt seine unkontrollierbare Symptomatik unter Kontrolle (s. Ü7)
- Der Tag sollte unbedingt wach durchgehalten werden. Am kommenden Abend darf etwas eher zu Bett gegangen werden.

Günstigenfalls gibt es regelmäßige Zubettgeh- und Aufstehzeiten, auf die sich der gesuchte Biorhythmus einstellen kann. (Menschen mit Schichtdienst sollten versuchen, durch warme Mahlzeiten zur gleichen Zeit unter anderem Regelmäßigkeiten und Rhythmus – trotz der Wechsel – herzustellen.) Nach mehr oder weniger einer auf dem Grübelstuhl verbrachten Nacht sollte der Schlaf in der kommenden angestoßen werden können – sonst bitte den Arzt aufsuchen.

Ich selbst habe noch nie eine ganz Nacht auf dem Grübelstuhl verbracht, auch wenn ich die Technik immer wieder mal anwende. Meist wollte ich nach kurzem Verweilen oder gelegentlich knappen Stunden zurück ins warme Weiche. Ich spüre einfach: Mir ist kalt und ich werde müde, das ist das Signal, jetzt kann ich einschlafen.

Ich gebe zu, dass ich mir im Winter mal eine Decke überwarf oder die harte Variante durch ein Meditationskissen ersetzt habe, um mit gekreuzten Beinen und offenen Handflächen, während sich Daumen und Zeigefingerspitzen berührten, besinnlicher zur Ruhe zu kommen. Aber ich habe mir konsequent abgewöhnt, im Bett und letztlich auch auf dem Grübelstuhl über etwas nachzudenken. Den Fehler, über Nacht etwas zu begrübeln und das dann aufzuschreiben, habe ich begangen, ich bekenne mich dazu und kann es nicht empfehlen; um nicht zu streng mit mir zu sein, würde ich ein einziges Stichwort aufschreiben. Die Gedanken zum Stichwort sollten über Tag ihre Zeit erhalten. Ich ärgere mich nie über das Erwachen, sondern setze die Energie um. Dann heißt es: „Raus auf den Grübelstuhl!"

(Die **Grübelstuhltechnik** verbindet aversive Reize mit nächtlichem Erwachen und Nachdenken in der Nacht sowie affine Reize mit Einschlafen, nach dem Umdrehen, Wiedereinschlafen und Durchschlafen. Zum Durchschlafen gehört, dass Menschen in der Nacht öfter als einmal kurz aufwachen. Die meisten Menschen erinnern sich nicht an das Erwachen, sondern vergessen es wieder; in diesem Fall gilt der Schlaf als ungestört und gut.)

Ernste Probleme gilt es selbstverständlich nicht nur symptomatisch anzugehen.
Allein ist Nachdenken über Tag, ein Sich-Zeit-Nehmen, vielleicht mit dem

„Leerer-Stuhl-Therapeut", eine gute Methode zum Problemlösen (s. Ü20). Oder man klärt und plant mit geeigneten Vertrauten – zu zweit mit einem persönlichen Gegenüber oder in der Gruppe mit einem Pool an Unterstützern, konstruktiven Kritikern und Ideengebern – neue Verhaltens- und Denkweisen, die sich ihrerseits im Alltag durch geeignetes aktives Handeln etablieren können (s. Ü17).

Auch über Tag gibt es typische Gewohnheiten und persönlichen Umgang. Kritisches persönliches Verhalten kann höchst individuell sein und zu psychosomatischen Störungen und vielem anderen beitragen (s. Ü 05). Wir Menschen sind aber gar nicht so verschieden, weshalb viele die gleichen Fehler begehen, z. B. süchtig TV schauen, zu viel Alkohol trinken und Nikotin inhalieren. Statt über Tag zu grübeln, wenden sich mache intensiv über Tag dem Rauchen zu. Das können wir gedanklich auch mit dem, was jetzt kommt. Der Leser kann den aktiven Umgang mit Süchten an einem Beispiel kennenlernen.

Ü13: Depression und Rauchen

Der Satz: „Ich habe eine Depression" ist sinnlos (s. Ü09); nicht aber der Satz: „Ich habe eine heiße Geschichte mit den glimmenden Genussstängeln!" Immer wollte ich ehrgeizig die gelegentliche Sucht unter Kontrolle halten, fühlte mich aber öfter hilflos.

- Die eigene Suchtanamnese aufzuschreiben, kann Leben retten. Jedem kann bewusst werden, was er tut. Eine erfolgreiche Kontrollgeschichte der Nikotinsucht ermutigt, weiterhin frische Luft zu genießen. Das wird hier empfohlen.

VORSICHT: DIESE GESCHICHTE KANN APPETIT AUF DAS RAUCHEN VON ZIGARETTEN MACHEN UND IN PSYCHISCHER KRANKHEIT ODER KÖRPERLICHEM TOD ENDEN!

Meine Beispielstory zu den Fluppen beginnt mit meiner Beobachtung als Zwölfjähriger: Coole Raucher gab es bei den Erwachsenen, älteren Jugendlichen und in der Werbung – meine Mutter rauchte nie. Es gab 1970 die Alternativen gekaufter und selbst in Papier gedrehter Zigaretten. Bei den gekauften hatten die Erwachsenen viele Marken zur Auswahl. Sie unterschieden sich in der Farbe und Schrift ihrer Verpackung. Auch die Stängel waren mal kleinfingerdick, mal schlanker, mal mit feinem kreisrundem Kringelaufdruck. Die farblich nochmals abgesetzte Filterzone warnte, dass sie nicht mitzurauchen wäre. Ein andermal waren Stäbchen ganz ohne Filter. Die Marken und das Aussehen der Zigaretten verrieten etwas über ihre Halter – so wie heute die Handys etwas über den Status aussagen können. Die schlanken und langen gehörten zu den Frauen der Nachbarschaft, denen mit den langen Beinen. Die filterlosen Maiszigaretten waren etwas für harte Jungs mit gelben Zähnen. Die Packungen mit adligem Namen verwiesen auf Luxus und Etikette der Träger. Ernte 23 hatte vielleicht den Jungbauern zur Zielgruppe.

Selbstgedrehte machten auf mich einen gemütlichen Eindruck. Erst roch der Tabak würzig und herb. Auch feucht war er. Zudem verlangte er ein gewisses Geschick, egal ob er mit einer kleinen Drehmaschine oder mit der bloßen Hand im Papier gerollt und abschließend am Papier oder dessen

Klebestreifen geleckt, mit Spucke befeuchtet und zugeklebt wurde. Das leuchtende, strahlende Streichholz war ein Signal der Aufmerksamkeit. Auch das „Zisch" beim Streichen und Zünden hörte sich besser an, zusammen mit dem Schwefelgeruch, als das relativ leise Zünden mit dem Gasfeuerzeug. Die rote Glut zu sehen, das genüssliche Einziehen und das qualmige Ausatmen ergaben ein Sinnenfest.

Der Geruch brennender Zigaretten war jedoch nur mäßig gut: Aber der Raucher konnte beim Ausatmen Kringel atmen oder aggressiv dem anderen ins Gesicht paffen, ein Sich-aktiv-Ausdrücken, was den Beobachter beeindruckte. Das war spaßiger. Damals fast ohne Widerspruch!

Es hieß unaufgeregt: „Das darfst du noch nicht." Eine Weile hielt das. Doch eines Tages ertönte eine einladende Stimme: „Hinter der Hecke rauchen?". Ein Junge aus der Nachbarschaft, dessen Mutter Schlanke rauchte, hatte eine Packung der Mutter geklaut. Er war hektisch im verbotenen Tun und gab das Tempo vor. Wir pafften mehrere Zigaretten weg; die Hecke war nass, nervös, wie wir wurden, brachen einige Stängel ab, wir zertrampelten einiges am Boden. Am Ende war mir schlecht. Das reichte für Jahre.

(Viertausend Inhaltsstoffe befinden sich in einer Zigarette. Schon allein das Nikotin wird innerhalb von zehn Sekunden im Gehirn durch Acetylcholinrezeptoren verarbeitet. Es sorgt für die veränderte Ausschüttung von Botenstoffen im Gehirn: Dopamin, Endorphin, mit einer Funktion im Belohnungssystem, und Serotonin, mit einer Funktion bei depressiven Störungen. Weiter führen die Inhaltsstoffe zur Adrenalin- und Cortisolausschüttung.)

Getrocknete Kastanienblätter in einer Nikolauspfeife zu probieren, kam geschmacklich nicht gut, auch wenn das Bioqualität gewesen war. Cool war es aber, als 15-Jähriger mit einem Freund irgendwohin zu fahren, mit dem Kreidler-Moped den typischen Geruch der Zweitakter zu verteilen und eine geschenkte, von dem Freund in unschuldigem Weiß gedrehte und nur zwei Millimeter dünne Zigarette zu saugen, während wir neben seinem verchromten Kreidler-Moped in kalter Luft irgendwo warteten und zitterten. Subjektiv betrachtet wärmte mich die Fluppe.

(Kurzfristig erlebt der Raucher in positiver Weise durch die chemische Beeinflussung von außen erhöhte Aufmerksamkeit, Wohlgefühl, Entspannung. Längerfristig wirkt sie aber negativ, da der Körper immer wieder in Alarmzustände gebracht wird; die künstlichen Stoffe von außen schädigen normale innere Prozesse der Regulation. Die kurzfristigen Effekte lassen sich nur durch eine Dosiserhöhung aufrechterhalten. Da das Gehirn süchtig den Stoff „verlangt", aber sich daran gewöhnt, kommt es zu einer Eskalation, in der immer mehr Suchtstoff benötigt wird und eine größere dauerhafte Schädigung erfolgt.)

Hin und wieder rauchte ich eine mit. Ich schnorrte. Ich wollte aber nie so abhängig werden, wie ich das bei einigen der Geschwister gesehen hatte. Rauchen war ein teurer und ungesunder Spaß, das wusste jeder schon im letzten Jahrhundert.

Auch der Sport ließ Rauchen als nicht ausdauerfördernd betrachten. Aber es bereitete mir Freude, hin und wieder eine Marke auszuprobieren und es sein lassen zu können! Geschmacklich blieben dabei in all den Jahren die unschuldig weißen, dünnen die Schönsten. Und dass, obwohl ich nicht einmal lernte, selbst zu drehen. Ich bin wohl nicht feinmotorisch begabt, so blieb mir das Lecken des Klebestreifens als Beitrag beim kooperativen Zigarettendrehen. Wer mir eine drehte, tat das als Freundschaftsritual – und selten.

So hielt ich es während meiner Tischlerlehre, im Kinderheim und im Studium. Ich änderte mich, als ich in den Psychotherapeutenberuf einstieg. In der Tagesklinik rauchten die Kollegen und die Patienten. Mir wurden welche angeboten, und folglich schnorrte ich immer mehr. Das ging so weit, dass ich für die Kollegen mehrere Schachteln kaufte und verschenkte. Ich wollte nicht Raucher werden und für mich kaufen. Ich versuchte, weniger zu rauchen. Das war ein Hin und Her.

(Die Frage, ob (a) Rauchen psychische Störungen verursacht oder (b) psychische Störungen das vermehrte Rauchen zur Folge haben, ist vermutlich in beide Richtungen mit Ja zu beantworten. Ein theoretisches Modell (zu a) erklärt, dass Rauchen sogenannte Risikogene anschaltet. Auch die erhöhte Ausstoßung von unter anderem Dopamin übererregen das Gehirn, was zu einer erhöhten

Auslösung psychischer Störungen beiträgt.

Ein theoretisches Modell (zu b) erklärt, dass bereits psychisch labile Menschen vermehrt zu Zigaretten greifen, um sich emotional zu steuern. Die kurzfristig erlebten positiven Effekte bringen Menschen mit psychischen Störungen zum Rauchen. Sie suchen die Effekte, obwohl diese negativ langfristig die psychische Labilität und das Sich-schlecht-Fühlen vergrößern.

Empirisch konnte gezeigt werden, dass eine von fünf psychisch stabilen Personen raucht. Es wurden deutliche Unterschiede zu psychisch gestörten Personen gefunden; einer von drei Rauchern leidet an sozialen Phobien, einer von zwei leidet an generalisierten Angststörungen und zwei von drei haben bipolare manisch-depressive Schwankungen.)

Nach einem Stellenwechsel und vermehrtem Sport erholte sich mein Körper. Ich kaprizierte mich wieder auf die Rolle des **„weltbesten Schnorrers"**, der die Sache im Griff haben wollte.

Doch Nikotin hatte eine magische Anziehungskraft. Mir fiel auf, dass ich mir vor dem Treffen mit Freunden, die rauchten, vornehmen konnte, nicht zu fragen, ob ich eine bekommen könnte. Doch das hielt ich nicht durch. Mir fiel auf, dass ich gefoppt wurde: „Na, du alter Schnorrer." Das hörte ich nicht gerne.

Ich probierte aus, „was man so machen kann", um zu hemmen. Als Psychologe kannte ich einiges und empfehle als **Einstieg in die Unabhängigkeit** die folgenden Maßnahmen:

- **Zu festgelegten Zeiten wird nie** geraucht, z. B. während der Arbeitszeit.

- Die gerauchten **Zigaretten werden gezählt** und im Wochenvergleich bilanziert.

- Immer wird zugegeben und gewarnt: „Ich bin Schnorrer, von mir kriegste keine zurück." Ich bekam trotzdem Fluppen, weil ich zu nett war.

- **Nur an bestimmten Orten wird geraucht**, z. B. nie am Wohnort und nur am „Nichtwohnort", dem so genannten „Ausland".

- Nur **zu bestimmten Zeiten und Orten wird geraucht**, z. B. nur nach dem Sport und nach dem Duschen vor dem Vereinshaus.
- **Man behaupte, ein „fanatischer Nichtraucher" zu sein und rauche an anderen Orten heimlich.** Ich ging argumentativ gegen das Rauchen an – nur im „Inland"; im „Ausland" spielte ich den Verräter des Fanatikers und rauchte. (Ich kam mir etwas merkwürdig vor, auch wenn das Spaß machte. Die Aktion war lustig, aber vor mir selbst peinlich. Ich beendete das Manöver innerhalb einiger Wochen, weil ich nicht so gespalten sein wollte.)
- **Anderer Leute Kippen aufheben** und den Rauchern dienen. Dies verstärkte meine angewiderte Ablehnung gegenüber dem Rauchen. Viele der Raucher scheinen ihrer Gesundheit abträglich zu rauchen und gleichzeitig ihre Umwelt systematisch zu verschmutzen.

Unterm Strich stellte ich fest, dass Nikotingeruch bei mir immer wieder Appetit auf das Rauchen erzeugt. Sobald ich den Geruch in die Nase bekomme, erzeugt das die süchtigen Gefühle. Ich möchte dann gerne mehr als riechen, z. B. an einer Zigarette ziehen. Und alle Methoden, die ich ausprobierte, bewirkten nicht, dass ich die Sache in den Griff bekam.

- Tatsächlich wollte ich nicht die eine Maßnahme ergreifen, die geholfen hätte: **Absolutes Rauchverbot.** Das zu befolgen, hätte doch auch bedeutet, ich wäre Raucher?

Ich reflektierte: Ich wollte niemals „Raucher" werden und bin das nie gewesen (was objektiv einer Selbstlüge gleichkommt). Das hatte ich geschafft. „Schnorrer" hingegen durfte ich sein. Doch die Kontrolle zu verlieren, durch einen fremden Geruch zu etwas veranlasst werden, das passte mir nicht. Eine letzte Maßnahme hilft mir, „jede Wette zu gewinnen", bei der ich Zigaretten rieche, rauche und **„einfach mittendrin aufhören"** könnte. Was mir half, war, das Leid der Angehörigen zu hören und zu sehen wie zu erinnern, was die beim hilflosen Ersticken mit Husten und Ekelerregenderem miterleben mussten.

Sobald ich mir die beobachtende Perspektive der anderen vorstelle, die mir als sterbenden Ex-Inhalierenden zuschauen müssten, ist jeder appetitive Impuls gestoppt. Niemand soll sich vor mir ekeln. So viel Selbstachtung gilt für mich. Ich kann die Frage nach der Zigarette, der bereits ergriffenen oder angezündeten Zigarette, fallen lassen. Und gut ist es. (Objektiv bin ich ein Süchtiger, der den Appetit zügeln kann.)

(Die chronisch-obstruktive Lungenerkrankung, COPD, ist der WHO zufolge weltweit die **vierthäufigste Todesursache**. In neun von zehn Fällen gilt Rauchen als Ursache. Das Elend dieser „pneumologic disorder" wird deshalb „Raucherlunge" genannt.
Die Angaben des Statistischen Bundesamts in Deutschland beziehen sich auf etwa 80 Millionen Menschen, von denen leicht rückläufig 23,8 % rauchen, 6,8 Millionen von COPD betroffen sind und 127 000 infolge des Tabakkonsums jährlich versterben.)

Neben den Punkten, „was man so machen kann" (s. o.), empfehle ich dem Raucher, die eigene stoffliche **Suchtanamnese** (unter anderem Nikotin, Alkohol, Medikamente, psychotrope Substanzen, Essen) **ehrlich aufzuschreiben**. Vor allem von Interesse ist, was bereits ansatzweise erfolgreich unternommen wurde, um Kontrolle zu gewinnen.

Statt ungesunder Gewohnheiten gilt es, neue, anders glücklich und stark werden lassende Aktivitäten zu entfalten. So stellt sich die Frage: Wie kann ich seelisch „reich" werden? Sie werden sehen, dass dies mit lebensgeschichtlich gestalteten Geschichten und Wandern zu tun haben kann.

Ü14 „Reich werden und Rucksackwandern in der Stadt"

Wirklich wahr werden wird: Ich wandere mit dem orange-rot applizierten, schwarzen Rucksack durch die Stadt. Wie das Rucksackwandern in der Stadt mit Lebensgeschichten zusammenspielt, wird sich zeigen.

Lebensgeschichtlich geschönt und absichtlich „reich" geschrieben: Es gab eine lange Zeit, an die ich mich nicht erinnern kann, und doch weiß ich, wie gut es gewesen ist. Fotos eines **Babys** auf dem Wickeltisch, im Bettchen und auf dem Arm zeugen davon. Das Baby war hell gekleidet und sauber. Es schaute mit Kulleraugen. Hin und wieder muss es getrunken haben – das Kleinkind sieht gut genährt aus – natürliche Muttermilch? Noch heute mag ich den Geruch von Nivea, das Saugen und Nuckeln an Wasserflaschen und anderen Kaltgetränken – das hat ganz sicher die Vorgeschichte einer wohligen, warmen Muttererfahrung. Und da waren Stimmen, Augen, viele, bestimmt.

Erinnern könnte ich mich an einzelne Begebenheiten später: Wie es war bei der Mutter auf dem Schoß, die flache, graue Plastikschüssel auf meinen und zwischen ihren Beinen, halb gefüllt mit ganzen schon geschälten Kartoffeln und den kalten, nassen Schalen, in denen man die kleinen Kinderhände vergraben und kühlen konnte. Sehen konnte ich das kleine, scharfe Schnittmesser und den speziellen Schäler. Spüren konnte ich meine Mutter. Sie saß hinter mir hielt und umrahmte mich. Meine Mama war mit rhythmischen Bewegungen beim Schälen und Werfen der gelben Knollen in das wassergefüllte Töpfchen vor uns beiden nah und da. Der einzige Mangel höchstens: Zu selten gab es diese Innigkeit.

Schließlich gab es doch mein Lieblingsspiel, das ich mit „noch mal" zu wiederholen suchte. Auch andere in der Familie übten mit mir für die Zukunft. Ich durfte hüpfen, fallen, mit Hilfestellung wieder hochklettern, weitermachen und zusammen singen: „Hoppe, hoppe Reiter, wenn er fällt, dann schreit er; über Felder, über Stock und Stein, reitet er in den Wald hinein, macht der Reiter bums, gibt es einen Plums; hoppe hoppe … fällt er in den Graben, fressen ihn die Raben." Und auch nachdem ich nicht mehr im Kinderbett meinen Mittagsschlaf hielt und tagsüber wach blieb, kroch ich hin und wieder zur Mutter auf die Couch, wenn sie sich nach dem Mittagessen eine halbe Stunde lang vom Kochen, Waschen, Putzen,

Einkaufen und Kümmern ausruhte.

Beim Mürbeteig mit weißem Mehl, Zucker und Butter gab es etwas vom Teig ab, wenn wir Kinder uns in der Küche aufhielten – lecker. Zuverlässig gab es Kassler-Butterbrot, zunächst in kleine Happen geschnitten mit Leberwurst oder Erdbeermarmelade. Oder Haferflocken in großer Tasse mit Zucker und Milch. Und es roch nach Essen aus der gusseisernen Pfanne oder dem Kochturm – in den 60ern übliche aufeinandergestapelte Töpfe, die so auf dem Herd erhitzt wurden.

Kurzum: Meine Erinnerung war die, dass die Mutter im Haushalt arbeitete und ich, für mich, meist in ihrer Nähe spielte und träumte. Zuwider war mir einzig der feste Griff meiner Mutter, wenn sie auf dem geschlossenen Klodeckel saß und mich zwischen ihre Beine klemmte, eines meiner Handgelenkchen mit ihrer kräftigen Hand ergriff und mit der anderen eine riesige Fingernagelschere betätigte. Aber da gab es kein Entkommen, in Ruhe wurde das vollbracht und dann konnte ich durchatmen.

Natürlich hat mich meine Mutter gewaschen und angezogen, aber ich erinnere mich nicht genau. Ich weiß, sie war da, meist irgendwo; und ich spielte am Fenster, sah mal die Eisblumen, als es sie noch in den kalten Wintern bei Einfachglasscheiben damals gab, wenn Kondenswasser gefror; oder ich sah die riesige Hummel, gelb-schwarz, die ich wegen ihres samtenen Pelzes streichelte. Sie, die Mutter, war da, um den Stachel zu entfernen und die Tränen zu trocken, wenn ein Schock noch nicht ganz vorbei war.

Der **Kindergarten** war von meinem Zuhause zu Fuß gut erreichbar, aber ich wäre gerne in der Sphäre der Mutter geblieben, zu meiner Zeit tummelten sich dort 35 Kinder und nur zwei Erzieherinnen.

Gesprochen wurde aus meiner heutigen Sicht zu wenig. **Eltern** sollen Kinder schon vor deren eigenem Sprechen in einer Art Dialog spiegeln und beantworten. Damit ist gemeint, dass die Eltern stellvertretend das Fühlen und Denken der Kinder aussprechen und auch auf diese antworten. So als wenn ich, aus der Perspektive des Lesers, lispelnd sagte: „Dazu mal ein Beispiel, ne?" und auch ich wieder in ruhiger Tonalität antwortete: „Genau!" Aber ich bin meiner Mutter sehr dankbar, dass sie mich in der Grundschulzeit – daran erinnere ich mich exakt – erst mal zuhause ankommen ließ, dann aber nach dem Mittagessen, vor den üblichen Schulhausaufgaben, nachfragte, was passiert sei; damals konnte ich bei ihr weinen und mein Herz ausschütten.

Auch die sexuelle Aufklärung war mit „schön" adjektivisch und emotional passend, aber kurz und auf andere verweisend.

Jahrzehnte später war glücklicherweise noch Zeit und drehte sich die Aktivität dahin, dass ich alles Mögliche erfragte. Ich erfuhr ihre Kindheitsgeschichte, ihre Kriegsgeschichte, ihre stolze Nachkriegsgeschichte als Lehrerin und ihr spätes Ehe- und Mutterglück. Mein Sie-zum-Abschied-Umarmen war so geklärt, dass sie es genoss, obwohl sie es nicht sehr aktiv beantworten konnte, aber ihr Blick war tief und innig liebevoll.

(Eine hier beispielhafte **ressourcenorientierte Anamnese** erfolgt, indem man gute, stärkende Erinnerungen in den Vordergrund rückt. Das, was vorwürflich und defizitär beschrieben werde könnte, kann auch in seinen positiven Ausnahmen oder mit in der Zukunft möglichen Wendungen hoffnungsvoll erzählt werden. So entsteht im Beschreiben ein Bild von guten Erfahrungen und positiven Möglichkeiten. Speziell kann bei Traumata auf die ganz frühe Kindheit, z. B. auf den Zeitpunkt nach oder vor der Geburt zurückgegriffen werden, als genetisch alles da war, was für eine gesunde, wohlige Entwicklung vonnöten gewesen wäre. Sinnvoll ist es, vor destruktive Erfahrungen oder deren Bericht eine Erzählung zu setzen, die stärkt und Bedürfnisse klärt. Grundlegende Wünsche sollen als gut und später erfüllbar erinnert werden. Ganz im Verständnis von *Alfred Adler* sollten wir frühe Probleme als Lebensmotive formend auffassen. Die individuellen Antworten sollten umgedeutet werden, als habe man die Herausforderung angenommen oder als suche man noch nach einer Antwort und die Wende zu Guten. Auch wenn man gekränkt, verstimmt, frustriert angesichts nicht idealer Fakten ist und sein kann. Oder auch Aufgeben und Nicht-mehr-Hadern, Trauern kann da eine Antwort sein, wenn denn doch die Suche nach weniger depressogenen Zuständen in der Zukunft möglich erschiene.)

Mit den **Geschwistern** hatte ich viel zu besprechen und suchte Kontakt, Nähe, Auseinandersetzung. Auch waren da schon gleich zu Beginn die Kinder aus der Nachbarschaft.

Es gab da aber immer auch die **Welt des „als ob"**. Ich spielte mit dem wenigen Spielzeug, was das Zeug hielt. Ich weiß nicht mehr, wie viele rot-weiße Häuschen aus Legosteinen ich auf-, um- und abbaute oder wie viele Glaskügelchen und Figürchen darin auftraten. Zwei, drei Matchboxautos und ein Kleinbus waren mein Eigen. Ein Alfa Romeo, für dessen Verschwinden ich meine Brüder verdächtige, und der Kleinbus hatten Gummireifen, die im kurvenschneidenden Spiel in meiner Fantasie quietschten. Den Kleinbus hatte mir mein Vater geschenkt. Der weiße Lack trug eine Aufschrift „Muskator", eine Reklame des Futtermittels für die Tiere auf den Bauernhöfen, die mein Vater besuchte. Im Sommer gehörte mir der Sandkasten, in dem ich mit Eimerchen und Schäufelchen buddelte und mit Wasser matschte. Später baute ich Sandhäuser und sehr viele Kanalisationsgräben – gemeint sind von zu der Zeit im Wohnort gebaggerte Schächte, in die Kanalisationsrohre verlegt wurden für noch ungeklärte Abwässer, die zuvor in Sickergruben aufgefangen und abgepumpt werden mussten, einfacher aber in ein Klärwerk geleitet werden sollten. Zeitlich vor den Kanalisationsgräben, in denen ich auch meine Hamster laufen ließ, vergrub ich meine verbliebenen Autos, zusammen mit kleineren Schätzen, in einer durchsichtigen Tüte und diese noch mal in einer üblichen Einkaufsplastiktüte unter den Steinplatten, die in den Garten führten. Die Kindheit mit „Mama" war nach dem Tod des Vaters vorbei, dann wollte ich mit der Ansprache „Mutter" – wie meine Geschwister – der Gruppe der Kinder angehören und der Trauernden distanzierter gegenüber sein, obwohl ich zwiespältig die Mama vermisste.

(Die Benennung der Eltern als „Mama", „Papa" oder generell die Sprache der Kindheit ändert sich oder verschwindet manchmal mit Ereignissen, die einer Zäsur entsprechen und Erlebnisweisen zensieren, verdrängen lassen, die möglicherweise wiederentdeckt werden und emotionalen Mehrwert für den reifen und eingeengten Erwachsenen haben. Sich die Zeit zu nehmen, um sich an besondere Gegebenheiten, Worte und auch Gegenstände und anderes aus der Kindheit zu erinnern (s. Ü05), kann alte Ressourcen wie einen Schatz heben.)

In der sogenannten Latenz, der Zeit zwischen Kleinkind und Jugend, war ich neben den christlich-kirchlichen Geschichten und Bildern mehr external orientiert. **Schule** oder ausreichender Erfolg in der Schule waren in der Wertewelt meines Vaters und für mich auch ohne ihn wichtig. Ich war aber immer auch sozial offen in der Klassengemeinschaft, wie meine Mutter in der Frauenhilfe der Gemeinde. Und da gab es die älteren Geschwister und deren

Freunde, die Freunde aus der Nachbarschaft, die Schule, die Pfadfinder, den Sportverein. Im **Urlaub** verbrachte ich viel Zeit auf dem Heimathof meines Vaters mit Tante Mia, Onkel Heinrich, der liebevollen Patentante Maria und „meinem" Vetter Heinz. Auch die **Bücher** der Kindheit waren spannende **Parallelwelten** – neben den Vorabendserien der 70er Jahre, dem Beatclub mit *Manfred Sexauer* und *Uschi Nehrke* und den wilden, mörderischen Western in schwarz-weiß.

Meine Mutter versorgte mich, war aber als Ansprechpartnerin nicht mehr so zentral wie in der frühen Kindheit.

(Es erscheint bedeutsam, sich von Bezugspersonen ablösen zu können und flexibler dritte Personen und Sachbezüge zu **triangulieren**. Das kann entwicklungspsychologisch als sinnvoll betrachtet werden, soll hier aber auch als Aussage für Erwachsene gelten, die zu wenige Interessen, Aktivitäten und soziale Kontakte pflegen. Es ist wichtig, Drittes positiv zu besetzen.

Die anamnestische Reflexion der Bindungsgeschichte und ihrer Flexibilisierung lässt sinnvolle Ziele für die eigene gesunde Persönlichkeitsentwicklung wiederentdecken oder neu definieren.

Insbesondere sind auch Anamnesen von Kinderfreundschaften und Gleichaltrigen sinnvoll, wenn sie irgendwie erinnerbar sind. Auch lebensgeschichtliches Hervorheben stärkender Beziehungen zu Nachbarn, Verwandten, Geistlichen, Trainern oder Lehrern ist hilfreich. Menschen, die introvertiert, zurückgezogen groß geworden sind, können im Sinne **alternativer Wirklichkeiten** notieren oder mitteilen, was vielleicht schön gewesen wäre. So kann die gewohnte Einsamkeit bewusst und zusätzlich als Möglichkeitsraum gedacht werden. Als ersehntes Desiderat kann der Raum auch konkretisiert werden und zu nachhaltigen Aktionen führen.)

Küssen, Knutschen mit Freundinnen der Schwestern, „dufte Biene" hinterherschreien, angestachelt von den Brüdern, waren nur einige der **Vorspiele für die große Liebe.** Viel Zeit lassen, zärtliche Berührung, Blicke und der Wille zu Schönem ließen aufladen und wurden zugelassen. Doch mein Fehler, zu viel Gleichklang ohne Worte zu wünschen, eine Harmonie und Bindung wie früher wiederzubeleben, musste scheitern. Ich war und bin wohl romantisch und temperamentvoll veranlagt. Selbst ein Wiederfinden mit Liebestaumel, Liebestrunkenheit und großem Glückgefühl führte nicht zum ersten Streit, sondern zu einem überfordernden, ängstigenden Bild: Die Partnerin erwartete plötzlich, ihr Vater könnte stören, sie oder mich schlagen, wie sie es an Geschwistern gesehen hatte. Und angesteckt von der negativen Vorstellung schoss auch mir das Traumatische in den Kopf; mein Vater hatte einmal einen Bambusstock tanzen lassen und an einem fremden Körper zerbrochen. Die aggressive Spannung und Angst aufgrund des doppelten Bildes verwirrten. Und nach der Flucht in den Schlaf blieben Verzweiflung und Verwirrung ohne Mut. Das konnte ich ohne beruhigende Vertrauensperson lange nicht innerlich gut verarbeiten. Die große Liebe scheiterte.

(Die innersystemische Aktivierung von Lustgefühl oder sexuellem Trieb sucht nach Erfüllung durch eine passende Umwelt. Postpubertäre Lustgefühle können sich mit guten Bindungserfahrungen zusammen aktivieren. Die Integration wiederbelebter, sicherer Bindungserlebnisse und sexueller Bedürfnisse kann in eine reife psychosexuelle Beziehung münden.

Annäherungsmotive wie Sexualität und Bindung werden aber um **Vermeidungsmotive** ergänzt.

Es gilt, auch alte, verunsichernde Bindungserfahrungen zu verstehen und zu integrieren. Soll das gelingen, benötigt das Individuum oder das sich findende Paar Möglichkeiten, sich auf herausfordernde Störungen einzustellen. Ähnlich einer Floßfahrt auf einem romantischen Fluss droht wahrscheinlich die eine oder andere Stromschnelle oder gar ein Wasserfall. Traumatisch Erfahrenes oder ältere Streitmuster können ungewollt in symbiotisch erfahrenes Liebesglück einbrechen, innere Kaskaden und Abläufe auslösen, die emotional, aufgrund des zuvor und danach erlebten intensiven Kontrasts, die Fähigkeit der Wirklichkeitsorientierung aufrechtzuerhalten, stark fordern.

Kohärenzverlust und **psychotisches Erleben** stehen im Zusammenhang mit starker Ambitendenz. Damit ist gemeint, dass negatives und positives Erleben des Objekts extrem schwanken. Das Gute kann nicht mehr mit dem Erschreckenden als zusammengehörig erlebt werden.

Beziehungsabbruch oder stark einengende, von Ambitendenz, Ambivalenz und Misstrauen gekennzeichnete Lösungsmuster bedrohen die weitere Entwicklung. Verarbeitet der Betroffene introvertiert in solchen Lebenskrisen, kann er in eine dissoziierte Als-ob-Welt gleiten,

sich dorthin zurückziehen und vereinsamen.
Kohärenzverlust kann grundsätzlich durch innersystemische und interpersonell belastende Konflikte drohen und in existentielle Angst münden.)

- In beginnenden Liebesbeziehungen wollen Menschen selten einen Dritten als Berater dazuholen.

Ich empfehle deshalb, bereits vor erneuter Partnersuche verstärkt mit Distanz selbst zu reflektieren (s. Ü5, 10).

Oder es sei ans Herz gelegt, sich in beginnender Liebesbeziehung vertrauensvoll kritische Ereignisse der Lebensgeschichten zu erzählen: vom Streit oder ständiger Vertuschung in der Ursprungsfamilie, früheren Partnerschaftskonflikten, dem typischen Umgang damit und den eigenen Gefühlen damals und heute. Das kann als störend im Morgendämmern des Glücks empfunden werden, hilft aber sehr vor unverhofften Einbrüchen des Unglücks. **Direkte Fragen danach, wie Konflikte geführt werden oder wie mit Ärger umgegangen wird, brechen oft ein Tabu und lassen Problemlösungen planen.** Ein möglicher Plan, ganz ohne Konflikte auszukommen, sollte streng angezweifelt werden. Wenn das Paar mutig ist, übt es vorbeugend, im Rollenspiel anders mit Konflikten umzugehen (s. Ü10). Es könnte auch Trainingskurse für Paarkommunikation besuchen, zu denen die Forschung nachwies, dass sie die Nachhaltigkeit der Partnerschaft positiv beeinflusst, wenn sie bereits in der Verliebtheitsphase besucht werden (s. *D. Revenstorf* „Sieben Regeln"). Oder das Paar lässt sich in einer Ehe- und Paarberatung coachen. Wenn destruktive Muster raumergreifend sind, ist eine Paartherapie indiziert, aber leider nicht mehr so Erfolg versprechend wie die frühere Auseinandersetzung.

In meinem längeren Lebenslauf half es, immer neue Perspektiven und Abstand zu gewinnen, und dabei nicht in einsame Rückzugsmuster meiner Jugend zu versinken – leider sah ich mich eine Zeit lang als verlorener Clown unsichtbar gebunden (s. „Ansichten eines Clowns" von *H. Böll*). Der Clown war arm gewesen. Heute erlebe ich, dass es keine unsichtbaren Bindungen gibt, sondern nur fehlende Wut, Trauer und konsequent liebevolle

Neuhinwendung auf das frei gewählte Objekt. Zweifel sind erlaubt und begründet mit Argumenten, dass auch biologische Prägung durch Erstmaligkeit wirksam ist, dass eine Verbindung durch einen höheren Gott gestiftet wäre oder dass zu wenig Bindungsflexibilität Patienten auf das enttäuschende Objekt fixiert hält und Ablösung und Neuhinwendung noch misslingt.

- Die Alternative zur Enge der „Zweierkiste" ist nicht die Trennung, sondern die **Triangulation**. Schon einmal in diesem Buch wurde betont: Eine aktive Freizeitgestaltung, Kontakt zu Freunden und Fremden, gesellschaftliches Engagement für andere oder die Umwelt, Sport, Musik, Bücher sowie die persönliche Begegnung können enorm die eigene Person entwickeln lassen. Eine gute **Freizeitgestaltung** und nahe Beziehungen schützen auch eine Partnerschaft vor überladenen Hoffnungen.
  Dabei warne ich aber vor in unserer Gesellschaft oft hohl vertretenem Konsumismus und Gier. Meine Empfehlung richtet sich darauf, echte, offene Begegnungen mit anderen zu wagen oder neugierig Sachbereiche zu erobern.

Mir geht es darum, nicht immer mehr Materielles zu haben, sondern mehr zu sein, sinnvoll zu erfahren (nach *E. Fromm „Lieben"*). Gefühlter Reichtum liegt im entwickelten Geist, in guten Erinnerungen und in erlebter Lebendigkeit. Für einen Teil der Deutschen, Europäer und Amerikaner – man beachte aber: Ein Fünftel der Bevölkerung auch dieser zivilisierten Zonen kann sich gar keine Urlaubsreisen leisten – hat die Freizeitindustrie seit den 60er Jahren selbstverständlich werden lassen, dass, wer etwas auf sich hält, in den Urlaub fährt, denn Reisen würden bilden.
Ich möchte erwähnen: Dabei kann neuer Stress entstehen, mit Entwertungen des Alltags, von dem man „nur weg will", mit den Idealisierungen, dass man „da unbedingt mal hin muss", und mit möglicher Hektik bei der An- und Abreise.
Auch bin ich hier der Meinung, und gar nicht ganz frei davon, dass Menschen auch im Urlaub häufig dazu neigen, ihren alten Rollen und Lösungen treu zu bleiben. Hierarchie wird oft reinszeniert, wenn Tourist auf Personal trifft, arrogant bis gönnerhaft. Auch das einfache Stereotyp wäre, die Mutter wäscht

ab und der Vater organisiert – auch im Urlaub. Anstatt dass mal radikal getauscht würde: Der Vater kauft die Lebensmittel ein, kocht und wäscht ab, verbarrikadiert sich in der Küche. Und die Mutter plant den Ausflug oder den Restaurantbesuch, bei dem sie ihren Partner als „blind date offer" überrascht. Oder die Restaurantbesucher bekochen die Köche und Kellner.

- Doch selbst der Rollentausch kann misslingen, wenn die Haltung, das körperliche Erleben gleichbleiben. Eine wirklich neue Perspektive ergibt sich durch **Bodyshaping**. Übernehmen Sie bewusst die Körperhaltung einer Person oder eines Zustands, den sie ernsthaft ausprobieren und erleben wollen. Wenn sie sich einfühlen, können sie auch **Einstellungen aktiv zeitweise übernehmen**.

Schon in meiner **Ausbildung** zum Psychotherapeuten wurden in einer Kommunikationsübung „ungewöhnliche Perspektiven" (*K. Vopel*) verlangt, durch die eigenen Beine hindurch einem anderen die Hand zur Begrüßung zu reichen. Ich habe, inspiriert durch das empfehlenswerte Buch „Kunst des Reisens" (*A. de Botton*), die Haltung des Touristen in der Stadt erprobt. Dazu machte ich mir klar, dass ich im Urlaub meist mit kleinem Rucksack auf dem Rücken durch die Städte wandere und mit dem Stadtplan in der Hand besichtige und wandere.

Ich plante einen Urlaubstag, packte abends zuvor meinen Rucksack, mit Schweizer Messer, Notfallapotheke, Wärmedecke, Regenjacke und -hose, stellte alles für die Thermoskanne und das Butterbrot am Morgen bereit, und verabschiedete mich von meiner Partnerin, als wenn ich länger weg wäre. Wir verabredeten, dass ich anrufen könne, sie mich wahrscheinlich abholen könne, wenn ich endlich wieder am Bahnhof ankäme.

Ich ging, mit dem Rucksack auf den Rücken geschnallt, ganz anders als sonst durch meine Stadt: Wacher Blick voraus, immer in Alarm- und Eroberungshaltung. Wie wird das Wetter? Mal lugte ich in das Regionalbüro des Westdeutschen-Rundfunks, mal bei den archäologischen Ausgrabungsarbeiten um den Universalgelehrten Mercator vorbei. Ich ging zunächst kreuz und quer, orientierte mich hin und wieder am Stadtplan. Oder eine Brachfläche für ein Ärztehaus in der Innenstadt tat es mir an. Der Bauzaun war überwindbar, ich schlüpfte durch eine Lücke. Die Brache notierte ich auf einem mitgeführten Block als „Kaufobjekt" für einen kleinen Stadtpark statt

eines Hauses, weil da schon so viele junge, grüne Bäume wuchsen – zum Leidwesen meiner Frau „kaufe" ich fast alles, was mir im Urlaub gefällt. Auf der ungenutzten Baustelle fand ich einen alten Mauerrest, darauf setzte ich mich und trank Tee aus dem Becher der Thermoskanne. In der Königs- und Hauptstraße besichtigte ich weiter und schaute genau hin. Da standen nur wenige alte Häuser. Im Zweiten Weltkrieg waren in Duisburg-Innenstadt an einer Hand abzählbar fast keine stehen geblieben. Heute typisch für Duisburg sind die Glasüberdachung vor einer der Fassaden auf Stahlstelzen, die vor Regen schützt, und die Allee und die Brunnen, die den Raum, wo früher die Straßenbahn fuhr, schön gestalten. Daraufhin ging es in die Parks, den Böninger- und den Kant-Park. Ich inspizierte und beschaute sie genaustens, genoss die grünen Inseln der Stadt bei einer Butterbrot-Tee-Pause auf meiner Decke. Der Blick auf die Uhr sagte mir, jetzt muss ich aber los zum Bahnhof, will ich nicht die Anschlüsse verpassen. Meinen Anruf zu Hause nahm meine Ehefrau an: „Ah, du bist da. Ja, ich hole dich ab. Vor dem Haupteingang!"
Wir feierten ein freudiges Wiedersehen. Ich war erholt, der Trott durchbrochen. Das **Paar** war wiedervereint, wohlig und glücklich für den Moment.
Ich glaube, ich sollte wieder, öfter, Rucksackwandern in der Stadt oder wahrhaftig Neues wagen. Der orange-rot-verzierte, schwarze Rucksack steht bereit. Ich will.

- Was wird in dieser Übung empfohlen und am Beispiel aufgezeigt: Jeder Mensch kann aus den vielen möglichen Geschichten seines Lebens eine oder mehrere **ressourcenorientierte Narrative** entwickeln. Empfohlen wird, sich eine positive Lebensgeschichte aufzuschreiben und neues Drittes in die Lebensgeschichte einzupflanzen und zu pflegen.
  Jeder kann sich konzentrieren auf nährende einzelne Beziehungen, Gruppenerfahrungen, hoffnungsvolle Angebote, die vielleicht noch nicht konsequent wahrgenommen wurden, Hobbys oder auch auf die innere, manchmal reichere Welt mit ihren Träumen, Fantasien und Wünschen. Diese gilt es aufzuschreiben oder zu erzählen. Jeder kann das, wie sonst hätten wir überlebt? Da muss etwas gewesen sein. Überwiegt das Schmerzhafte beim Erinnern, kann eine Art „positive

Lügengeschichte" erfunden und notiert werden. Der ungeübte Lügner wird Trauer und Schmerz auch bei diesem Schreiben empfinden, doch auch Trost in dem „als ob", dem „wie es eigentlich sein sollte".

Menschen sei empfohlen, aus ihren Empfindungen – schmerzlichen, sehnsüchtigen, glücklichen – keine Mördergrube zu machen. Bei Anamnesen aufkommende Gefühle sollten benannt und bestenfalls einer ausgewählten Bezugsperson anvertraut werden.

Wichtig ist, tatsächlich mit dem Schreiben und Erzählen zu beginnen.

Die Frage nach dem Reichtum in der Liebe beantwortet *Janosch* lapidar: Man müsse sich erst ganz für die Liebe entscheiden, dann alle infrage kommenden Objekte auflisten, zufällig nur fünf auswählen und die Lieben, Familienmitglieder und Freunde daraufhin aktiv lieben. Bleibt man bei der Haltung, erkennt man, was wirklich Liebe ist.

Lieben fällt schwerer, wenn der Körper Kränkungen meldet und den Menschen stört. Das soll vertieft werden ...

Ü15: Psychosomatiker oder Somatiker

Es sei daran erinnert: Der Leser kann psychologische und medizinische Theorie (…) überspringen, gerade wenn sie anspruchsvoll daherkommt – ganz ohne Schaden zu nehmen. Psychologen, Medizinerinnen und interessierten Laien sei aber die Auseinandersetzung mit den **Grundlagen der Behandlung** empfohlen, aufgrund des Gewinns, der für Behandler und Patient erfolgen kann.

Zunächst aber doch **eine Patientengeschichte**, ein konstruierter Fall; Ähnlichkeiten und Übereinstimmungen mit lebenden und verstorbenen Personen sind zufällig zusammengestellt: Das Sprechzimmer des internistischen Facharztes betritt ein akademisch gebildeter 57-jähriger Mann und berichtet, vor sechs Wochen erstmalig einen isolierten systolischen Bluthochdruckanfall mit Schmerzen am Brustbein und Ausstrahlungen in beide Arme erlebt zu haben. Das gefährliche Geschehen sei aber nach Minuten abgeflacht. Der Mann habe mit dem im Haushalt vorhandenem Blutdruckmessgerät die körperliche Lage erfasst. Aber noch zweimal, weniger stark in der Nacht, stieg der Blutdruck bedrohlich. Nach der anfänglich rasanten Zunahme des Blutdrucks auf 168/98 seien im Verlauf noch Werte von etwa 160/100 wenige Male in der Spitze und öfter 144/95 oder um 140/90 bei einem Puls von etwa 80 aufgetreten – immer wieder mit Atembeschwerden bzw. leichteren Schmerzen im unteren Bereich der Brust, die in die Arme und Hände ausstrahlten. Der Hausarzt habe nach geringen EKG-Auffälligkeiten den Kardiologenbesuch in den nächsten Wochen empfohlen. In den nachfolgenden Wochen zeigte das Gerät unter anderem mal nachts 112/65, 131/103 mit Herzrhythmusstörungen und morgens 130/83 bei einem Puls von 58 an.

Der Facharzt diagnostiziert nach Belastungs-EKG und Sonographie einen Verdacht auf koronare Herzkrankheit und eine leichte Adipositas. Eine Blutuntersuchung zeigt eine deutliche Erhöhung der Cholesterinwerte. Der Arzt erklärt anhand der Leitlinien, dass die Verschreibung von ASS zur Blutverdünnung und eines Betablockers zur prognostisch günstigen Stabilisierung der Herzsyndromatik sinnvoll sei. Er empfehle auch eine Herzkatheteruntersuchung, da Kalkbildungen in der Sonographie sichtbar seien, aber nicht die Situation des Herzens klar beurteilt werden könne. Mit den Ergebnissen der Katheterisierung wolle er Cholesterin senkende Arzneien verschreiben.

Während der Konsultation fällt dem Arzt auf: Der Patient kommt etwas zögerlich, höflich und mit viel sachlicher Information ins Gespräch. Der Patient betont „zu vertrauen" und folgt dem Behandler in allen für ihn fremden Verschreibungen; er zeigt sich informiert, auf der Beziehungsebene gleichberechtigt und lässt sich spezifisch fachlich gesehen versorgen. Aber der Arzt ist achtsam und ihm fällt auf, dass ein anfänglich skeptisch vorsichtiges Verhalten schnell in wohlwollende Kooperationsbereitschaft wechselt. Er fragt sich, ob die schnelle Kooperation auf eine psychische oder soziale Problematik hindeutet. Er empfiehlt deshalb die konsiliarische Vorstellung beim Psychologen in Praxisgemeinschaft, um die Umstände der Erkrankung anamnestisch zu erfassen.

Die Psychologin berichtet: Der Patient sei seit acht Jahren in zweiter Ehe nach dem Tod der ersten Frau wiederverheiratet und habe vier Kinder, zwei aus erster Ehe. Die neue Ehe sei nach anfänglichem Glück stabil. Zwei Wochen vor dem ersten Blutdruckanfall sei die Frau mit den Kindern verreist gewesen. Seit der Rückkehr sei sie sehr vorwurfsvoll, unglücklich, auch aufgeregt wegen der Symptome des Mannes. Das belaste den Patienten zusätzlich. Zeitlich direkt vor dem Anfall war die Frau in einen Streit mit ihm geraten, zufällig habe er dann vor dem Schlafengehen einen TV-Film gesehen – ein der Khashoggi-Tötung nachgestellter Mord an einer verschwundenen Ehefrau wurde von privaten Ermittlern trotz oder wegen der chemischen Reinheit des Tatorts aufgedeckt; der Patient habe den Film nicht zu Ende ansehen wollen.

Der Arzt unterlässt es, dynamisch wirksame Kräfte, die aus den sozialen und psychischen Ebenen abwärts in den Körper Leiden bewirken – mit Verlustängsten, Trennungsängsten, Kontrollverlustängsten und Todesgefahr – zu verlagern, zu

neutralisieren, zu stabilisieren und zu fixieren. Der Arzt versucht, **zusammenhängend** *psychisch-soziales* und *somatisch-natur-wissenschaftliches* Wissen **zu interpretieren**:
Die problematische Ausgangssituation (Lösung I) lässt den Arzt sinnvollerweise zunächst getrennt als Körper-Interpret (KI) und als psychosozialen Metainterpreten (MI) reflektieren und verwerten (Folgerung).

KI.1 Er sieht die Zeichen des Patienten als leichte Adipositas, mögliche Hypertonie und mögliche koronare Herzerkrankung an.
MI.1 Die anaklitische oder kooperative Haltung wird als Ausdruck einer psychosozialen Problematik gesehen.
Folgerung zur Lösung I: Die wahrscheinliche Herzerkrankung ist nicht unmittelbar lebensbedrohlich, die psychische Problematik hat er im direkten Kontakt noch nicht besprochen und nur vermutet. Sie sollte geklärt werden.

Die problematische Situation ändert sich zunächst in der Vorstellung des Arztes durch Kopplung der Bedeutungsebenen (Lösung IIa).

KI.2 Lediglich mit der Empfehlung einer Diät, Medikamenteneinnahme und Kontrolluntersuchung nach der Katheterisierung hätte der Arzt sich der zunächst verschlossenen, komplexen Wirklichkeit des Patienten gegenüber verweigert. Er hätte auf die angepasst-kooperative Haltung des Patienten seinerseits angepasst reagiert und Psychosoziales vernachlässigt.
MI.2 Von seinem Gegenübertragungserleben ausgehend – er hat den Patienten als wohlwollend, kooperationsbereit und damit den Arzt versorgend angenehm erlebt – fragt er sich, welche Rolle die Haltung, entgegenkommend und kooperationsbereit zu sein, für den Patienten im Umgang mit anderen und für seine Psyche spielt.

Die problematische Situation (LIIa) ändert sich in der Vorstellung des Arztes nochmals durch Zusammenführungen (Lösung IIb).
KI3 und MI3: Somatische Informationen führen zu Verdachts- und Verlaufsdiagnosen. Die Information der Psychologin durch die Anamnese ergibt, dass hinter der willfährigen Nähesuche des

Patienten eine ängstlich-versorgende Abwehr und nicht bewusste, autarke Selbstbestimmungswünsche stehen könnten.

Verlustängste und die vorbewusste Aggression gegenüber der zweiten Ehefrau sowie die im TV zufällig gelieferte dramatische Bebilderung erklären möglicherweise die akute Blutdruckentgleisung mit. Auch die innerhalb von sechs Wochen sich verlaufende, verändernde Symptomatik erklärt sich möglicherweise durch eheliches Konfliktverhalten, angespannt-ängstliche Erwartungshaltungen, Verdrängung emotionaler Verarbeitung von Wut und Trauer und die Vermeidung körperlicher Bewegung.

Folgerung zur Lösung IIb: Wir haben es mit einem Menschen zu tun, der ängstlich-versorgend aktiv abwehrt, vielleicht deshalb auch zu viel isst, sich zu wenig bewegt, und in geringem Maße seine inneren und sozialen Konflikte unmittelbar auslebt. Wahrscheinlich hat er Selbstreaktionen entwickelt, bei denen er sich depressiv-strukturiert, anhänglich und situationsangepasst zeigt, aber unbewusst unzufrieden eigene Wünsche, Selbstwünsche oder Abgrenzungs-wünsche zurückhält. So entstehen latent Anspannungen, die, wenn sie zurückgehalten werden, das koronare System sowie das soziale System belasten.

Differentialdiagnostisch ist eine koronare oder andere Herzerkrankung auszuschließen. Hat der Patient noch weitere körperliche Beschwerden, die auf eine sekundäre Verursachung des Bluthochdrucks durch andere Körpersysteme hinweisen? Die Medikation sollte nochmals überdacht, der Patient ermutigt werden, etwaige Bedenken nochmals vorzubringen. Der Arzt sollte beruhigen, dass keine unmittelbare Gefahr bestehe. Er soll auffordern, dass im Bedarfsfall ruhig einmal Notfallärzte genutzt werden sollten, selbst wenn es überflüssig wäre. Beim Kontrolltermin soll der Arzt nochmal die mögliche Medikation empfehlen. Mit dem Patienten sollten die Erhebungen der Psychologin vorsichtig angesprochen werden. Der Arzt sollte mit passender Gesprächsführung explorieren, inwieweit der Patient Interesse gewinnen kann, selbstsicherer für sich zu sorgen, oder es lernen möchte, mit der Ehefrau friedlich auszuhandeln. Der Arzt sollte unbedingt auch Bedenkzeit und ein kritisches Prüfen seines Vorschlags aufgrund der Gefahren einer Veränderung einfordern (s. Ü19). Er soll ein gutes Ambivalenzmanagement anbieten, bei dem er mit einer Kosten-Nutzen-Analyse die alternativen Verläufe der Ehe und der Blutdrucksymptomatik klärt.

Dieses konstruierte Patientenbeispiel verdeutlicht, was die Arbeit mit einem „**Situationskreis-Konzept**" fordert, einen Teufelskreis zwischen Abwärtsprozessen in den Körper und Aufwärtsprozessen vom Körper in die psychische und soziale Ebene zu beschreiben.

Gelingt es zusammen mit dem Patienten, die Bedeutungskopplungen zwischen den Ebenen aufzuzeigen oder sukzessive anamnestisch und situativ herauszuarbeiten, dann kann eine ganzheitliche Diagnose die Summe der Erkenntnis wiedergeben oder zu längerfristig erfolgreichen progressiven Aktivitäten motivieren (s. Ü Inhaltsverzeichnisse und die geheimen Motive des Lesers). Ärztinnen, Psychotherapeutinnen oder gerade Patientinnen und die Angehörigen können hervorragende Vertreter einer psychosomatisch ganzheitlichen Prozessgestaltung sein. Es sei denn, sie versprächen sich, wie im Beispiel einer angepasst-kooperativen herzkranken-adipösen Haltung, weniger Stress dadurch, dass der identifizierte Patient bliebe, wie er ist. Professionelle Behandler sind teils durch ihre kontextuellen oder institutionellen Bedingungen stark eingeengt. Es bedarf einer gewissen Eigenständigkeit und Hartnäckigkeit, moderne Konzepte zu nutzen. Die Kooperation zwischen psychosozialen und körperlichen Behandlern lässt aufgrund der Versorgungsengpässe und Berührungsängste zu wünschen übrig. Wir ermutigen jeden einzelnen Beteiligten, sich für eine ganzheitliche Passung einzusetzen.

(Der **Somatiker** ist ein Wissenschaftler oder Behandler, der sich mit den körperlichen Erscheinungsformen der Krankheiten befasst. Der **Somatopsychologe** erfasst die Symptome des Seelenlebens in ihren körperlichen Begleit- und Folgeerscheinungen. Ein **Psychosomatiker** beschäftigt sich mit der Bedeutung seelischer Vorgänge für die Entstehung und den Verlauf körperlicher Krankheiten.

Dieser Aufteilungslogik nach verursacht körperliche Krankheit körperliche Folgen; einer psychischen Störung folgen möglicherweise körperliche Symptome. Die Definitionen aus dem Duden 5 spiegeln die begriffsbedingte Spaltung von Körper und Seele wider. Infolge der Aufklärung nach *R. Descartes* und der Theoriebildung des **Maschinenmodells für den Körper** sowie des **psychischen Apparats für die Seele** erfolgte historisch eine Aufspaltung des Gesundheitswesens in eine somatische und eine psychologische Medizin.

In dieser Aufteilung existiert kein rollenbezogener Begriff für die Bedeutung körperlicher Vorgänge in der Entstehung und dem Verlauf seelischer Krankheiten, wie es auch keine Benennung für Behandler gibt, die Symptome körperlicher Krankheiten in ihren seelischen Begleit- und Folgeerscheinungen betrachten. Statt umfassende Wechselwirkungen zwischen Körper und Psyche und umgekehrt zwischen Psyche und Körper konzeptuell in einem Begriff zu erfassen, hat es sich sprachlich ungenau durchgesetzt, von **psychosomatischer Medizin** zu sprechen, wenn man auf Wechselwirkungen zu sprechen kommen will. Im Standardwerk Uexküll „Psychosomatische Medizin" wird anregend und gegenstandsangemessen über autopoetische, erlebende, lebende Systeme theoretisiert. Die Konsequenzen für die Heilpraxis werden genannt. Zu beachten sind:

- die Qualität der sozialen Beziehungen,

- die Patient-Arzt-Beziehung und

- die Bezüge der Subsysteme im Körper und deren Geschichte.

Diagnosen sind nicht nur die Feststellung eines somatischen Defektes, sondern auch von biologisch-psychosozialen Gesundheits- bzw. Krankheitsprozessen.

Gesundheit ist ein Prozess, der ständig neu erzeugt werden will (Antonowsky 1979).

Die Problemsituation wird sinnvoll aus ikonischen, indexalischen und symbolischen Zeichen des Patienten beschrieben. Der Therapeut muss als Körper-Interpret und Metainterpret eine Bedeutung erteilen.

Im Prozess von Bedeutungserteilungen, Bedeutungsverwertungen, Neu-Bedeutungserteilungen und Neu-Problemdefinitionen sollen ein

„Gefühl des Zusammen" und ein epistemologisches Vertrauen entstehen.

Die Klärung von körperlich-informationellen Auf- und Abwärts-prozessen und besonders Teufelskreisen kann gesundheitsstärkend erfolgen. Über die pragmatische Realität hinaus können kommunikative Realitäten wirksam werden.

Literatur:

Adler, R. H. u. a. (Hrsg.) 2011: Psychosomatische Medizin. München: Urban & Fischer.

Uexküll, T. v., Wesiak, W. (2011): Theoretische Grundlagen. IN: Adler, R. H. u. a. (Hrsg.) 2011, 3–40.)

Im Buch angefügt (s. Anhang) befindet sich noch ein theoretischer „Exkurs: UEXKÜLL", der die hier angesprochenen Zusammenhänge vertieft. Auf den nächsten Seiten soll näher über die Lebensgeschichten und die Lebenspraxis, über Angst und Angstverleugnung gesprochen werden.

Ü16 Angst und Anamnese

Meine Mutter (1914–98) war stoisch. Sie ließ lange gut sein, bis sie zur Sache etwas ruhig sagte. In Gesellschaft konnte sie durchaus herzlich und freudig sein, aber beschwingt und sensibel zeigte sie sich selten. Traurig, weinend sah ich sie nur zweimal, als ihr Ehemann gestorben war und sie mit eigener todbringender Erkrankung konfrontiert war – sie war öfter ernst. Wut und Angst sah ich nie. Sie war eine liebevolle Lastenträgerin.

An meinen Vater (1909–66) erinnere ich mich als temperamentvoll, tobend-spielerisch und leider auch gegenüber anderen cholerisch-wütend. Es gibt Schriftstücke und Lebensdaten, die den Vater als einen durchaus innerlich besorgten, ängstlichen, angespannten kleinen Jungen nach eigener Gewalterfahrung durch meinen Großvater interpretieren lassen – er starb plötzlich an einem Herzinfarkt –, aber sichtbar gewesen war er ein promovierter Herr, dessen „Name verpflichtet".

Niemand wundert sich, wenn ich mich durch mütterliche und väterliche Anteile geprägt wahrnehme. Ungewöhnlich ist die Behauptung, „angstfrei" zu sein. Diese wahrscheinlich falsche Aussage eignet sich, um an meinem Beispiel eine Angstentwicklung aufzuzeigen.

Jeder kann reflektieren, wie mit ängstlichen Empfindungen umgegangen wurde; so werden möglicherweise wieder Bahnungen bewusst, die zu Angststörungen oder Abwehrformen von Angst (*F. Riemann; S. Menzos*) führten oder noch immer zu glücklicheren Lösungen führen könnten. Anamnestisches Selbsterkennen kann eine Voraussetzung sein, um überhaupt neue Wege zu sehen, eine Spur zu neuem Ziel zu erheischen oder den stillen Ruf nach Persönlichkeitsentwicklung wahrzunehmen.

(Eine Anamnese ist die Vorgeschichte einer Krankheit: Schon in Ü14 wurde eine Art der Erhebung vorgestellt, bei der absichtlich psychisch stärkende Informationen aus der Lebensgeschichte aufgeschrieben und erzählt werden. Wir nannten das die **ressourcenorientierte Anamnese**; sie ist nur zum Teil ein diagnostisches Instrument und in anderen Teilen therapeutisch. Entlang von **Stichworten für eine Anamnese** kann willkürlich die Aufmerksamkeit auf gute Erfahrungen, Gutes im Schlechten oder Fehlendes, aber Gewünschtes gerichtet werden, etwa:

- Schwangerschaft und erste Zeit als Kleinkind,
- Mutter,
- Vater,
- Geschwister,
- Puppen, Stofftiere, Haustiere,
- Kinderfreundschaften,
- Kindergarten,
- Fantasiewelten des „als ob",
- Schulen,
- Freizeitaktivitäten, Hobbys,
- Vereins-, Kirchen- und andere institutionelle Zugehörigkeiten,
- wichtige Bücher,
- Urlaubserinnerungen,
- Nachbarn, Verwandte, Geistliche, Trainer oder Lehrer,
- sexuelle und partnerschaftliche Entwicklung sowie
- schulisch-beruflicher Werdegang.

Im Kontrast könnte versucht werden, eine Biografie, eine „objektive" Krankengeschichte oder eine **problemklärende Geschichte des spezifischen Krankheitsverlaufs** zu erstellen. Die letztgenannte kann auch therapeutisch wirken, da sie den Patienten in seinen zentralen Themen ernst nehmen kann. Sein Leiden, oft über lange Zeit, wird wahrgenommen und die typischen Lösungsbemühungen oder der gemeinsame Nenner dieser (Lösungen I) werden erkannt. Durch die Reflexion der Geschichte können Bereitschaften geweckt werden, sich auf Ergänzendes und Neues (Lösungen II) einzulassen, dieses ernsthaft zu erproben oder über längere Zeit einzuüben und auf viele Alltagsbereiche zu generalisieren.

Neben den oben genannten Stichworten könnte spezifisch persönlich auf psychische Störungen und deren Entwicklung fokussiert werden. Beispielsweise wären entsprechende Stichworte zu Schwerpunkten die Entwicklung und Ausgestaltung einer

- Schlafstörung,
- Depression,
- Negativ- und Positivsymptomatik einer psychotischen Erkrankung,
- Traumafolgestörung,
- Zwangserkrankung,

- psychosomatischen Störung,
- körperlichen Erkrankung mit Schmerz oder sekundär psychischen Folgen,
- sexuellen oder Wahrnehmungsfunktionsstörung oder einer
- Angststörung.

Anamnesen sind grundsätzlich bei entsprechender Motivation (s. Ü Inhaltsverzeichnisse und die geheimen Motive des Lesers) vom Kunden aktiv selbst erstellbar; Menschen erleben Nähe und Sinn, wenn sie sich Lebensgeschichten anvertrauen, deshalb empfiehlt sich ein Austausch über Anamnestisches. Andere können durch sachliches Nachfragen klären helfen, die Universalität von Leiden erleben lassen (s. Ü17) und so die Isolation verringern oder durch ihr einfaches Dasein emotionalen Halt bieten. Sie können aber auch bevormunden, kritisieren, einengen und drängen.

Professionelle Helfer könnten sich darauf verstehen, mit selbstbewussten und aufgeklärten Kunden zu kooperieren, oder, mit hilflosen, klagenden, misstrauischen Kunden nur sinnvolle Angebote zu erarbeiten.

Symptombild, -schwere und -dauer lassen über das Vorliegen einer Störung von Krankheitswert entscheiden; wie bei körperlichen Krankheiten gibt es bei psychischen Störungen Menschen, die sich sehr schnell an Ärzte oder Psychotherapeuten wenden, aber auch welche, die sich erst spät oder an Personen wenden, die nicht zuständig sind. Die Anamnese zeigt, was schon versucht wurde und was vielleicht ein neuer und öffnender Weg sein könnte.)

Ich beobachte mich lebenslang; ich habe keine Angststörung.

(Der Angstgestörte leidet von unangenehmer bis zu panischer Angst. **Panikattacken** sind vor allem heftig und unvorhersehbar; sie führen teils zu nervös aufladender Erwartungsangst und Vermeidung. Der Betroffene sorgt sich, fühlt sich überzeugt, dass er stirbt, die Kontrolle verliert, oder er befürchtet, verrückt zu sein. Teils könnte Panik als Bereitstellung von Energie zum Überlebenskampf verstanden werden. **Generalisierte Angstzustände** sind frei flottierende, anhaltende Angstgefühle, gekennzeichnet von vielen Sorgen und körperlichen Verspannungen, Schmerzen, Zittern, Herzrasen, Atemnot, Schwindel, Oberbauchbeschwerden oder Mundtrockenheit. **Phobische Ängste** verbinden die erlebte Angst mit vermeidbaren Situationen oder

Objekten und gewinnen einschränkend Kontrolle über den Betroffenen.)

Meiner **Angstanamnese** fehlt die eigentliche symptomatische Wendung, aber die Vorgeschichte ähnelt wahrscheinlich denen von Patienten mit Angststörungen, nur weniger gewichtig. Für Angstpatienten ist frühkindlicher Stress wahrscheinlich, und dass unglückliche Muster im Umgang mit Angst überwogen. Bei mir war wahrscheinlich viel mehr Sicherndes und ich hatte diesbezüglich die Gene meiner Mutter. Aber nie wird bei Patienten im Vergleich zu sogenannten Gesunden ein Schwarz-Weiß oder ein Entweder-oder von Unglück bzw. Glück vorliegen und der Realität entsprechen.

- Empfehlenswert ist, **Schritt für Schritt eine zeitliche Linie von Geburt an abzuarbeiten**. Auf die ressourcenorientierte Vorgehensweise wurde hingewiesen (s. Ü14). Sie sei ängstlichen Probanden ans Herz gelegt; betont werden können die guten Ausnahmen oder das, was gebraucht worden wäre.

- Alternativ mutig wäre die problemorientierte Benennung von ungünstigen lebensgeschichtlichen Aufwuchsbedingungen oder belastenden Lebensereignissen; es sollte in diesem Fall darauf geachtet werden, sich nicht selbst die Schuld für defensive, vermeidende Muster zu geben, sondern der externen Welt – das können die Eltern, aber auch die eigenen Großeltern oder gesellschaftlich Rahmendes sein. Für Heranwachsende gilt, dass sie **unschuldig** sind; und es ist therapeutisch sinnvoll, innerhalb der Übung eine Praxis mit aggressiven Gefühlen zu gewinnen. Beschäftigt sich der Willige mit Details seiner Lebensgeschichte, sollte er mehr mit Wut, Verzweiflung und dem traurigen Gefühl, allein gelassen worden zu sein, rechnen als mit Angst. Die Gefühle zu benennen, ihnen nachzuspüren, sie aufzuschreiben, kann den Erwachsenen klären und neu aktiv manövrieren lassen (s. Ü10). Aber der Prozess, durch belastende Gefühle hindurchzugehen, kann sehr hilfreich sein.

(Eine Hypothese zur Angst ist, dass sie als psychische Störung die Kontrolle übernimmt, wenn das psychische System sich nicht aggressiv selbstsicher nach außen vertreten kann. Die symptomatische Angst ist unbewusst Ausdruck der Angst vor eigener unkontrollierbarer Wut und verzweifelten Enttäuschungsreaktionen. Lösung II wäre ein längerer Prozess des Aufbaus selbstsicherer Handlungsformen (s. Ü10).

An meinem Beispiel will ich verdeutlichen, wie eine Angstanamnese von vielen möglichen zu schreiben wäre.

Könnte ich genauer unterscheiden zwischen „nie Angst gehabt", „habe keine Angst" und dem möglichem Auftreten einer „Angststörung"? „Schon immer angstbegabt" würde mir zu Beginn wenig passen, weil ich mich altmodisch männlich als „mutig ohne Angst" sehen möchte. Es wird sich zeigen, dass Letzteres nicht stimmt:

Ich erinnere mich daran, als Vierjähriger „ungern" in den Kindergarten gegangen zu sein. Bedeutet „ungern" hierbei schon, eine „unangenehme Angst erlebt zu haben, weil ich mich länger von der Mutter trennen und in den Kindergarten gehen sollte?" Eine **Verlustangst** von Sicherheit und Geborgenheit, wie sie kleine Kinder erleben, ist überlebenswichtig. Aber war dieses „unangenehm" der pathologische Beginn? Sicher nicht, denn es gab da nichts, was meine Mutter dazu gebracht hätte, mich den Kindergarten vermeiden zu lassen. Sie war freundlich, ruhig und konsequent. Und meine Ablehnung der kleinen, dicken Kindergärtnerin „Adelgunde", die mich gängelte, hatte keine Chance, diskutiert zu werden. Da war kein Ansetzen.

Verlustängste ließen mich aber mit acht Monaten „kämpfen". Mein Vater wünschte sich, ungestört wieder schlafen zu können. So wurde ich in ein freies Zimmer verfrachtet. Ohne Erinnerung, fremdanamnestisch durch Bezugspersonen verbürgt, schrie ich drei Nächte lang wie am Spieß. Meine Mutter setzte sich gegen den Vater durch und holte mich zurück, sodass ich bis zum Beginn der Grundschulzeit in einem Bettchen quer vor dem Ehebett meiner Eltern wieder friedlich schlief. Statt mich ängstlich, hilflos ergeben zu müssen, hatte mein wütendes Schimpfen zu einer Veränderung geführt.

(Auf Stress mit verändernder Aktivität und Aggredere – „beschreiten", „vorwärts schreiten", „angreifen", „herangehen", „aggressiv sein", bezeichnet als „Wut", „böse sein" oder „Ärger" – zu reagieren, ist gesund, wenn es nicht auf Dauer zu **„erlernter Hilflosigkeit"** (*M. E. Seligman*) führt, weil keine Veränderung erfolgt. Wut könnte sonst zum Signal für Angst vor Hilflosigkeit werden. Erlernte Hilflosigkeit wird als Ursache für Depression diskutiert.

Die prägende Zeit für den Umgang mit Aggressionen und Ängsten liegt vermutlich weit vor der Möglichkeit, sich selbst erinnern zu können. Aber Geschichten innerhalb der Familie, der Stil der Eltern oder fragmentarische Erinnerungen lassen Vermutungen zu. Es gibt schweren Missbrauch in frühster Kindheit; doch reagieren instinktiv die Mütter und Väter meist auf die Bedürfnisse des Säuglings und suchen das angeborene Lächeln des kleinen Süßen. Sie reagieren mit Trost, Fürsorge und Bemühen, so gut sie können. Die Natur hat den Kindern aber das aktive Lächeln und die Intelligenz zum Überleben mitgegeben.)

In der Latenz zwischen fünf und acht Jahren erinnere ich mich an mehr als zwei Ereignisse: Ich war ein quicklebendiges Wesen und gab wohl wenig nach, wenn ich mit den Brüdern kämpfte. Irgendwie waren die zwei sich einig geworden. Sie steckten mich unter ein Federbett und hielten fest; klappten kurz einen Zipfel auf und gleich wieder zu und informierten mich dabei, ich würde erst freikommen, wenn ich ruhig wäre. Ich hatte Atemnot gehabt, wie wild mit allen Kräften eine **Angstattacke** erlitten. Und ich lernte: Sich zu ergeben und zu warten bis zur Rettung ist auch eine Option.

Natürlich kann ich nicht sagen, wie da die Zusammenhänge genau waren, aber ich wiederholte und übte diese Hoffnungsnummer mit meinem Freund und Blutsbruder. Wir spielten Winnetou und Old Shatterhand und Cowboy und Indianer, ich war sehr oft der Gefangene, der sich erst befreien konnte oder der befreit wurde, wenn des Freundes Mutter durch den Wärmeschacht rief, es sei Essenzeit. Meine Brüder habe ich darüber hinaus geliebt, weil sie mit mir spielten. Aber ich war der „Mutige", wenn ich stillhielt und mit zwei Händen am Kopf gehalten „Köln sehen" wollte und mir nicht die Halswirbel brach. Auch die von den Brüdern selbstgebaute „Strickleiter" hätte ich als Versuchskaninchen ausprobiert, aus einem oberen Fenster, wenn nicht ein Nachbar „Stopp" gerufen hätte und meinen Eltern etwas über das Spielen, was dann so nicht mehr stattfand, erzählte. An eine halbe Panikattacke erinnere ich mich noch. Als Dreißigjähriger lernte ich Wildwasserpaddeln mit dem Kajak bzw. Kanu. Abends vor der ersten Fahrt auf einer echten Wildwasserstrecke waren wir lange auf der Wiese bei den Zelten und Wohnwagen gewesen, freudig, und hatten nicht ins Glas gespuckt. Die Mitfahrt im Auto zur Rur ging über kleine, kurvige Straßen nach Monschau; im frühen Frühjahr war es dort kalt auf der schattigen, feuchten Wiese, wo wir auf mehr „Wasser" warteten, das für eine Wasserrallye abgelassen wurde und in deren Anschluss wir uns auf die Wellen setzen wollten. Ich weiß nicht mehr, wie es begann, ob mit Schwindel im Auto oder Grummeln des Magens, aber es steigerte sich zu einem heftigen Herzklopfen. Meinen Körper hatte ich noch nie auf diese Art lebendig erlebt. Meinem Mut verpflichtet, war das damals keine Frage für mich, die Tour abzubrechen, grundsätzlich jederzeit möglich bei Kanuten, die sich fit fühlen sollten. Ich sprach auch mit niemandem über die körperliche Befindlichkeit – außer mit mir. Ich stand als mein eigener Beobachter direkt neben mir, neutral-sachlich, sagte ich mir: *Witzig. So müssen Panikattacken sein. Nur ohne den scheinbar unglücklichen Einfall: Ich muss sterben* oder *So muss ein Herzinfarkt sein.* Ich jammerte innerlich: *Mir ist kalt und ich klapperte mit den Zähen* oder *Wann geht es los?* Ich lenkte mich mit der Beobachtung der Feuerwehrmänner ab, die den Rallyeteilnehmern aus dem Wasser halfen. Und dann stieg ich ins Boot, konzentrierte mich auf das Paddeln, hörte die Zurufe: „Hin zu den Steinen legen!" und „Kräftig Paddeln!" In ruhigeren Passagen putzte ich die beschlagene Brille mit Spucke. Und immer noch war das mächtige innere Grummeln da, das störte und quälte. Die mit Wasserwucht schnelle Fahrt war nach einer Mauer links neben mir vorbei, dem Eintauchen in die Wasserwalze; und mit einem Plumps schwamm ich im Kehrwasser von Gnadental, das mir als rettende Bucht erschien. Die Freunde halfen, bargen das Boot. Ich robbte, nutzte das Paddel gestreckt vor mir und kam mühsam an Land. Ich bewegte mich, stand auf, spürte die Füße auf dem festen Grund. Ich war unter dem Neopren nass und hatte eine kalte Dusche bekommen, die Flussumwelt hatte mich seelisch und körperlich geweckt. Ich ging noch mal in die Büsche und in die Hocke. Ich war erleichtert, der symptomatische Spuk vorbei.

Mir wurde trotz der kalten Erfahrung warm. Die weitere Fahrt war wohlig. Die Sonne drang durch. Die Freunde lachten, unterhielten sich kameradschaftlich, paddelten, mit Momenten von Glück und anschließender Entspannung unter heißer Dusche.

Länger **anhaltende Angst**, mit Vorstellungen, sich im Dunkel zu verlieren oder plötzlich aus dem Hinterhalt überfallen zu werden, und vegetativ erlebter Angst mit weichen Knien, einem Bauchgefühl, das wir „Schiss in der Buxe" nannten, kenne ich aus einem Abenteuer mit den Geschwistern und Kindern von Freunden der Mutter. Die Erfahreneren und Älteren nahmen mich mit, in kurzen Hosen auf die Burg Rheinfels, zwischen der Burg Katz und der Burg Maus bei St. Goar in Deutschland gelegen. Die Eltern hatten dem zugestimmt. Unsere Gruppe aus Kindern und Jugendlichen wanderte, fand seinerzeit offene Zugänge zur Burg. Ich staunte und war vollauf begeistert dabei; ich sah eine Kanonenkugel in der Burgmauer. Dann kletterten wir über zwei bruchsteinerne, steile Treppen hinab in ein Loch. Zunächst ging das langsam, es staute sich, ich war hinten. Dann erforschten wir Gänge, Abzweigungen und nochmals kleinere Tunnel, manchmal Sackgassen, aus denen heraus es wieder in gleicher Reihenfolge zurück- und weiterging. Ich blieb der Letzte und Kleine hinten, verlor den Anschluss an die Vorderfrau, die sich ihrerseits beeilte, dem einzigen Licht, den wiederholt anzuzündenden Streichhölzern meines ältesten Bruders zu folgen. Einmal zeigten die anderen mir eine ausgeglühte, weggeworfene Blitzlichtbirne einer Kamera. Wir seien nicht die ersten, hieß es, um auch mich zu beruhigen. Das seien „Katakomben", in denen die letzten Verteidiger der Burg Eindringlingen auflauerten und sie abmurksten oder in die Luft sprengten. Von dem dunklen Hauptweg führten immer wieder links und rechts niedrigere Minengänge ab, auch die endeten wieder links und rechts in einem Tunnel, bis der zugemauert oder durch Felsen begrenzt war. Der Entdeckerdrang der Gruppe war unendlich. Es war kalt und nass. Die Vorderen rasten weiter um immer neue Ecken. Ich rannte, stolperte und stützte mich mit den Händen auf dem Boden ab. Ekel sprang mich an, ob des sandigen, nassen Dreckslochs, in dem ich gefangen war. Wieder war das Zündholz erloschen. Da sah ich einen kleinen Strahl aus Tageslicht. „Können wir nicht gehen?", muss meine ängstliche Klage gelautet haben. „Wir wollen noch da vorn um die Ecke. Du kannst ja ruhig schon mal!" Um der Hölle zu entkommen, musste ich ganz allein langsam und ohne Panik den Gang weitertasten und mich am Licht orientieren. Eine nasse, steile Treppe war hinaufzusteigen.

Ich konnte mich selbst langsam befreien. „Oh, wie schön ist eine Burg bei Sonnenlicht!"

Trennungsängste ergriffen mich auch beim ersten „Urlaub" bei Tante Elli und Oma Anna. An meine erste Woche bei diesen herzensguten Menschen erinnere ich mich, weil sie mir selbst gesuchte Pilze, die lecker aus der Pfanne mit angebratenen Zwiebeln rochen, zum Essen geben wollten. Sie versuchten, mich zu überreden, wie zu Hause, ich sollte mal probieren. Ich kannte damals schon das Märchen, in dem es heißt: „Knusper, knusper, Knäuschen, wer knuspert an meinem Häuschen?" Die Besitzerin des Häuschens war eine mit Essen lockende Hexe gewesen, die den Hänsel auffressen wollte, nachdem sie ihn gemästet hatte. Ich hatte eine **Furcht** und **Paranoia**, dass sie mich umbringen wollten, hatte offensichtlich viel früher gelernt: „Giftig, nicht essen, das sind Pilze!"

Unter starkem **Heimweh** litt ich, als ich mit neun Jahren im Zeltlager der Pfadfinder war. Aus irgendeinem Grund war der ältere Bruder nicht mitgefahren. Über Tag kannte ich die Betreuer schon und die Kinder. Aber manchmal regnete es, im Sturm riss unser Zelt und die Gruppe wurde getrennt; der Pudding schmeckte trocken, sandig, mehlig und sah nur fälschlich süß und verführerisch rot aus; ein Kind musste stundenlang vor Spaghetti mit Tomatensoße sitzen. Niemand sprach mit mir. Ich fühlte mich allein und traurig. Ein älterer Junge nahm mich mit auf eine Wanderung. Wir hatten eine Wäschewanne dabei. Es ging über Wiesen und Zäune zu Straßenbäumen. Aber was waren das für Bäume, mit nie gesehenen großen, grünen Blättern und dunkelroten, riesigen, süßen Kirschen? Wir kletterten hinein, aßen uns satt, füllten die Wanne und gingen zurück. Wir erzählten, dass ein Ast, der die Hosentasche aufgerissen hatte, ein gefährlicher Schäferhund gewesen sei, dem wir knapp, behände kletternd, entkommen konnten. Das Loch in der Hose habe uns nichts ausmacht, log ich ohne Schuldgefühl. Wir verteilten Kirschen. Seit diesem Trost erlebte ich nie wieder Heimweh und liebe „Schwarzwaldkirschen". Mit den Pfadfindern St. Georg verbinde ich viele Zeltlager, Geländespiele bei Tag und Nacht und andere Geschichten.

Eine **phobische Angst** und Zuschreibung meiner Unruhe, meines Ärgers und meiner Unfähigkeit, damals anders mit der schwierigen Situation umzugehen, entwickelte ich nur einmal, und will Fehler dieser Art auch nie wieder begehen: Als ich 18 Jahre alt wurde, konnte noch jeder Fahrschüler nach einer Theorieprüfung eine einzige praktische Prüfung für das Fahren eines Motorrades und eines Autos ablegen. Einen Tag vor der Prüfung, zu der wir Schüler morgens in eine andere Stadt fuhren, flog bei einer letzten Fahrstunde der Schalldämpfer des Motorrads ab und es knatterte laut. Der gute Fahrlehrer erklärte, ich würde dann morgen auf einem Roller eine Acht fahren und eine Vollbremsung durchführen.

Ich bin mir sicher, dass ich schon abends vor der Prüfung dachte: „Scheiße. Ein Roller ist ein ganz anderes Gefühl, da sitzt man wie auf einem Stuhl. Motorrad ist wie Fahrrad. Roller ist scheiße!" Morgens war in der Stadt schönes Wetter gewesen, doch die Prüfung verzögerte sich um Stunden. Ich sprach mit den anderen und dachte wiederholt das vom Abend, aus heutiger Sicht leider nichts Neues. Die Anspannung vor der Prüfung, das Unerwartet-lange-warten-Müssen, würde ich heute mit viel mehr Ruhe, dem Genuss eines Spaziergangs durch eine fremde Stadt, der Betrachtung der Architektur oder dem Austausch und dem Kennenlernen der anderen beantworten. Damals suchte ich mir den Frustanker „Roller", schimpfte und schob Panik vor der „falschen" Motorradprüfung.

Dann kam der Prüfer und mit ihm die Doppelprüfung. Im Auto: „Nächste rechts und sofort links." Ich bog rechts ab, auf der Mehrfachspur erwischte ich die dritte Abbiegerspur nicht – und fiel durch die praktische Autoprüfung. Ich erkannte schnell ernüchtert, dass ich mich mit dem Roller nervös gemacht hatte, und reagierte mit trotzigem Ärger. „Jetzt reiß dich zusammen und versuch es!", feuerte ich mich progressiv an und fuhr die Acht und die Vollbremsung mit dem Roller – fertig. Nach sechs Wochen Sommerferien und nur einer weiteren Fahrstunde bestand ich den wiederholten ersten Teil der Prüfung.

Mit dem Autofahren verbinde ich gleich noch eine Angsterfahrung. Leider für junge Männer typisch empfand ich meinen Führerschien als Befreiung und war „angstfrei", das heißt, ich hatte Glück in verschiedenen Situationen, wo es auch hätte krachen können. Ich fühlte mich stark, unverletzbar, ich „kann Auto fahren" und „habe die Kontrolle". Mit dem weißen VW-Käfer der Mutter raste ich auf der Landstraße durch den grünen Wald. Mit den Linden direkt am Weg schlängelte sich die Straße in einer S-Kurve. Schlaglöcher nach der Einfahrt zu einem schönen Schlösschen ließen die Stoßdämpfer arbeiten und die Haftung zur Straße vermissen. Der Verlust der Bodenhaftung bewirkte bei mir einen innerlichen Adrenalinausstoß ohne weiteren Handlungsplan. Der **Schreck** ließ mich deutlich langsamer fahren. Ich zählte erstmals „unfallträchtige Situationen" und „Fehlerzählen alle Tage", stoppt Übermut und erinnert an unsere Verletzlichkeit: „Memento mori". Leider war ich als junger Mann zu wenig konsequent und reflektiert, um nachhaltig um meine Sicherheit besorgt zu sein.

Ich wehrte wohl weiter **kontraphobisch** oder „mutig" ab. Erst viel später machte es „bumms" und „der Reiter lag im Graben, ohne dass ihn die Raben ganz fraßen". Wer nicht hören will, muss fühlen. Schaden macht klug oder es wäre fast zu spät gewesen.

Es stimmt mich etwas melancholisch, dass ich meine „Angstbegabung" nicht mehr genutzt habe und bedachter gewesen bin. Ich will nicht mit einem Patienten tauschen, der an einer Angststörung leidet, aber mein Mut wäre gut gepaart mit Angst und Sorge. Ich hätte mir manches Anstrengende erspart, wenn ich den Satz „Das macht mir Angst. Das will ich so nicht, ich fühle mich nicht wohl damit" auch gekonnt hätte – neben und mit dem „Okay", „Ich bin dabei", „Das gehört ausprobiert, wir werden überleben" und „Ich will Spaß haben". Aber es ist nie zu spät, eine gesunde Einstellung für Wichtiges zu entwickeln. Eine positive Zielvision mit einer kräftigen Prise Angst ist wichtig. Vorsicht schadet auch nicht.

Herausgestellt hat sich, dass statt einer einseitig kontraphobischen Haltung eine Angst und Schutzbedürfnisse integrierte Haltung gesünder oder glücklicher erscheint.

Ich will mit meiner anamnestischen Information anhand eines der Stichworte (s. o. Angststörung) illustrieren, wie Anamnesen unbewusste oder abgewehrte Gefühle klären können. Erkenntnisse können dann diagnostischer Ausgangspunkt für Veränderungsarbeit darstellen.

- Zu empfehlen ist es, vor einer ausführlichen oder auf die genannten Stichworte fokussierten Anamnese zu **überlegen, ob überhaupt eine spezifische Symptomatik** oder ein Persönlichkeitsstil stark **stört oder andere ärgert** (s. Ü05). Danach sollte eine **Kosten-Nutzen-Analyse** zeigen, ob sich der Aufwand einer Anamnese und Veränderungsarbeit anhand einer Zielvision lohnen könnte oder der Status quo besser bilanziert wäre.

Im Falle motivierter Kunden wird der „Leerer-Stuhl-Therapeut" herstellbare und intensiv trainierbare Situationen zu Ihrem Thema kreieren, ganz sicher (s. Ü07, 18, 20). Personen, die an persönlicher Entwicklung und der Auflösung von Symptomatiken interessiert sind, können sich jedoch auch durch den Schritt in eine neue soziale Gemeinschaft herausfordern. Bevor man das umsetzt, empfehle ich, die Überlegungen Ü17 zu prüfen.

Ü17: Nachdenken über Gruppentherapie

Ich empfehle das Nachdenken über Gruppentherapie, jedoch nicht in der Absicht, mehr Menschen in ein psychotherapeutisches Angebot zu locken. Mir geht es um aktive Manöver angesichts unglücklicher Lösungen. Außerhalb der einzelpsychotherapeutischen Räume gilt es, aktiv zu werden. Therapeuten sind darauf angewiesen, wenn sie erfolgreich behandeln wollen, dass ihre Kunden Anstöße und Erfahrungen innerhalb der Psychotherapie mittel- und längerfristig auf die Außenwelt generalisieren.

Menschen sind darauf angewiesen, wenn sie gesund bleiben wollen, dass sie sich mit ihrer Umwelt verändern oder neu stabilisieren. Mit oder ohne Einzel- oder Gruppenpsychotherapie ist gesundheitsökonomisch bedeutsam, **„Gemeinschaft als Therapie und Vorbeugung"** zu begreifen. *H. Albrecht* untertitelte: „Nicht nur Schnupfen ist ansteckend, sondern auch das Wohlbefinden, soziale Netzwerke helfen, gesund zu bleiben – und glücklich." Zusammenfassend standen wissenschaftlich abgesichert im korrelativen Zusammenhang:

o   gute Partnerschaften,
o   gleichgeschlechtliche Freundschaften,
o   glückliche Nachbarn,
o   die Zugehörigkeit zu Vereinen und
o   Gruppen ohne riskantes Gesundheitsverhalten

mit

o   weniger Depression,
o   weniger Angst,
o   weniger Einsamkeit,
o   weniger Alkoholkonsum,
o   gesünderem Essverhalten,
o   mehr Bewegung und
o   Langlebigkeit.

Die Schlussfolgerung der Studie ist, dass der „öffentlichen Gesundheit durch eine Stärkung des Gemeinwohls mehr geholfen wäre als durch ständige Investitionen in die Apparatemedizin. Der Kegelverein auf Rezept? Warum nicht" (H. Albrecht 2009: Gemeinschaft als Therapie. IN: Die Zeit, 2009, 17, 31 f.).

In meiner Ausbildung zum Therapeuten hörte ich als eines der ersten Dinge, die „Erhöhung sozialer Aktivitäten" sei neben anderen Freizeitbeschäftigungen bei depressiv-ängstlichen und anders psychisch erkrankten Menschen sinnvoll. Um Missverständnissen vorzubeugen: Es waren damals im letzten Jahrhundert analoge, das heißt, echte Begegnungen und Unternehmungen mit Menschen gemeint, und die sind es wohl noch heute.

Ich bin überzeugt, dass eine Anamnese mit dem Schwerpunkt der prägenden persönlichen Geschichte eigener Gruppenerfahrungen für veränderungsbereite Klienten vorbereitend sinnvoll ist (s. Ü14, 16). Ich kann beispielsweise trotz „unangenehmer", ängstlich-aggressiver Gefühle vor dem Kindergarten unzählige gemeinschaftliche Erfahrungen aufzählen, die mich glückliche Momente in Gruppen weitersuchen lassen. Selbstverständlich zähle ich die Arbeit, Mühen und Erfolge – als Verantwortung übernehmendes Gruppenmitglied – mit zu den glücklichen Momenten, auch wenn ich mich schon viel über andere geärgert habe und andere sicher auch mit mir unschöne Gefühle erlebten. Als gelernter Schreiner weiß ich, dass dort, wo gehobelt wird, auch Späne fallen. Ob das für mich immer so locker war, wie es dargestellt erscheint, lässt sich zu Recht bezweifeln.

Aber was macht der Mensch, der mit Menschen und denen gleich im Rudel grundsätzlich vollständig Negatives verbindet? Das muss nicht einmal explizit so extrem gedacht sein. Ein implizites, gar nicht bewusstes, vorsichtiges Vermeiden oder nur ein Zurückhalten einzelner Aspekte – kein situatives Ansprechen von Wünschen oder Frustrationen, vielleicht verbunden mit leichten Schamgefühlen - kann ein Hinweis sein, dass sich seit langen Zeiten ein für sich selbst „normal" erlebtes Verhalten unbewusst wiederholt. Viele Menschen sind gehemmt oder indirekt misstrauisch bis übertrieben aggressiv. Für ein Individuum wäre das eine lebensgeschichtlich gefundene Lösung I (LI). Die kann unbeabsichtigt dazu beitragen, Unglück oder fehlendes Glück zu chronifizieren.

Die meisten Menschen machen sich gar nicht bewusst, dass sie angesichts begrenzter Lebenszeit jahrzehntelang Möglichkeiten versäumen, besser zu leben. Therapeuten rufen oft auf: „Es ist nie zu spät für eine glückliche Kindheit", aber ehrlich – besser, man hätte eine gehabt. Doch jede Lebenszeit wie jede Jahreszeit hat ihre Reize.

- Empfehlung (a): Die aktive Auseinandersetzung lohnt sich. Schreiben Sie ihre **Anamnese zum Stichwort „Gruppenerfahrungen"** und erkennen Sie diagnostisch. In einer persönlichen Stellungnahme zum Stichwort „Gruppenerfahrungen" sollte die frühe, ursprungsfamiliäre Rolle im Zusammensein mit anderen reflektiert, jemandem erzählt oder aufgeschrieben werden. Bei negativen Zuschreibungen hilft es, Ausnahmen und gutes Potential bevorzugt zu beachten.
  Vorsicht: Denken sie nicht: „Ich bin so", sondern besser: „Ich habe bisher als Kind das so zugelassen, doch ich könnte heute und zukünftig, wenn ich wollte …". Spät ist besser als nie.

Auch wenn ich mich wiederhole, man kann ressourcenorientiert aufschreiben: Ich kann irgendwann in der Familie oder anderswo auf eine bestimmte Weise negativ beschrieben worden sein – als Aufmerksamkeitssucher, stiller Hilfsbedürftiger, besonders Artiger, aggressiv Durchsetzender, Heulsuse, Stinker, wie deine Mutter oder dein Vater –, doch ich bin mir sicher, es gibt eine Ausnahme … Und wo eine Ausnahme ist, fallen noch mehr ein.

- Empfehlung (b): Ich kann alternativ auch direkt aufschreiben, wer ich mal einen Tag lang gerne wäre, wer meine allerbeste Freundin sein sollte, wer **mein Held** wäre.
  Vorsicht: Tauchen Sie öfter und regelmäßig in Spiel- und Fantasiewelten ab, mit oder ohne Drogen, ist die Gefahr der mangelnden Problembewältigung und des Problemstaus groß. Suchen Sie rechtzeitig Hilfe. Sie haben nur ein Leben in der Realität. Und die Wirklichkeit ist besser als ihr Ruf.

Wenn ich vorsichtig wäre, situativ Wünsche oder Ansprüche anzumelden, kann es aufschlussreich sein, ob ich besonders gerne bestimmte Videospiel- oder Kino-Typen sehe. Typen, wie sie sich ganz sicher wieder im nächsten *James Bond* zeigen werden: Typen, die sich unverletzbar prügeln, morden, Sex ohne Beziehung nehmen oder manipulieren, aggressiv sind und sich beziehungslos durchsetzen. Mein Unbewusstes läge offen zutage: Wäre ich nicht ängstlich vor meiner und der anderen unterstellten oder bewunderten Aggressivität? Ich habe aber den Eindruck, dass die meisten Männer etwas Angst und mehr Respekt vor den Objekten haben als Herr Bond. Oder würde ich erwartete Enttäuschungen durch Menschen, die mich lieben sollen, mehr durch fürsorgliches oder selbstloses Helfen abwehren wollen? Vielleicht kompensieren Frauen anders als mit *J. B. mit Aufopferung*, wenn überhaupt diesbezüglich an den Geschlechtern etwas festzumachen wäre. Ob wir nun an uns zweifeln, andere überversorgen oder mit Größenvorstellungen abwehren – sind wir uns nicht alle im Privaten und Intimen sehr ähnlich?

(In der in meiner Praxis durchgeführten Gruppenpsychotherapie werden Symptome, Diagnosen und zwischenmenschliche Probleme als Lösung I angesprochen und reinszeniert.
Die Gruppe beschäftigt sich klarifizierend mit dem Erleben und Verhalten aller Teilnehmer. Sie wirkt mit emotionaler Resonanz, wie eine **„Halle von Spiegeln"**, teilt sich mit und konfrontiert auf diese Weise. Die Gruppe – wo jeder gleichzeitig Patient und Mittherapeut ist – interpretiert lebensgeschichtlich. Sie erklärt die widerständige Unterlassung von zukunftsgerichteter Agenda. Sie kommentiert die Wiederholung alter Muster. Sie versteht einerseits Scham, Angst, Misstrauen, defensive Lösungen I. Und dennoch fordert sie Veränderungsanstrengungen und neue Lösungen II. Das ist möglich in einer therapeutisch das Wohlfühlen fördernden Gruppenatmosphäre. Das Wissen, dass Leiden universal ist, jeder sein Paket zu tragen hat, entlastet von Scham und Einsamkeit. Kleine Entwicklungsschritte oder Agendapunkte für Situationen lassen sich von Zielen ableiten und sofort in der Gruppe erproben. Vom Therapeuten passend vorgeschlagene Übungen, Rollenspiele oder Fantasien und Imaginationen lassen emotional mehr erleben und zielorientiert ausprobieren.
Gruppe ist eine Art Werkstattraum, in dem Patienten fühlen, erleben

und nachdenken können, wie sie andere Menschen sehen oder wie sie selbst mit anderen zusammen sind und sein könnten. Dieses Nachdenken und Fühlen nennt man abstrakt **Mentalisieren**. Wie Missverständnisse hartnäckig das Miteinander gestalten und die eigenen abwehrenden Bewältigungsreaktionen (Selbstreaktionen auf prägende Emotionsregulation: SR) das Missverstehen selbst zirkulär bestätigen, das kann erlebt und reflektiert werden. Doch auch die Chance ist gegeben, mit bisher ängstlich verdrängten Anteilen neue Lösungen II für Wünsche, Bedürfnisse und Gefühle (Selbstwünsche: SW) offensiver und positiver auszuhandeln. Passiert dies, wird das in einer therapeutischen Gruppe in der Regel mitfühlend begrüßt.)

Ich kann auch allein nachdenken, mir Gedanken machen, wie ich beim nächsten Mal ganz konkret vorgehen will, allein oder mit Bündnispartnern, die ich mir suchen kann. Wenn ich bewusst meine Defizite im Konfliktverhalten oder in der Selbstsicherheit erkenne (s. Ü.10, 11), kann ich trainieren, üben oder der nächsten kleinen Herausforderung auflauern. Spaß und Kompetenzentwicklung könnten einen auch in kleine Selbsterfahrungs-, Coaching- oder Selbsthilfegruppen mit Peers bringen. Das funktioniert freiwillig bei Feuerwehrmännern nach dem Einsatz, in Trauergruppen, mit Therapeuten, die kollegial Supervision durchführen, bis zu Managern, die in vergleichbaren Funktionen arbeiten, aber beruflich und privat nichts miteinander zu tun haben. Wichtig ist eine strenge Schweigeverpflichtung, die, genau wie in Einzeltherapien, auch in diesen Gruppen für die Beteiligten gilt.

Aber wenn die Stimmung im Keller ist, die vitalen Kraftquellen nicht fließen, dann ist, immer noch freiwillig, ein beherzter Schritt und eine Entscheidung notwendig, Hilfestellung zu suchen. Dabei kann ich schrittweise und subsidiär vorgehen: Erst versuche ich, mir selbst zu helfen; vielleicht habe ich noch etwas, was früher gut war? Gibt es so etwas wie eine psychologische Hausapotheke? Als Nächstes wäre angemessen, Kontakt aufzunehmen mit Partnerinnen, Freunden, Familienangehörigen, Lehrern, Trainern und Vorgesetzten, um ein „Ich brauche Dich" auszusprechen. Nur wenn diese auch nicht mehr weiter wissen oder sich verstricken, liegt eine ambulante Beratung bzw. Therapie an. Auch wenn Wartezeiten das erschweren, sollte sie nicht aufgeschoben werden. Stationäre Behandlung ist statt ambulanter

Therapie angezeigt, wenn krisenhaft ein Mord- oder Selbstmordimpuls oder psychosenahe Verwirrung vorliegt, oder alternativ wenn eine umfassende „Erholung vom Stress mit einer Trainingseinheit" in einer kleinen sozialen Gemeinschaft erfolgen soll. Letzteres kann mit einem einweisenden Therapeuten oder der Klinik in Vorgesprächen hinsichtlich des Kosten-Nutzens ohne Zeitdruck überlegt werden. Die gemeindenahe Psychiatrie bietet niederschwellige Kontaktaufnahmen an.

- Empfehlung (c): Wenn eine Auseinandersetzung allein schwerfällt, stellen Sie sich nicht vor, ein anderer macht es oder ein Therapeut hilft. Gehen Sie persönlich das Risiko ein, Neues zu wagen. Die **Zusammenarbeit** an persönlichen Problemen mit Mitmenschen, speziell Psychotherapeuten oder in sozialpsychiatrischer Gemeinschaft, kann sehr empfohlen werden. Vorsicht: Einzel- und Gruppenpsychotherapie erfordert häufig mehr und zusätzliche Anstrengungen. Es existieren viele recht unterschiedliche Wege. Genau zu wissen, was man braucht, würde helfen. Auch wenn der Weg manchmal Freude bereitet und freundschaftlich fühlen lässt, letztlich ist es das Ziel, unabhängig zu werden und Freundschaften im eigenen Leben aufzubauen. Die Psychotherapie ist endlich dabei, die lebenslange Selbsttherapie und Fortentwicklung von Konfliktfähigkeit zusammen mit anderen in kultureller Gemeinschaft kann unendlich lange erfolgen.

(In der **Praxis der Gruppentherapie** gibt es wichtige Unterschiede. Da existieren unter dem gleichen Namen reine **Informations-gruppen**, spezifische **Kompetenzen trainierende Gruppen** – z. B. Selbstsicherheits-, Achtsamkeits- und Entspannungstrainings, Coaching; auch Kunst-, Tanz- und Körpertherapien zähle ich zu dieser Rubrik, da sie eine spezifische Selbstwahrnehmung trainieren – oder **individuelle Schwierigkeiten ansprechende und lösende** Psychotherapiegruppen.

Die zuletzt genannte **Gruppenpsychotherapie** kann psychisch-körperliche Symptome, interaktionelle Probleme, deren Bewältigungsversuche und die Zusammenhänge der Ebenen verstehen lassen. Zusammen mit den Gruppenteilnehmern lassen sich, aus einmal erkannten Lösungs-I-Mustern, neue Therapieziele, sogenannte Lösung-II-Muster, entwickeln.)

- Empfehlung (d): Unabhängig davon, ob eine Psychotherapie beabsichtigt ist oder nicht, ist es sinnvoll, soziale Kontakte über den Familienkreis und den Arbeitskontext hinaus aufzubauen. Unter dem Stichwort **Gemeinschaft** sollte der Natur des Menschen, sozial zu sein, aktiv nachgegangen werden – trotz aller konsumistischer und leistungsorientierender Beeinflussungen durch Teile unserer Kultur. Vorsicht: Die Vernachlässigung guter sozialer Kontakte, die Fixierung auf einzelne Partner oder reine Arbeit führen zu Abhängigkeiten. In partnerschaftlichen oder beruflichen Krisen oder bei Verlusten sind Menschen ohne Bindungsflexibilität und ausreichenden Belastungsausgleich sehr gefährdet, psychisch zu erkranken. Psychische Erkrankungen verschwinden nicht so schnell wie ein Schnupfen. Vorsorgen ist besser und kann neben Mühen auch Spaß bringen.

Um die Strenge der Warnung persönlich zu kommentieren, gebe ich zu, es ist für mich selbst nicht leicht, neben den Verpflichtungen wie der Arbeit und der Familie das *Pareto-Prinzip* einzuhalten und ausreichend Neues zu wagen. Das heiß aber nur, dass ich neben dem Drang nach Neugierde auch das Ausruhen und die Bequemlichkeit geerbt habe. Das ist auch gut so. Man soll die Kirche im Dorf lassen. Ich will aber auf jeden Fall Rucksackwandern in der Stadt (s. Ü14) und gerne auch in der Natur.

(Gruppen- und Einzelpsychotherapien sind in ihrer therapeutischen Wirkung gut wirksam. Dabei sind beide gleich gut: „Zusammengefasst lässt sich sagen, dass Gruppenpsychotherapien Effektivität deutlich nachgewiesen haben [...]" und „[...] als gleichrangige Alternative zur Einzeltherapie angesehen werden können und [...] sogar als die Methode der Wahl anzusehen [...] [sind]" (MATTKE et al. 2017, 274, 51). Forschung zeigt auf, welche zentralen therapeutischen Prinzipien, welcher Umgang, welche Patientenmerkmale in Gruppentherapien zu beachten sind. Gruppenpsychotherapie wirkt komplex. Es gibt viele Beschreibungen und Erklärungen; nur grob ist die Aufteilung in manualisierte störungsspezifische oder themenzentriete verhaltenstherapeutische oder interaktionell-psychodynamische Ansätze – es existieren reichhaltige Quellen aus der humanistischen Tradition. Die Vorgehensweisen sind stark abhängig von den Ausbildungshintergründen der Psychotherapeuten. Evidenzforschung kann keine Leitlinien liefern, welcher Patient zu welcher Therapie passt, auch wenn Gruppenpsychotherapie effizient und leitliniengerecht ist. In der Praxis hängt die Zuweisung zur Gruppentherapie häufig von Zufällen ab: In stationären psychiatrischen oder rehabilitativen Kliniken gehören Gruppenpsychotherapien zum Standard. Im ambulanten Bereich sind sie seltener, weil sie umfassende Ausbildungen voraussetzen und institutionell knapp waren. Sie können von interessierten Patienten über Medien gesucht und unter anderem bei Krankenkassen erfragt werden.

Quellen:
Kottje-Birnbacher, L.; Sachsse, U. (1986): Das Gemeinsame Katathyme Bilderleben in der Gruppe. In: Leuner, H., Kottje-Birnbacher, L., Sachsse, U. Wächter, M. (1986): Gruppenimagination. Mannheim. Huber.
Kröger, R. T. (2015): Störungspezifische Psychodramatherapie. Göttingen. Vandenhoeck & Ruprecht.
Mattke, D., Reddemann, L., Strauß, B. (2017): Keine Angst vor Gruppen! Stuttgart. Klett-Cotta.
Ploeger, A. (1983): Tiefenpsychologisch fundierte Psychodrama-therapie. Stuttgart. Kohlhammer.
Yalom, I. D. (2015): Im Hier und Jetzt. München. btb.)
Yalom, I. D. (2021): Theorie und Praxis der Gruppenpsychotherapie. Stuttgart. Klett-Cotta.)

In der Gruppentherapie als spezifische Technik und auch in zahlreichen Einzeltherapien als Technik oder zentrales Element genutzt werden Stühle, die stellvertretend für etwas oder jemanden stehen und externalisieren. Auch in der Aktivierung zu Hause, allein mit sich, ist das eine wirkungsvolle Anwendung, die einen Unterschied zum Nur-innerlich-Vorstellen bewirkt und Entwicklungsdynamik bringen kann. Dazu folgt gleich mehr.

Ü18: Zwei-Stühle- und Leerer-Stuhl-Dialog

Sich gegenüber auf zwei Stühlen zu sitzen und miteinander zu sprechen ist normal. Menschen sprechen miteinander im Gehen und im Sitzen – vielleicht am Telefon.

Mit sich selbst laut zu sprechen – ohne Handy am Ohr – war früher und ist auch heute ein Grund, für verrückt gehalten zu werden: „Der hört Stimmen und spricht mit denen", gilt in der Psychiatrie dann als Hinweis auf ein psychotisches oder wahnhaftes Erleben, wenn niemand da ist. Geht dies mit Ängsten, Aggressionen oder Schuldgefühlen einher, erhärtet sich der Verdacht. Verwirrung oder Unverständlichkeit im Denken und Sprechen, Konzentrationsstörungen und Schlafstörungen sind weitere Merkmale. Oft sind die Alltagsbewältigung, der persönliche soziale Kontakt zu anderen und die Ernährung eingeschränkt.

Im Unterscheid zu als krank angesehenen Selbstgesprächen lassen sich merkwürdige oder sogar ganz **gesunde Selbstgespräche** definieren. Es fällt mir schwer, *merkwürdige* oder nicht klar zuzuordnende Kommentare einzuordnen. Höre ich nebulös von einem Nachbarn den Satz „Man weiß ja nie, man weiß ja nie" als unvermittelten Kommentar nach freundlicher Begrüßung, ohne dass der Gruß erwidert wurde, und entfernt sich der Nachbar in sich gekehrt, bin ich irritiert. Auch ein älterer Herr, der in meiner Kindheit regelmäßig mit seinem Fahrrad am damaligen Bolzplatz vorbeifuhr, ist unvergesslich, weil er zuverlässig Speichel laut hochzog und auf die Straße ausspie, immer wieder auf uns fußballspielende Freunde enagierte. Enagieren ist hier ein besseres Wort als reagieren, weil wir ihn eigentlich nicht beachteten und er teilweise agierte, indem er offensichtlich nach außen zeigte, was aus seinem Inneren kam, und andererseits aber auf die Bedingung „spielende Kinder" mit seinem Reflex antwortete.

Ganz gesund empfand ich dagegen den Handwerkermeister, der äußerte, er wolle sich bestimmte Abläufe laut vorsagen, um besser über seinen Plan nachdenken zu können.

(In Ermangelung eines aufmerksamen oder kundigen Zuhörers **symbolisieren** Menschen nicht nur still im Inneren, sondern

externalisieren nach außen, um sich zu vergewissern, sich sicherer zu fühlen. Wir sprechen laut, wir zeichnen, basteln Modelle oder komponieren und gestalten manchmal großartige Werke als Ausdruck für unser Erleben. Das Kriterium für gesundes Denken scheint dabei nicht der Abstraktionsgrad oder das benutzte kognitiv-sensorische Medium des Ausdrucks, sondern inwieweit das Denken zumindest potenziell, kommunikativ und konzeptuell einem anderen oder auch sich selbst erklärbar wäre.)

Aus der Sicht einer Weltreligion wäre das Anbeten eines bemalten Basketballs (s. Ü10), wie in *Cast Away*, ein religiöser Götzendienst, wenn Robinson Crusoe zusammen mit mindestens einem Diener mit dem Namen „Freitag" ihn anbeten würde. Redete und betete nur allein der Verschollene, wäre es wahrscheinlich Ausdruck tiefer Verzweiflung. Einsamkeit kann als wahnhafte Verstiegenheit und Verrücktwerden interpretiert werden. Der Verschollene will nicht und kann nicht erklären, er sucht nur Halt, ohne ihn zu finden.

Die Kommunikation mit dem **Zwei-Stühle-** und dem **Leerer-Stuhl-Dialog** soll bei inneren Nöten helfen. Das Vorgehen soll hier konzeptuell erklärt werden. Beide technischen Vorgehensweisen sind vernünftig und richten sich auf Emotionen. Beide Techniken sind spezifisch gesunde *Methoden der Selbstvergewisserung, inneren Klärung und des Selbstgesprächs.*
Es geht nicht um Pläne, nicht um rationale Abwägungen mit Argumenten des Pro und Contra; sie können mit sich allein vermutlich besser visualisierend und verschriftlichend reflektiert werden. Es geht auch nicht um Verhalten aufbauende, übende Rollenspiele; eine Möglichkeit, Schritt für Schritt einzelne sprachliche Formulierungen, mimisch-gestische oder paraverbal-tonale Grundkompetenzen, wie an anderem Ort beschrieben, zu üben (s. Ü10).

o Es geht um die *vitalisierende Nutzung von Emotionen*, Gespürtem, Erlebtem, Impulsen, kreativem Potential und dem unbewussten Hintergrundwissen, das genetisch und lebensgeschichtlich reichlich vorliegt.

o Es geht auch um den *Umgang mit Blockaden oder Defiziten*, wie Sie lebensgeschichtlich geprägt sind, und darum, ganze Zustands- und Seinsweisen neu zu ermöglichen.

Die Abgrenzung gegenüber dem Rational-Argumentativen und dem Rollenspiel soll grundsätzlich zur Klärung eines unbewussten Potentialraums hin öffnen. Auch der Hinweis auf Defizite und Blockaden spielt mit der Option, diese unglücklichen Lösungen I zu erkennen und ganz bewusst strategisch mit sogenannten 180-Grad-Wendungen einer Lösung II zuzuführen, die das bisher brachliegende Potential aktiv zu nutzen und zu eröffnen sucht (s. Ü04). Dabei wird nicht nur naiv ein Durchbruch in den Potentialraum erwartet. Rechnen sie auch psychodynamisch und soziodynamisch mit konflikthaften Gegenkräften werden. Sowohl intrapsychische Konflikte als auch interpersonelle Zwickmühlen sind mit den Stuhltechniken allerdings gut aufzugreifen.

- Therapeuten empfehlen, den **Zwei-Stühle-Dialog** für intrapsychische Konflikte als Form zu wählen. Ganz einfach werden dafür zwei Hocker oder Sitzstühle nebeneinander in einer Entfernung von einem Meter aufgestellt. Im Unterschied zum inneren Nachdenken oder zum lauten Selbstgespräch wird tatsächlich ein Dialog zwischen (mindestens) zwei inneren Positionen geführt. Der aktive Selbstsprecher redet mal auf dem einen mal auf dem anderen Stuhl. Er sitzt. Oder, wenn die Debatte lauter wie hitziger wird – und das sollte sie zwecks Vitalisierung –, stellt er sich hinter den Stuhl und gestikuliert. Es kommt darauf an, ernsthaft und emotional die jeweilige Position zu vertreten, sodass ein innerer Streit im Außen deutlich wird. Die Positionen sind von Anfang an unvereinbar, so wie Lösung I nicht zur Lösung II passt oder beispielhaft Rücksichtnahme nicht zu Egoismus. Das heißt nicht, dass aus höherer Warte beide Zustände nicht nebeneinander existieren könnten oder mal mehr oder weniger dynamisch wirksam werden sollten. Die höhere Warte entspricht der Beobachter-Instanz oder der einer erwachsenen Person, die unterschiedliche Motive oder Zustände gesund integrieren will. In dieser Form können wir also noch zu Beginn einen vielleicht bequemen Sessel oder eine Couch nutzen, von der auch der

Erwachsene startet und wohin er auch zum Ausruhen und zum In-Ruhe-Nachdenken zurückkehrt. Denn nach einer Verabredung mit sich zum Selbstgespräch, als hätte eine Sitzung mit einem lebendigen Therapeuten stattgefunden, geht es wieder zurück in den Alltag. Die Übung funktioniert somit, wenn eine Person entscheidet, sich mit sich selbst für 30 bis 45 Minuten auseinanderzusetzen. Der Zwei-Stühle-Dialog arbeitet mit drei Sitzplätzen.

(Werden gleichzeitig emotional verschiedene innere **Schemata** aktiviert und wird zugelassen, dass im inszenierten Konflikt gefühlt-erinnerte Wahrheiten assoziativ hochkommen, stehen diese gegeneinander. Keine der Positionen kann oder sollte „gewinnen". Eine neue, noch wenig vertretene Lösung-II-Position sollte zunächst gefestigt werden. Aber die konträre Lösung I soll nicht unter den Tisch fallen, denn auch sie hatte eine Zeit, in der man mit ihr das Überleben sicherte, oder Anwendungsbereiche, in denen sie auch heute noch nützlich wäre. Schematheoretisch werden bei der Konfliktbearbeitung Zustände aktiviert, die überaktivierten oder gehemmten emotional-handelnden Mustern entsprechen (s. Ü19). Bei der Arbeit mit dem Zwei-Stühle-Dialog werden abgespaltene oder gehemmte emotionale Schemata vitalisiert und integriert. Nicht in der inhaltlichen Auseinandersetzung, sondern der integrativen Stärkung der Emotionsregulation, insbesondere der ehemals defizitären Lösung-II-Schemata, liegt der besondere Wert dieser Selbstkonfrontation.)

Fokussiert man sich nicht auf Inhalte, sondern auf typische Lösungsmuster und unbewusste oder vernachlässigte eigene Muster, kann man jederart „Persönlichkeitstheorie" nutzen – im Buch sind Konzepte skizziert (s. Ü5, 19 unter intrapsychisches System). Klienten, die nicht nur einmal ausprobieren, sei empfohlen, immer wieder zu überlegen, welche Aspekte „unbewusst" oder „ungenutzt" blieben, um diese dann zur selbstkonfrontativen Anregung zu nutzen.

Beispiel 1: Ein erfundener Kunde ist länger verheiratet in geschlossener Beziehung und hat zwei Kinder im Jugendalter. Durch die Arbeit veranlasst hat er viel sozialen Kontakt. Zufällig lernt er eine attraktive Person kennen, die mit ihm offen flirtet. Beide sind sich sympathisch.
Die Vorgeschichte der festen Beziehung zeigt ihn als verantwortlichen

Partner und liebevollen Vater; das Paar hat sich auch materiell mit einem Einfamilienhaus verpflichtet. In den letzten Jahren herrschte ein funktionaler Beziehungsstil, die Paarbeziehung wurde wenig gepflegt und die Sexualität ist unerfüllt.

Im Zwei-Stühle-Dialog klärt sich der Kunde, indem er den Zustand des verlassenen, bedürftigen Menschen (a) und des wütenden Menschen (b) wählt, das sind am ehesten die Positionen, die in ihm kämpfen: Zu (a) zeigt er sich traurig, klagt über zu wenig Zärtlichkeit und Zeit für körperliche Nähe. Er fühlt sich zurückgewiesen, verletzt. Er hat Angst, verlassen zu werden. Auch gegenüber der neuen Person hegt er romantische Gefühle mit Ängsten, dass sie ihn nicht so erwidert. Er ist völlig unschlüssig, was er tun soll. Die Angst, dass er es sich mit beiden Seiten verscherzt hat, fühlt er wenig, aber in seiner Jugend hat er sich schon auch komplexer verstrickt, ohne gutes Ende. Ein traurig-sehnsüchtiges, romantisches Hoffen ist aber gepaart mit Verlustangst und ambivalenten Gefühlen.

Zu (b) will der Kunde sich etwas mehr ermutigen. Im Dialog kann er sich aggressiver zeigen. Er schimpft über die Ehefrau, die seine Mühen, seinen Fleiß nicht mit der ersehnten Nähe honoriert. Er hält ihren Ärger meist aus, ist zurückhaltend sauer. Jetzt in der Situation mit der neuen Frau will er etwas wagen. Andere Männer gehen auch fremd. Andere trauen sich, „offene" Beziehungen zu führen. Er ist erwachsen und zum Alleinsein in der Lage. Er ist als Junggeselle zurechtgekommen. Hinsichtlich der jugendlichen Kinder ist er zwiespältiger, aber die sind schon gut entwickelt und richten ihre Interessen nach außen. Die Beziehung zu den Kindern könnte er pflegen. Außerdem könnte er auch einfach eine Geliebte finden, es müsste sich zuhause nichts ändern. Vor allem sollte er sich mal etwas trauen und nicht so ängstlich sein, wie er es als Kind war.

Der Kunde traut sich in den folgenden Wochen, der ihm noch weniger bekannten Frau eindeutigere Einladungen zu geben. Er ermutigt sich, dass er sich nicht Hals über Kopf verlieben müsse, sondern mit mehr Bedacht und Kontrolle. Die Frau winkt aber plötzlich ab. Der Kunde denkt weiter nach und meint, er könnte auch seiner festen Partnerin gegenüber flirtender, aktiv zärtlicher für seine Bedürfnisse eintreten, er müsste doch nicht aggressiv übergriffig werden, aber etwas direkter dürfte er werden.

Im Hinterkopf tauchen Erinnerungen auf, wie er früher Frauen umwarb, wie er auch aktuell sich mehr traut als früher, und wie er seine Frau kennengelernt hatte, vor den Kindern.

Der Kunde versteht sich lebensgeschichtlich besser, dass er als Kind wohl mehr vorsichtig beobachtend war. Er erkennt, dass er in der Fantasie mit jemandem tauschen wollte, mehr ein Draufgänger und Macho wäre. Er entscheidet sich, sich grundsätzlich mehr für seine Lösung II einsetzen zu wollen. Im Dialogisieren mit sich entwickelt er die Idee, mit dem Klettern zu beginnen; nach einem Kurs schließt er sich einer gemischten Hobbygruppe an. Er entwickelt mehr Stolz, Freude und ist für seine Frau attraktiver.

Während der oben genannte Dialog auf die eigene innere Entwicklung zielt und sinnvoll immer wieder unterschiedliche Aspekte bearbeitet (s. Ü5, 19), geht es im Folgenden um die Stärkung der Empathiefähigkeit, das Verstehen anderer und die eigene Abgrenzung.

- Therapeuten empfehlen, den **Leerer-Stuhl-Dialog** für interpersonelle Konflikte als Form zu wählen. Ganz einfach werden wieder zwei Hocker oder Sitzstühle aufgestellt, diesmal einander gegenüber, als wollten zwei Menschen miteinander reden. Im Unterschied zum inneren Dialog wird einer zwischen zwei gedachten Personen oder Objekten geführt. Es ist wieder nur ein Sprecher aktiv. Als Selbstsprecher redet der für sich, aber als Fremdsprecher nimmt er die körperliche Haltung an, die Tonlage und die Art und Weise des anderen; auch übernimmt er typische Redewendungen und Einstellungen. Das Gespräch oder die Verhandlung kann, mal auf dem einen, mal auf dem anderen Stuhl sitzend, geführt werden – oder, wenn die Debatte hitziger wird, hinter dem Stuhl stehend, gestikulierend. Es kommt darauf an, typischerweise die jeweilige Person zu vertreten und selbst sich mit dem anderen zu konfrontieren.

Der Klient kann variieren: Wenn er sein Gegenüber ausnahmsweise kooperativer, zuhörender und wie gewünscht spielt (s. Ü08), fördert er seine eigenen realitätsangemessenen Muster – hier käme er dem verhaltenstherapeutischen Aufbau von Kompetenzen näher. Wenn er sein Gegenüber realistisch oder sogar übertrieben schwierig spielt, kann er neue, auch impulsive Affekte ausdrückende Antworten im geschützten, selbstdialogischen Raum auszuprobieren. Er kann sich seiner Gefühle klar werden und erleben, wie viel Energie und Wirksamkeit er in sich trägt, um anderen seine Position zu zeigen. Beruhigter kann er in einem zweiten Schritt sich selbst beraten, was mit so einer Person in der Realität angemessener zu tun ist oder ob verstärkende Hilfe (s. Ü20) benötigt wird.

In der Bilanz wird eine verbesserte Empathie und Abgrenzung mit einer spezifischen Person erreicht. Bei häufigerer Übung mit dem Leerer-Stuhl-Dialog werden die Empathiefähigkeit allgemein für andere und eine größere Selbstsicherheit im sozialen Kontakt erreicht. Die intensive Nutzung dieser Technik steigert die soziale Kompetenz deutlich. Auch hier hilft es, wenn man die Situation nach der Übung nochmals aus der Selbstbeobachterposition in Ruhe nachwirken lässt. In dieser Form können wir also auch zu Beginn einen vielleicht bequemen Sessel oder eine Couch nutzen, von wo der Erwachsene startet und wohin er auch zum Ausruhen und zu dem In-Ruhe-Nachdenken zurückkehrt, beziehungsweise nach einer Verabredung mit sich zum Selbstgespräch wieder in seinen Alltag. Die Übung funktioniert aber nur, wenn eine Person entscheidet, sich mit sich selbst für 30 bis 45 Minuten auseinanderzusetzen, in die andere Person „hineinkriecht" und dann physisch und psychisch zwischen dieser und sich selbst wechselt. Der Leerer-Stuhl-Dialog arbeitet somit auch mit drei Sitzplätzen.

(Übernimmt ein Mensch die Rolle eines anderen, indem er die körperliche Haltung, die Tonlage, die typischen Redewendungen und die Einstellungen imitiert, erhält er Informationen, wer die Person überhaupt ist und wie sie sich fühlt. Die so mögliche Identifikation ermöglicht es, mit den Augen des anderen zu sehen. Die **Perspektivübernahme** erweitert das Wahrnehmungs- und Handlungsspektrum.

Entwicklungspsychologisch reift die Fähigkeit zur Perspektivübernahme beginnend im Kleinkindalter, abhängig vom emotional-kommunikativen Verhalten der wichtigen Bezugspersonen und von der generellen Intelligenz der Kinder. Eine reife, gegenseitig intersubjektiv verschränkte, sachlich-objektive Empathie, die wenig aufgrund eigener Bedürfnisse und Stimmungen verzerrt ist oder zumindest eigene

173

Vorurteile reflektiert, ist erst im späten Jungendalter oder Erwachsenalter annäherungsweise möglich.

Empathie ermöglicht es, ungewollte Missverständnisse zu vermeiden, sie überhaupt zu erkennen und Ansatzpunkte für Gemeinsamkeiten oder Kompromisse zu finden. Sie löst keine Unterschiede oder Rivalitäten auf, sondern ermöglicht Kommunikation, Wertschätzung und interaktionelle Verhandlung.)

Spontan bricht hervor: „Ja, das möchtest du, dass die Kinder von ihren Bezugspersonen gespiegelt und in ihrem Eigenen markiert werden. Heißt, die Bezugsperson spricht stellvertretend die Wahrnehmung des Kindes aus, und doch wird in der veränderten Tonlage deutlich, das ist nicht ihre Sicht. Dir ist das wichtig, oder?!" (1) Und unausgesprochen bleibt: „Was will der denn jetzt? Mir ist das gerade nicht wichtig, ich verstehe gar nicht." (2)

(Mit der Sequenz wäre zu verdeutlichen, welche Bedingungen gebraucht würden, um Perspektivübernahmen zu fördern: Erkennbar ist, dass zuvorderst eine selbstverstehende Aussage durch mich aufgestellt wird (1). Ich behalte dabei meinen gedanklichen Hintergrund für mich, bin vermutlich für den nicht vorinformierten Leser unverständlich.

Mit der folgenden Aussage (2) spiegle ich die vermutete Reaktion des Lesers. Durch das gespiegelte Verständnis für das Erleben des Gegenübers halte ich den Leser hoffentlich im Kontakt und mache ihn neugierig, was ich mit „spiegeln" und aktiver Perspektivübernahme meinen könnte.

Mit wiederholt markierter Spiegelung und damit einhergehender Bestätigung eigenen Erlebens durch das Gegenüber kann eine Beziehungsidee oder -repräsentanz entstehen, die erkennt: Andere sind anders, handeln nach eigenen Kriterien, haben ihre manchmal geheimen Motive. Mit einer differenzierten Beziehungsrepräsentanz kann ich mich auf diesen lebendigen anderen besser einlassen. Kinder und vermutlich auch Erwachsene müssen immer wieder lernen, dass die Welt nicht nach ihren Wünschen und Bedürfnissen organisiert ist. Gelingt das, können sie bessere Vorhersagen und Selbstwirksamkeit erleben. So entstünde **Selbstsicherheit mit anderen** im Unterschied zu **aggressiver Durchsetzung gegen andere**, mit all ihren negativen Folgen. Es kann eine dauerhafte Neugierde auf das Erleben der anderen, Möglichkeiten des Miteinanders und des Wunscherfüllens entstehen.)

Beispiel 2: Eine erfundene Kundin ist kinderlos, unverheiratet, wiederholt in längeren Partnerschaften: Aktuell tändelt sie mit mehreren Männern, die sie im Internet kontaktiert und trifft, um zu prüfen, inwieweit sie sich bindender mit ihnen einlassen will. Durch die Arbeit veranlasst hat sie viel sozialen Kontakt.

Zufällig lernt sie in Arbeitszusammenhängen eine attraktive Person kennen, die mit ihr offen flirtet. Beide sind sich sympathisch. Nach einem Dreivierteljahr schreibt der Mann sie an, er wolle ihr ein berufliches Projekt vorstellen und spazieren gehen.

Die Vorgeschichte zeigt sie als verantwortliche Partnerin, die aber im Aufbau einer Ehe irgendetwas falsch entschied oder unterließ; im Trennungsstreit wurde ein bereits erworbenes Einfamilienhaus verkauft. In den letzten Jahren herrschte ein freier, verliebender, offener Stil. Wiederholt zeigten sich die Männer bindungsscheu oder sie nahm Abstand. Ein verheirateter Mann gab an, sich trennen zu wollen, blieb aber dann doch nach gemeinsamem Streit über seine Zögerlichkeit bei seiner Ehefrau. Einer Freundin hat sie gesagt: „Die wollen nur Sex und bleiben im gemachten Nest!"

Im Leerer-Stuhl-Dialog trifft sie auf den Kontakt suchenden Mann, während sie noch nicht auf sein Schreiben geantwortet hat. Im Als-ob-Raum trifft sie ihn freundlich und zeigt sich fragend, was er denn wolle. Sie sagt ihm, sie habe beruflich viel um die Ohren, wolle eigentlich gar nicht von seinem Projekt hören. Sie wünscht ihm viel Glück.

Die Kundin spürt einen starken Widerstand, überhaupt die eigene Perspektive mit der des Mannes zu wechseln. Sie verlässt die zwei im Raum stehenden Stühle: Mit ein wenig Abstand auf dem Sofa ermuntert sie sich selbst, an der durch Nachdenken (s. Ü10, 22) ermittelten Zielsetzung dranzubleiben. Sie hatte aufgeschrieben, dass sie ihre Empathie für Männer verbessern will, ohne dabei eigene Bedürfnisse zu vernachlässigen oder zu schnell aggressiv hochzufahren.

Sie wechselt daraufhin Stuhl und Perspektive. Als annähernder Mann klärt sie, dass dieser respektvoll mit beruflichen Themen und vorsichtig mit einem Spaziergang ausloten möchte, ob da eine anfängliche Sympathie und offene

Kommunikation zu mehr Gefühl, Nähe und Erotik führen könnte. Er sei von seiner Ehefrau enttäuscht, erwarte da keine Veränderung mehr und sei grundsätzlich, sehr ehrlich, bereit, sich auf eine neue Beziehung einzulassen, wenn diese sich bewähre. Aber er wolle sie auch zu gar nichts drängen, man könne sich doch erst mal kennenlernen. Das müsse auch gar nicht mit dem Beruflichen verknüpft sein. Er wolle nur den Spaziergang vorschlagen und möge sie so, dass sie ihm nicht aus dem Kopf gehe.

Nachdem sie auf ihrem Stuhl zurückwechselt, bleibt sie freundlich, bestätigt, dass er bisher respektvoll, freundlich und nett war. Sie teilt ferner mit, dass sie gehört habe, er wolle mit ihr spazieren gehen, um sie näher kennenzulernen. Ihre Antwort sei dazu allerdings ein Nein gewesen. Sie wünscht sich, ihn in beruflichen Zusammenhängen wiederzusehen und zu grüßen, privat möchte sie aber keine nähere Kontaktaufnahme.

Die Kundin schreibt daraufhin eine Antwort-Mail. Sie beginnt damit, sich zu erinnern, sich bei beruflichen Gelegenheiten freundlich und in guter Stimmung kennengelernt und wiederholt gerne gesehen zu haben. Die konkrete Anfrage zu den beruflichen Interessen und die private Einladung weist sie aber ohne Begründung zurück. Darüber hinaus äußert sie den Wunsch, sich wie bisher freundlich in den beruflichen Kontexten begegnen zu können.

Bei einem nächsten beruflich veranlassten Treffen grüßt der Mann freundlich, ohne sich weiter anzunähern. Die Kundin ist zufrieden; in anderen Zusammenhängen wiederholt sie ihre Meinung zu verheirateten Männern.

Das ist ein harmloses Beispiel. Es gibt sicher penetrantere, gemäß ihrem Selbstverständnis als Eroberer aggressiver fordernde Männer, bis zum Stalker, denen Frauen leider begegnen.

Für diesen Fall könnte einerseits eine Klärung im Leerer-Stuhl-Dialog Raum geben, um einmal affektiv vom Leder zu ziehen. Es ginge dann beispielsweise darum, mit dem alkoholkranken Vater zu schimpfen, zu trauern und sich gesund abzugrenzen. Oder mit Emotionen gegenüber dem aktuell „einfach nur nervenden, verpeilten Typ" herauszukommen.

Anderseits wäre es zusätzlich in einer zweiten Runde des Leerer-Stuhl-Dialogs möglich, rechtzeitig zu prüfen, ob eine freundlich-selbstsichere

Klärung des negativ Gewesenen und die Benennung der Forderungen an das Verhalten des Gegenübers wie Wünsche für die Zukunft als selbstsichere Antwort bei dem jeweiligen Mann ausreichen. Manchmal kann es sinnvoll sein, eine gemeinsame Übungszeit, mit oder ohne Paartherapeut, zu vereinbaren. Oder ein andermal ist zu überlegen, wie Sicherheit durch die Hilfe anderer oder die Vermeidung eines Zusammentreffens möglich ist. #MeToo hat hier Möglichkeiten aufgezeigt, nicht allein zu bleiben und im Ernstfall nicht zu zögern, rechtliche und öffentliche Schritte zu ergreifen. Niemand sollte etwas allein versuchen, bei dem Hilfe durch andere sinnvoll ist. Auch bei dem Schritt aus den Freundschaftsnetzwerken hin zu Frauenberatungsstellen, Frauenhäusern, Polizei, Juristinnen, Psychotherapeutinnen und anderen sollte nicht gezögert werden. Besser zu viel wagen, als etwas unversucht lassen.

(Unabhängig vom harmlosen oder dramatischen Fall, erlaubt die Selbstkonfrontation mit dem Zwei-Stühle- oder dem Leerer-Stuhl-Dialog immer eine Klärung und Stärkung der eigenen Position in geschütztem Raum.
Verbunden mit einer Zielvision, anamnestischen Reflexion und bewussten Planung neuer Lösungsstrategien im Sinne einer 180-Grad-Wendung ist diese Form des Dialogs ein Instrument einer nachhaltigen Persönlichkeitsentwicklung.)

Das hört sich nicht nur positiv hinsichtlich des Instrumentes „Stuhl" an, sondern auch pro Persönlichkeitsentwicklung. Aber ist bewusst forcierte Persönlichkeitsentwicklung überhaupt sinnvoll? Geht sie nicht auch mit Aufwand und Kosten einher oder ist vielleicht sogar gefährlich?

Ü19 Gefahren der Persönlichkeitsentwicklung?

„Tschakka!", lautete der Schlachtruf des Personal Trainers und Motivators Emile Ratelband. Häufig treiben uns Trainer, Therapeuten, Berater und Coachs progressiv.

Empowerment, Selbstverstärkung, Ich-Stärkung, Unabhängigkeit, Zeit- und Life-Balance-Management, Ziele und Zielvisionen, Grundkompetenzen (s. Ü10, 11, 22) und persönliches Profil, Selbstsicherheit und sozial-emotionale Kompetenz werden wie „selbstverständlich" eingefordert.
Wir leben in einem Zeitalter der Individualisierung, der Selbstoptimierung und der Selbstwertthematik, „populärer Narzissmus" genannt.

Viele Menschen leiden an Selbstwertmangel – ohne gleich ein zur Empathie unfähiger pathologischer **Psychopath** wie *Hannibal Lecter* zu sein oder ein antisozialer **Soziopath**, der mit Einfühlung manipuliert, aber ohne Mitgefühl ist. Ist es nicht „normal", nach mehr Selbstwert und Anerkennung zu streben und vielleicht auch verborgene Zweifel mit sich selbst zu haben?

„Deutschland sucht den Superstar" ist die Sendung für das Volk. Sie richtet sich nicht an Hochbegabte, deren Besonderheiten nicht zur Selbstentwertung, zum Clown-Dasein oder zum Sektierertum verkümmern sollten. Sie richtet sich an Mütter, Väter, Kinder und Jugendliche, die TV schauen und träumen sollen, sie seien Superstars. Und doch werden die meisten niemals nach den Kriterien der Leistungsgesellschaft vorne stehen. In das Muster passt das Phänomen einiger werbefinanzierter „Influencer" im Internet. Sie vermitteln aus Luxus-Arabien, ihre Welt sei die richtige; die, die zählt. Sie sprechen schlecht über die spießige und Steuern fordernde, zivilisierte Welt, die sie doch mit Kindergärten, Schulen, Ausbildungs-angeboten sowie Chancen zur Bildung und Entwicklung finanzierte und grundsätzlich sich mit Kranken, Armen und Bedürftigen solidarisch zeigt. Bedienen sich die Influencer nicht vieler aus dem Volk? Sie erschaffen sich zur Identifikation als kleine „Stars", denen sich der kleine Mann oder die kleine Frau nahe fühlen möchte, indem er oder sie durch die Stars beworbene Accessoires kauft, sich ähnlich kleidet, wie sie weiter an eine hohle Verheißung glauben und anderes schlechtreden und entwerten. Wem nutzt das?

Auch der politische Populismus nutzt das Gefühl der kleinen Leute aus, die sich verarscht, verraten, vernachlässigt fühlen, weil sie abgehängt wurden. Oder weil Leute vernünftig schuften, fleißig für Kinder, Kranke und Alte, und dennoch zu wenig geachtet werden? Weil sie ein Unbehagen beschleicht, sie Angst haben? Das Problem und die Lösungsvision wurden thematisiert:

> Die Inhaltsangabe des Buches von *Ulrich Wickert* „Der Ehrliche ist der Dumme" lautet: „Gewalt, Korruption und Betrug gehören in unserer Gesellschaft fast schon zum Alltag. Erst ich, und nach mir die Sintflut – so denken immer mehr Deutsche und können mit Werten und Tugenden, mit Solidarität und Sozialverhalten nichts mehr anfangen. Mein Wohl statt Gemeinwohl, lautet die Devise. Doch eine Gesellschaft kann nur dann gut funktionieren, wenn sie Regeln kennt und anerkennt. Ulrich Wickert meint: Wir müssen den Werten wieder einen Wert geben, denn Anstand, Ehrlichkeit, Hilfsbereitschaft und Solidarität sind entscheidende Grundpfeiler des menschlichen Zusammenlebens." (Wickert, U. 2010)

Doch der Appell, den Werten und dem Gemeinwohl mehr Bedeutung zu geben, scheint zu verpuffen.

Die narzisstische Enttäuschung und Wut sind stattdessen weiter Programm. Sie nutzen denen, die uns einreden, wir seien nicht gut genug. Sie lässt die Gruppe der Protestwähler und Wutbürger wachsen. Das ist kein deutsches Phänomen:

> In *Richard Sennets* Buch „Der flexible Mensch" wird in amerikanischen Fallgeschichten über Arbeitende berichtet, welchem Veränderungsdruck Menschen in globalen Wirtschaften ausgesetzt sind: „Im flexiblen Kapitalismus erfahren Menschen, die sich verändern, drei Arten von Unsicherheit, nämlich durch ‚mehrdeutige Seitwärtsbewegungen', ‚retrospektive Verluste' und unvorhersehbare Einkommensentwicklung." (Sennet, R. 2000, 112)

Das soll konkreter werden: Mein Eindruck ist, dass in der **Werteskala** Musikstar, Milliardär, Manager oder Influencer zu sein, heute für viele mehr zählt, als Handwerker oder Arbeiter zu sein. Einen niedrigen Status haben ein ehrlicher Kaufmann, eine Verkäuferin, die für wenig Geld einen freundlichen Job macht, eine Krankenkassenmitarbeiterin, die Beschwerdetelefondienst und Sachbearbeitung im Multitasking erledigt, und ein Paketbote, der schwere Sendungen schleppt. Und in der Aufzählung lasse ich unter anderem Krankenschwestern, Lehrer, Polizeibeamte weg, weil das schon von anderen in einer Neiddebatte gegeneinander ausgespielte Berufe sind. Weitere Sorgen bereitet die digitale Entwicklung, die mit künstlicher Intelligenz nicht nur die Entlastung von Arbeit, sondern auch die Ersetzung der Akademiker durch kluge Computer mit sich zu bringen scheint. Es wird hart und erfolgreich an einer Psychotherapie per App gearbeitet, Videopsychotherapie wird nicht nur wegen pandemischer Gründe gefördert. Die neue industrielle Revolution bezieht sich nicht auf „einfache" Tätigkeiten, sondern auf „qualifizierte", wie Rechtsanwalt, Arzt, Behandler und Ingenieur. Die alten Hierarchien brechen ein. Die Angst vor dem Absturz, dem Statusverlust oder der Wahrnehmung, unwichtig zu sein, heizt das Klima untereinander an. Da helfen keine Argumente wie „ihr seid ‚systemrelevant'" und „fähige Leute werden immer gebraucht". Mit „Wut" (*J. Ebner*) reagiert die Welt. Die Social-Media-Küche brodelt.

Es geht voran? Soll es überhaupt noch mehr vorangehen? Ein Innehalten und „Stopp" ist vielleicht angezeigt.
Das gilt für die Entscheidung, welche Medien wie und ob überhaupt genutzt werden und für politische Debatten.
Das gilt auch für das gesetzte **Thema, aktive Manöver für unglückliche Lösungen** zu finden:
In diesem Buch sind das **Innehalten, das Nachdenken, die Reflexion** größtenteils Programm. Das erlaubt Selbsterkenntnis und ganzheitliche Diagnose (s. Ü15). Dabei ist die Differenzierung des Beobachters auch therapeutische Intervention, denn die ausdifferenzierten Interpretationen ändern die Handlungen. Statt hektischer, aggressiver, ängstlicher und gehemmter Überreaktion plädiere ich dafür, zu planen und zuzulassen, was geklärt, wieder gefühlt, gewünscht und ausgedrückt werden sollte.
In diesem Buch sind aber auch **Experiment, Ausprobieren und Konfrontieren** mit dem leeren Stuhl (s. Ü18, 20) und ein Appell zur **aktiven Veränderung** Programm. Therapeuten betonen, dass ohne wiederholte

Praxis der erkannten Ziellösung II keine dauerhafte Progression möglich ist – das Üben neuer Lösungen kann vernunftgesteuert oder spontan affektiv, selbstbelohnend, autonomieerlebend gesteuert erfolgen – deduziert aus der Reflexion oder induziert aus dem erlebten Fühlen, Spüren und intuitivem Wissen.

Die Metaperspektive (s. auch Ü Anhang) erlaubt es aber, insbesondere die im Folgenden genannten Punkte nochmals **kritisch zu überdenken**. Das bezieht sich auf das

- o intrapsychische System,
- o interpersonelle System,
- o Behandlersystem und
- o gesellschaftliche System.

Mit dem **intrapsychischen System** sind hier alle Phänomene gemeint, die ein Selbstbeobachter in seiner Körper-Geist-Ganzheit wahrnehmen kann. Zwischen Körper und Geist zu unterscheiden, ist nur eine grobe von vielen theoretischen Möglichkeiten, die eigene Person und Identität zu konzeptualisieren (s. Ü Einleitung, Ü5, 15).

Ich mag beispielsweise die schematheoretisch inspirierte Unterteilung in Ich-Zustände nach *R.T. Krüger* (2015): Fünf Stühle oder Handpuppen können Zustände repräsentieren, die für ein verlassenes, bedürftiges Kind (a), ein wütendes Kind (b), eine kompensatorische, angepasste Rolle (c), ein selbststrafendes Muster (d) oder ein personifiziertes schlechtes Gewissen, den verinnerlichten vernichtenden Kritiker (e) stehen können. Für Erwachsene (A) kann diagnostisch geklärt werden, ob chronisch-grandios gar keine wechselnden Zustände erlebt werden, ob nur andere die Probleme machen (entspricht A+b), ob sie ein dominantes reflexives, kompetentes Erwachsenen-Ich mit Schuldkomplexen haben (A+c) oder zustandsflexibler bestimmte andere Zustände bevorzugen oder sie parallel im schnellen Wechsel erleben. Häufig zeigen sich typische Muster der Dominanz einzelner Positionen oder der Instabilität, etwa wenn bedürftige Seiten mit wütenden im Konflikt stehen und hilflos-ohnmächtig gefühlt wird. Aber auch *Sigmund Freud* passt mit seinem Trieb-Ich-Über-Ich-Normenmodell noch immer, um als Mensch seine inneren Konflikte zu beschreiben. Kritisch ist nun, wenn wir aktive Veränderung empfehlen und dabei, ohne vollständige Folgenabschätzung, die Symptomatik lindern wollen. Wir greifen in die intrapsychische Abwehrstruktur ein. Das kann auch Nebenwirkungen zur Folge haben. Deshalb ist bei der Anwendung unserer Übungen wichtig, sie nicht kochbuchartig zu verwenden, sondern, neben der Linderung der Symptomatik, immer im Auge zu haben, was der häufig noch unbewusste Konflikt ist. Die Zusammenhänge zwischen Symptomatik und Sinn des Symptoms klären sich oft erst, wenn die Abwehr gelockert ist. Damit gehen manchmal Instabilität, starke Affekte und Erinnerungen an schmerzhafte Erfahrungen in der Vergangenheit einher.

Das kann beispielsweise nach *Sigmund Freud* ein sexuelles Begehren sein, dass innerlich als gefährlich oder unmoralisch bewertet wird. Das kann auch, alternativ an *R. T. Kröger* angelehnt, ein dominierender Zustand sein, z. B. als ein Lastenesel symbolisiert (wie A+c), zusammen mit innerlich unterdrücktem Erleben, vergleichbar einem im Stich gelassenen Mäuschen (wie A+a) und einem wütenden Drachen (wie A+b.). Dazu kann passend geklärt werden, unter welchen lebensgeschichtlichen Bedingungen die einseitigen Konfliktlösungen entwickelt wurden. Im Anschluss gilt es, neue Erlebnismuster oder Lösungen II für alle im Stall zu visionieren. Kombiniert man die Suche nach schneller Symptomlinderung mit ursächlicher Klärung innerer Konfliktursachen, macht keiner etwas falsch. Einseitig nur über Handeln Veränderung zu suchen oder nur über Einsicht, geht wahrscheinlich nicht, weil das eine das andere voraussetzt, zumindest als inneres Probehandeln oder als implizites, gefühltes Denken. Deduktives und induktives Vorgehen ergänzen sich und passen mehr oder weniger zu individuellen Stilen (s. Ü05 und Ü Inhaltsverzeichnisse und die geheimen Motive des Lesers).

Auf der intrapsychischen Ebene erscheint es wichtig, die chronischen inneren Konflikte oder Zwickmühlen im körper-psychischen System zu entdecken. Zum Verständnis sei noch mal betont, dass die Zustände auch als körperliches Phänomen, beispielsweise als „Bauchschmerzen", somatisiert auftreten können, und gegenüber einer beispielhaft braven, rechtmachenden Haltung stehen. Solche inneren Konflikte sind seelisch manchmal nicht bewusst und gerade deshalb Ursache für psychische Störungen mit gestörtem körperlichen Wohlgefühl. Deswegen ist es bedeutsam, langfristig statt an einer Symptomkontrolle oder -neutralisierung an der Versöhnung und

Integration innerer Zustandsmuster zu arbeiten. Das kann methodisch neben anderem auch durch die innere Konfrontation im „Zwei-Stühle-Dialog" geschehen (s. Ü18). Aber bei aller Bedeutung der langfristig nachhaltigen Entwicklung – Symptomkontrolle und Leidenslinderung sind kurzfristige berechtigte Anliegen, die auch den Glauben an die eigene Wirkmächtigkeit stärken und damit die Erfolgs-aussichten für eine nachfolgende grundlegendere Konflikt-bearbeitung.

Ein **interpersonelles System** sei hier als Einheit betrachtet, in dem mehrere Beobachter handelnd-symbolisch-kommunikativ interagieren. Mit einer gemeinsamen Kopplung der Einzelsysteme zum interpersonellen System bringen sie ihre Zustandsstrukturen und Persönlichkeitsstile ein. Über ihre inneren Zwickmühlen und inneren Konflikte hinaus entstehen Ergänzungsverhältnisse. In diesen werden bei einer Kopplung Bedürfnis- und Wunscherfüllung erhofft und erwartet. Strukturunterschiede führen regelmäßig zu Missverständnissen und sozialen Konflikten; und die Bemühungen, damit umzugehen, führen zu interpersonellen Mustern oder interpersonellen Lösungen I, die sich in Regelkreisen einspielen, wenn die Verbindung aufrechterhalten wird. Verändert nun ein Teil des gekoppelten Systems sein Verhalten konsequent, sind Folgen zu erwarten. In der Regel ist nicht einfach vorhersehbar, wie ein gekoppelter anderer enagiert. Ein Beispiel:
Einerseits würde ich, um Neues zu erleben, mit dem Rucksack in der Stadt spazieren gehen und mich abends mit der festen Partnerin treffen, es könnte Wiedersehensfreude geben (s. Ü14). Ich hätte einiges erlebt und wäre mit guter Laune auf sie getroffen.
Andererseits hätte ich gute Laune, weil ich einiges erlebt hätte und mit einer Geliebten viel mehr als spazieren gegangen wäre, der Abend hätte unvorhersehbar anders verlaufen können. Je nachdem, ob ich mit fester Partnerin Treue vereinbart und gelebt hätte oder polyamourös-offener eine Zweierbeziehung führte. Auch mein schlechtes oder gutes Gewissen oder ihre vertrauensvolle oder misstrauische Wahrnehmung, wenn sie ein fremdes Parfüm riechen könnte, würde in ganz unterschiedliche Szenarien münden. Experimentiert man in der Therapie, probiert aus, kommt etwas dynamisch in Bewegung. Die ökonomischen und sozialen Gefahren sind oftmals

immens und werden unterschätzt. In Amerika der 1960 Jahre fiel auf, dass häufig erfolgreiche Einzelpsychotherapien zur Scheidung führten. Die Übungen in diesem Buch beziehen sich auf das Individuum, aber ich glaube, wenn die Leser aktiv Veränderungen zentraler Lösungsmuster I umsetzen, sind ihre interpersonellen Beziehungen mitbetroffen. Sich der Kosten einer Trennung, möglicher vermehrter sozialer Konflikte bewusst zu sein oder möglichst rechtzeitig Interaktionspartner in Veränderungsprozesse mit einzubeziehen, erscheint sinnvoll (s. Ü10).

Auf der interpersonellen Ebene erscheint es wichtig, die inneren Konflikte und die Zwickmühlen zwischen den Beteiligten zu erkennen und auszuhandeln, will man hohe Kosten und Verluste vermeiden. Aber die Loyalitätsfalle und die Verantwortungsübernahme sollten nicht zu einseitigen Lastenverteilungen führen. Es gilt, einerseits den Konflikt zu wagen, zum anderen nicht selbsterfüllend destruktiv zu sein. Eine Auseinandersetzung mit den Zwickmühlen kann erkennen lassen, wie gemeinsam verstrickt unbewusste Konflikte mehrerer Beteiligter nicht gelöst wurden (*J. Willi*). Gelingt eine differenzierende, reflektierende Auseinandersetzung im Prozess oder Zwiegespräch (*M. L. Moeller*), können alle Beteiligten gewinnen.

Auch für das **Behandlersystem**, das beschreibt die Therapeutin mit den anderen Interaktionsteilnehmern, gilt alles, was für das interpersonelle System gesagt wurde. Ein Behandler kann sein System erweitern und selbstkritisch überprüfen, indem er Supervision, Fortbildung, Literatur und Lebenserfahrung nutzt, um sich auszudifferenzieren. Beispiele für Fehler: Einseitige Versorgungs- und Helferhaltungen oder kalte, zu wenig emotionale Resonanz zeigende Haltungen von Therapeutinnen dürften neurotisch wirksam sein; auch die Gefahr, eine Klinik oder eine Kopplung an Therapeuten als Ersatzobjekt zu missbrauchen statt als Katalysator für Progression und Triangulierung, ist für die Beteiligten schädlich. Sollten Kunden ihre neurotischen oder strukturellen Fehlhaltungen in das System einbringen, gilt auch für Systeme mit Behandlern, Verstrickungen mutig anzusprechen und aufzulösen. Auch hier ist es besser, unglücklich machende Muster zu klären, möglichst miteinander oder zusammen auszuhandeln, wie es weitergehen könnte, oder zu entscheiden, ob eine Autonomie fördernde Trennung besser wäre. Die Übertragungs-

Gegenübertragungsklärung kann helfen, ähnliche Beziehungsmuster nicht mit anderen zu wiederholen und sich auch dort angemessener auseinanderzusetzen. Verantworten alle Beteiligten die Metareflexion der Beziehungsmuster und möglicher neurotischer Lösungen, wird ein gleichberechtigtes, gewaltfreies, reflexiv-reifes Beziehungsmuster praktiziert. Kritisch ist, dass mit den Übungen und Manövern psychologisches Know-how mitgeteilt wird; in der Hand von Psychopathen und Soziopathen könnte es Manipulationszwecken dienen. Ich beabsichtige anderes – die mehr aufgeklärte Nutzung aktiver Veränderung in selbstverantworteter, persönlicher, moralisch verantwortlicher Entwicklung in natürlicher sozialer Gemeinschaft (s. Ü17) oder die mehr gleichberechtigt kooperative Zusammenarbeit in therapeutischen Systemen.

Für die **Gesellschaft** gilt ebenso das für die mikrosoziologischen, interpersonellen Systeme Gesagte. Einzelne Akteure sind dabei für makrosoziologische Einheiten relevant. Anderseits soll nicht ignoriert werden, dass die Macht und die Verantwortung politisch, finanziell und intellektuell sehr ungleich verteilt sind. Konflikte sollten demokratisch ausgehandelt werden, will man gesunde Entwicklungen statt Hass und Not fördern. Mein Wunsch ist, dazu beizutragen, einzelnen die aktive Teilhabe an Gemeinschaft und das Aushandeln von politischen Konflikten den universalen Menschenrechten gemäß zu ermöglichen.
Kritisch zu sehen wäre allerdings: Psychologisierung statt Politisierung. Wie Religion nicht Opium für das Volk sein sollte, darf psychologisches Denken und Handeln oder individuelle, aktive Persönlichkeitsentwicklung für das eigene, partnerschaftliche, familiäre Glück nicht blind werden lassen für die drängenden globalen, ökonomischen, sozialen und ökologischen Fragen. Kleiner gedacht sind manche Handelnden in der Kultur, in Institutionen und in Exo- wie Mesosystemen mächtiger und deswegen moralisch mehr verantwortlich. Die selbstkritische Frage ist nicht, wer oder was mir helfen kann, sondern was ich tun kann. Unter Umständen brauchen wir nicht (nur) mehr Psychotherapeuten, sondern mehr aktiv die Gesellschaft verändernde und Verantwortung tragende Akteure.

Der „Leerer-Stuhl -Therapeut" Ü20

Der **Leerer-Stuhl-Dialog** wurde als gesund und vernünftig vorgestellt. Er zeigt eine Technik der Selbstvergewisserung, der inneren Klärung und des Selbstgesprächs auf. **Ziel der Technik ist die Öffnung eines Potentialraums**, der mit lebensgeschichtlichen Persönlichkeitsdefiziten umgehen lässt, und Emotionen, Erlebtes, Impulse, kreatives Potential und unbewusstes Wissen vitalisierend nutzt (s. Ü18).

(Der **Leerer-Stuhl-Therapeut** ist aber mehr als der abwesende, von Patienten verkörperte und nachgespielte persönliche Therapeut. Er kann das allerdings sein, wenn beispielsweise interpersonelle Konflikte zwischen Patient und Therapeut im Vorfeld eines Treffens geklärt werden sollen. Der Patient kann wie in Ü18 beschrieben vorgehen und sich empathisch wie abgrenzend auf den eigenen Therapeuten vorbereiten.
Im Unterschied zum Leerer-Stuhl-Dialog, bei dem es um die Stärkung der Empathie- und Abgrenzungsfähigkeit und die mögliche Klärung interpersoneller Konflikte gehen kann, soll der Leerer-Stuhl-Therapeut prinzipiell anderes bewirken:
Mit ihm übernimmt **der Kunde die therapeutische Funktion und ist sich selbst ein hilfreiches Objekt.** Er übernimmt für sich selbst die Therapeuten- oder Selbstobjektfunktion, die zuvor ein anderer, vielleicht ein realer Therapeut, ein Lehrer oder ein Elternteil ausübte. Die Selbstobjektfunktion kann in Übergangsrituale oder Übergangsobjekte fließen, das heißt, man muss sich nicht explizit und vollständig ein Objekt erinnern, sondern es können Gesten oder Gegenstände an die Objekte erinnern und so fühlen lassen, als wenn sie da wären.
Das, was Therapeuten tun – *Ruhe bewahren, eine Außenperspektive erlauben und damit Abstand gewinnen, sich Zeit nehmen, Zuversicht behalten, sich wohlwollend zuwenden, nicht allein lassen, Mitgefühl zeigen, Wissen für die Problemlösung bei psychischen Störungen besitzen und Nachdenken fördern, spezifische Anweisungen und Tipps zur Selbsthilfe geben* – wird in Situationen, in denen ein Kunde das braucht, von ihm selbst mit der Technik hergestellt. Der Kunde ist also einerseits allein und andererseits erinnert er sich an seine therapeutische Bezugsperson oder an die von der Bezugsperson übernommenen Haltungen.

Diese sind wiederum zuvor durch andere lehrende Objekte zum Selbst des Kunden geworden.)

Zur Verdeutlichung: Als Kind lief ich gerne von A nach B. Wer mich beobachtete, hätte lachen können, da ich mir mit der linken Hand wiederholt freundlich auf den Po klopfte. Gleich einem freundlichen, kindlichen Reiter eines schwarzen Hengstes namens „Fury" – einem TV-Star der 1960er – ermutigte ich mich zum temperamentvollem Lauf. Ich war mit dem Reiter und Pferd psychisch eins, innerlich verbunden, und hatte keine Ängste, mich allein frei zu bewegen. Unsichtbare Freunde liefen mit mir und halfen bei allen Abenteuern.

In Ansätzen erlebte ich später die Funktion „großartiger" Therapeuten, indem wir, Studierende damals, in verschiedenen Gruppen die Gründerväter der Psychotherapieschulen im Rollenspiel nachahmten: Wir krochen in die Körper der Granden, bewegte uns so, wie wir meinten, dass sie sich bewegt hatten, sprachen Dialekte und Fremdsprachen, vertraten Meinungen und Haltungen, wie wir sie zuvor gelesen oder in Kleingruppen besprochen hatten. Wir zeigten auf unsere Kleidung, behaupteten, dass sie violett und wie auch immer besonders sei, oder verwiesen auf andere unveränderbare Merkmale. Und wir zeigten uns sicher, stolz, erfahren.
Ähnlich dem Leerer-Stuhl-Dialog erarbeiteten wir uns im Rollenwechsel Identifikationen mit anderen (s. Ü18). *Sigmund Freud, Jakob L. und Zerka Moreno, Fritz Perls und Carl Rogers* wurden zu gefühlten Vorbildern und Schulengründern, mit denen ich mich auseinandersetzen konnte. Dabei konnte es vorkommen, dass zwei oder drei *Freud*s darum würdevoll stritten, wer denn nun Recht habe, mit seiner Lehrmeinung, wer denn der echte und wer die falsche Position vertrete. Und wichtig war, so erinnere ich mich, dass beispielsweise *Moreno* das tief in sich Wahre, die spontane Äußerung leiten ließ, er vertraute einem kreativen Unbewussten. Mein *Freud* von 1986 betonte die Bedeutung der unbewussten Triebe, des Sexuellen, das ein gutes Gewissen und das denkende Ich zügeln mussten. 2021 über sich aufgeklärt, Widerstand überwindend und mit Einsicht – nach der Lektüre der Biografie „Freud – Sein Leben und Denken" von *J. Whitebook* (2018) würde er die Bedeutung des präödipalen Bindungsgeschehens wie der emotionsregulierenden Prägung in seine überarbeiteten ödipalen Theorien

aufgenommen und verteidigt haben, denn *Freud* war offen für gewisse Revisionen.

Dem Kritiker soll ruhig auffallen, dass neben diesen Rollenspielen, die die Identifikation mit Gründern förderten, selbstverständlich die umfassende Fachliteratur psychologischer Theorie und Praxis und viele Dozenten und Supervisoren als Lehrer verschiedener Methoden identitätsstiftend waren. In den vielen Jahren als Psychotherapeut kamen für mich wichtige Psychotherapieforscher wie *K. Grawe, L. S. Greenberg* und weiterer Schulenvertreter wie *A. T. Beck, F. H. Kanfer, V. Satir, M. Selvini-Palazzoli, M. Erikson, St. de Shazer, G. Schmidt und H. Leuner* als für bestimmte Ansätze stehende Persönlichkeiten hinzu.

Die Verzahnung von Ausbildung und Praxis ließ mich in den vielen Jahren meinen eigenen Stil entwickeln. Über die persönliche Auseinandersetzung mit Gründern, Ausbildern, Patienten lernte ich, Therapeut oder ein Objekt zu sein. Da zu sein für Suchende, sich in ihrem Selbst entwickelnde Kunden. Nie verstand ich mich als jemand, der lediglich Symptome kurierte. Die waren Anlass für die Behandlung und Ausdruck ursächlich zugrunde liegender neurotischer Konflikt- und Lösungsmuster, in die eine einzelne oder mehrere Personen verstrickt sein konnten.

Eine weitere Quelle, Psychotherapeut zu werden, ist Selbsterfahrung. Teils als Aufgabe innerhalb bestimmter Ausbildungsgänge, teils aus eigenen sich in Lebenssituationen stellenden Problemlagen, können und sollen angehende Psychotherapeuten selbst Psychotherapie bei erfahrenen Kollegen durchführen.

Mit Gruppenselbsterfahrungen in verschiedenen Kontexten begann ich, einzelpsychotherapeutische und paartherapeutische Kontexte folgten. In Fortbildungen waren und sind immer wieder solche Elemente eingebunden und werden verlangt, will man sich qualifizieren.

Natürlich kamen mir manche, ich nenne sie Ausbilder, emotional und geistig nah.

Sie und Lehrer aus der Schulzeit, Sporttrainer, idealisierte Pfadfindergruppenleiter, erst nach der Übung 08, auch mein Vater und andere Freunde hatten eine selbsterweiternde, heilsame und damit therapeutische Funktion. Der Leerer-Stuhl-Therapeut ermöglicht es, sich persönlich an sie zu erinnern. Mehr ist es nicht als erinnern, aber auch nicht weniger.

(Den Leerer-Stuhl-Therapeuten zu nutzen heißt, dass anstelle eines persönlich erlebten, lebendigen, heilsamen Objekts eine stellvertretende erinnernde Repräsentanz tritt. Das Objekt kann aktuell oder in früheren Zeiten ein **Selbstobjekt** gewesen sein. Selbstobjekte sind Objekte, mit denen sich ein Kunde identifiziert, um seine Selbstrepräsentanz anzureichern und zu erweitern. **Übergangsobjekte** sind Gegenstände, die eine stellvertretende Funktion für die Objekte erhalten.)

Bücher bekannter Psychotherapeutengrößen stehen bei mir manchmal jahrelang unberührt im Schrank oder Regal, jederzeit aber erreichbar. Hin und wieder gehe ich bewusst an ihnen entlang und gucke auf die Buchrücken. Ich könnte sie als meine Begleiter betrachten, sowohl als informationshaltige Bücher und auch als Stellvertreter für die Persönlichkeiten, die meiner Meinung nach die Fortschritte im psychotherapeutischen Handeln vorantrieben. Ich vergleiche die Bücher als Übergangsobjekte mit den Schmusetüchern, die Kinder haben, um sich zu beruhigen und wohlige Gefühle unabhängig von den Eltern zu erleben.

- Ich empfehle, den **Leerer-Stuhl-Therapeuten zur Ich-Stärkung zu nutzen.** Es können spezifische Ermutigungen, Berührungen, freundliche Worte oder Informationen oder die Existenz des Objekts durch ihr Sein stärken.

- Schon das **Denken und Erinnern an wichtige Menschen** stellt innerlich heilsame und therapeutisch stärkende Bezüge und Verinnerlichung von ursprünglich äußeren Erfahrungen her. Wiederholt an das zu denken, was innerlich stark werden lässt, ist ohne Einschränkung zu empfehlen.

- Selbstverständlich kann auch das Ziel der Vitalisierung und der emotionalen Begegnungsfähigkeit verfolgt werden. Auch beim allein Spielen werden einzelne Erfahrungen gesammelt, die zur stärkeren erfahrenen Person reifen lassen. Dazu wird das **Objekt „Therapeut"** **im Rollenspiel konkretisiert:** Es ist möglich, wie beim Leerer-Stuhl-Dialog wieder zwei Hocker oder Sitzstühle gegenüber voneinander aufzustellen. Anschließend wird im Rollenwechsel ein Dialog zwischen Kunde und Selbstobjekt geführt. Es ist wieder nur ein Sprecher aktiv. Als Selbstsprecher redet der Kunde für sich, aber als Fremdsprecher nimmt er die körperliche Haltung, die Tonlage und die Art und Weise des als therapeutisch gedachten Objekts an. Die Erinnerung an äußerliche Merkmale, bestimme typische Kleidungsstücke und die Art zu lachen sympathischer Menschen sind hilfreich. Das Gespräch sollte mehr dazu beitragen, die fürsorgliche, mitfühlende, fördernde Funktion oder in spezifischen Situationen ermutigende Hinweise zu geben.

(Verbunden mit einer Zielvision, anamnestischen Reflexion und bewussten Planung neuer Lösungsstrategien im Sinne einer 180-Grad-Wendung ist ein Leerer-Stuhl-Therapeut geeignet, sich wohlwollend zur eigenen nachhaltigen Persönlichkeitsentwicklung zu positionieren.)

Witzig finde ich, dass mir nicht nur eine Patientin beibrachte, dass es einen „kleinen Herrn Flamme" für sie gibt. Der sitze mal auf der Schulter oder könne, wie der Däumling im Märchen, im Ohr hocken und manchmal auch als Stimme auftauchen. Der sage dort etwas.
Patienten brachten mir somit bei, dass es einen kleinen Therapeuten namens Norbert gibt, der Sprüche für alle Lebenslagen hat (s. Ü02), der assoziativ Regeln mit Stichwörtern verbindet (s. Inhaltsverzeichnis I) oder der ständig Freunde und Bilder schöner Orte hinter sich imaginiert (s. Ü22). Ich sehe den und höre den „kleinen Norbert Theodor Maria" inzwischen auch.

(Auch Psychotherapeuten lernen von ihren Kunden Manöver, die sich als therapeutische Funktion, Selbstobjekt oder Übergangsobjekt ich-stärkend nutzen lassen.)

Wenn miteinander gelernt und verinnerlicht wurde, kann das am besten spielerisch in einem Quiz münden? Schauen wir mal weiter.

Ü21: „Quiz: Unbewusstes entdecken"

Die Oberärztin forderte das Unbewusste (s. Ü4). Frau Doktor war die leitende Medizinerin gewesen. Eigentlich war sie für das tiefe psychodynamische und psychiatrische Spezialwissen da, aber im Grunde war sie doch, auch durch ihr Studium, auch als Ärztin, für die Heilung des Körpers wie der Seele verantwortlich. Sie hatte entschieden auf sicher kleinere Spannungen und Rivalitäten im Vierertherapeutenteam geantwortet, wer mit wem zu zweit Gruppentherapie durchführen sollte. Aus heutiger Sicht waren das damals übliche Spannungen, in fast allen Gruppen vorkommende Sündenbocksuchen gewesen, wie sie allzu oft zwischen Menschen ausgetragen werden. Zusammen mit dem Chefarzt hatte sie entschieden, wer als Ko-Therapeutenpärchen die Gruppentherapie in der Tagesklinik durchführen sollte. Und sie hatte einen Ausflug vorgeschlagen.

Nach dem Betriebsausflug in die Lüneburger Heide mit ihren zarten violetten Blümchen, den Düften der Ebene und der grenzenlosen Weite war klar, dass die fachlich kompetente Promovierte auch lachen und auf einer buntkarierten Decke picknicken konnte. Auch Bienen und Hummeln waren in anständiger Nähe zum Team geblieben, hatten aber einiges ins Säuseln und Träumen gebracht. Wirklich schön war's! In der anschließenden Woche fragte ich mich während der Arbeit: *Ist sie das?* Eine Frau kam lächelnd durch die breite, energievoll geöffnete Stationstür. Sonnenlicht flutete durch die Fenster an diesem späten Sommernachmittag. Es war lauschig warm. Ich blickte einen langen Moment hoch zur Tür. Acht Meter fünfzig oder neun Meter entfernt und acht Jahre jünger, reagierte ich steif, verhindert im Flurgespräch mit anderen. Sie hatte mich doch auf die Spur gesetzt, gefordert, darauf zu achten, wann und was unbewusst ausgedrückt werde. Dem mochte ich allzu gerne nachkommen.

Und auch hier will ich dem Interessierten den Nutzen, diese

Frage und Wahrnehmung nahebringen: Wann drückt ein anderer oder eine andere etwas unbewusst aus? Was zeigt er, was er gar nicht zeigen will? Was und wie wehrt sie ab? Ganz grundsätzlich muss es nicht immer Sexuelles sein, es ist auch der Wunsch nach Nähe und Liebe, dessen unverhoffte Enttäuschung durch vorauseilende Grobheit bestens geschützt werden kann. Oder großzügiges Verwöhnen und „Bitte"-Sagen verdecken berechtigte Ansprüche; deren selbstsichere Äußerung, in Form einer direkten glaubhaften Bitte, noch eine Chance hätte, und ansonsten langes Warten oder Wut – bei Jammern – zur Folge hätte.

(In der **Operationalisierten Psychodynamischen Diagnostik** wird die Beziehungsdynamik erfasst, das heißt, wie **Selbstwünsche** (SW) durch ursächlich biografische Erfahrungen mit **Objektwünschen** (OW) kollidierten und in der Folge abwehrend-schützende **Selbstreaktionen** (SR) den Persönlichkeitsstil prägen und oftmals negativ-ungünstige **Objektreaktionen** (OR) unbewusst wiederholt werden.
Die Vielfalt und die Dysfunktionalität der psychischen und sozialen Abwehrmechanismen und auch ihrer Funktionalität in ursächlichen Kontexten – S. Freud hat mit der ödipalen Rivalität nur einen erklärt – wurden im Lebenswerk von S. Menzos beschrieben.)

In dieser Übung soll der Leser einer häufigen Abwehrform entsprechend selbst aktiv werden, indem er die Fehler eines anderen, die Objektreaktion, als Erstes analysiert. Die meisten Menschen sehen sich bei Enttäuschungen oder Wut und Ärger als Opfer **(Opfer der OR)**.

(**Schuldkomplexe**, sich selbst als Täter abzustempeln, wehren häufig auch nur Enttäuschung eigener Bedürfnisse, Ärger auf andere und Angst vor Abwendung ab.)

Sich in einem Quiz mit einem anderen zu beschäftigen, schützt vor eigenen unnützen Schuldgefühlen, weiterhin führt es zu der Erkenntnis, dass nur mit konstruktiver eigener Aktivität alte Muster geändert würden. Nur das Auswechseln der Freundinnen führt selten zur Lösung, und Rückzug verewigt Einsamkeit und Verkümmern von vital stärkenden wichtigen Wünschen. Würde der Leser zu schnell sich selbst erkennen, wäre er der Gefahr ausgesetzt, sich als mitverantwortlich für Unterlassungen lösender Manöver II zu sehen.

Auch für mich ist es durchaus schwierig gewesen, herauszufinden, wie ich eigene Sehnsüchte an meine Eltern oder die größten Lieben **(SW)** aufgeben musste, mit dem Interesse an Psychologischem auch Hilflosigkeit gegenüber Unmöglichkeiten **(z. B. Inzesttabu und Idealisierungs- bzw. Verschmelzungswünsche)** abwehrte, Kontrolle und Durchblick suchte. Ich glaube, ich bin weitergekommen, wieder emotional offen, kann Wünsche zeigen, vertrauen und mit Humor ganz gut leben. Ich komme meist zurecht.

> Aber jetzt zum Quiz. Sie sollen aktiv werden. Diesmal bin ich das Opfer. Beantworten Sie Multiple-Choice-Fragen und lernen sie einmal an einem anderen, Unbewusstes aufzuspüren.

> Nach korrekter Beantwortung der Quizfragen sind Sie sicher einen entscheidenden Schritt weitergekommen, die *Dimension des Unbewussten* mit dem „dritten Auge" zu sehen, dem „dritten Ohr" zu hören, mit dem „siebten Sinn" zu wittern und durch Nachspüren, Atmen und Denken „Gefühle hochkommen zu lassen".

> Ich habe in der Einleitung definiert, was ich nicht schreiben wollte. Ist dennoch – unbewusst – mehr in den Text gerutscht? Haben Sie als Leser etwas, zwischen den Zeilen oder explizit vor Ihnen liegend, entdeckt, das die

bewusst gesetzten Grenzen oder Tabus überschritt? Ich wollte nur *selektiv offen* etwas über meine Biografie mitteilen. Haben Sie mehr mitbekommen, als ich ausdrücken wollte? Was wissen Sie?

Ich wollte *Fachinformationen vernünftig* in Klammern **(...)** absetzen. War ich fachlich korrekt? Habe ich unbewusst oder absichtlich aus persönlichen Wertungen nicht objektive Sachstände verzerrt? Gerade Fachwissenschaftler, Kollegen und Laien, als spezifisch tief oder breit umfassend Gebildete, könnten kritisch Fehler rückmelden.

Ich wollte für Interessierte und Therapeuten den wichtigen Faktor *Aktivierung außerhalb der Beratungs- oder Therapiestunde* in den Vordergrund stellen. Ich kündigte an, abwechselnd ältere Erfahrungen und ins Leben stürzend Selbstexperimente schildern zu wollen. So sollten Aktivitäten der Kunden zur autonomen Entwicklung gefördert werden. Die Methode war es, eine Art Heldenroman zu entwickeln. Wurde Altes mit neuen Experimenten ausgewogen gestaltet? Habe ich mich durch die Hausaufgaben, Selbstbeobachtungen und das Nachdenken verändert? Habe ich unbewusst Kundschaft abgeschreckt, indem ich meine Lösungen I kontextuell würdigte und II suchte?

(Die Antworten und Auswertung, was die erreichte Punktzahl bedeutet, finden Sie am Ende dieses Kapitels. Sie können sofort Ihre Punktzahl addieren.):

a. Wie viele Geschwister hat der Autor?

    Er hat nur eine Schwester.

Ja   (1 Punkt)

Nein   (0 Punkte)

Er hat mehrere Geschwister, aber es blieb unklar, wie viele.

Ja   (0 Punkte)

Nein   (1 Punkt)

Er hatte eine Schwester und viele Wahlverwandte,   Blutsbrüder, Freunde, die auch wie Geschwister sind.

Ja   (0 Punkte)

Nein   (1 Punkt)

b. Welche geschlechtliche Orientierung hat der Autor?

Er ist heterosexuell.
Ja   (0 Punkte)

Nein   (1 Punkt)

Er ist homosexuell.
Ja   (0 Punkte)

Nein   (0 Punkte)

Er ist bisexuell und divers.

197

Ja   (0 Punkte)

Nein   (0 Punkte)

Er meint, dass die Frage (b.) zur Sache beiträgt.

Ja   (2 Punkte)
Nein   (0 Punkte)

c. Erzählt der Autor biografisch über noch lebende Personen mit möglicherweise verletzten Persönlichkeitsrechten?

Stellt er jemanden bloß?
Ja   (1 Punkt)
Nein   (0 Punkte)

Erkennt er ihm nahestehende Personen wegen ihrer Empathie oder ihres selbstständigen Denkens an?

Ja   (0 Punkte)

Nein   (1 Punkt)

d. Eröffnet der Autor, aus stilistischem Ehrgeiz oder versehentlich, eine persönlich erlebte *sexuelle, grenzüberschreitende Fantasie prae actu* aus seinem Werdegang, obwohl Psychotherapeuten nur selektiv offen gegenüber Kunden sein sollen?

Nein (1   Punkt)
Ja   (0 Punkte, wenn genannt

werden kann, auf welcher Seite)

e. Gibt es mehrere annähernd formal-korrekt zitierte und als solche gekennzeichnete Stellen im Buch, die vermuten lassen, dass der Autor früher einmal des wissenschaftlichen Arbeitens fähig war? Auf welcher Seite vielleicht?

> Ja   (0 Punkte)
>
> Nein (1 Punkt)

f. Gibt der Autor eine politische Position im Text preis und ergreift Partei? Auf welcher Buchseite lässt er sich dazu hinreißen? (s. Ü06, 19)

> Ja   (0 Punkte, wenn genannt werden kann auf welcher Seite)
>
> Nein (1 Punkt)

g. Trifft der Eindruck zu, dass der Autor wie in einer Talkshow sein fachliches Wissen ausschüttet, ohne sich der Mühe unterzogen zu haben, die neuesten Studien, Theorien und Erkenntnisse zu würdigen?

> Ja   (0 Punkte)
>
> Nein (2 Punkte)

h. Welche fachlichen Korrekturen würden Sie innerhalb der mit Klammern in der Schrifttype Veranda abgesetzten

Textpassagen des Buches vornehmen, z. B. „... das in Klammern Gesetzte. (Im weiten, bunten Feld der Psychotherapieschulen hatte ich zu Beginn meiner Ausbildung die Freude ...)"

....

.... (Schreiben Sie dem Verlag, der dies an den Autor weiterleitet, dann können Sie von ihren Punkten noch mal –8 abziehen.)

i. Ist der Autor unter streng wissenschaftlichen Gesichtspunkten selbst schuld daran, durch pausenloses euphorisiertes, emsiges Arbeiten an den Übungen in eine psychosomatische Krise gekommen zu sein? Ist er nicht Opfer des Schicksals geworden, das weder Psychotherapeuten noch Ärzte beeinflussen können, sondern ist er selbst verantwortlich für seine Psychosomatik?

Nein   (1 Punkt)

Ja   (1 Punkt)

Unentschieden (0 Punkte)

j. War der Erzähler an manchen Stellen zynisch gegen sich oder andere?

Nein   (0 Punkte)

Ja   (1 Punkte)

Unentschieden (1 Punkt)

k. Welche unbewussten Verzerrungen oder Einlassungen fallen Ihnen innerhalb des Textes oder des Quiz auf, wenn Sie hier schon erfahren, dass der Autor meint, alle Antworten mit 0 Punkten seien die richtigen. Schreiben Sie die Seiten auf.

....

.... (Texten Sie, auf welcher Seite was dem Autor unbewusst passierte, und schicken Sie das dem Verlag, der dies an den Autor weiterleitet, dann können Sie von Ihren Punkten noch mal –6 abziehen.

I. Hat der Autor den Leser abgeschreckt, Erkenntnisse zu gewinnen und Aktivitäten durchzuführen?

Nein, die Übungen .... (bitte Nr. eintragen) habe ich schon aktiv genutzt.

Ja, die Übungen .... (bitte Nr. eintragen) haben mich schon mit ihrem Titel abgestoßen.

Ja, die ganze Rubrik „Nachdenken" hat abgeschreckt (Ü01, 05, 06, 13, 16, 17, 19), da ich grundsätzlich weiß, wie ich denke, und nur Handeln befreit.

Ja, die Rubriken „Experimente" und „Selbstbeobachtung" schrecken ab, sind prinzipiell Ausprobieren vor Denken. Es heißt aber: Erst Denken, dann Handeln.

Nein, ich lasse mir nur Zeit und nutze Pausen, was der Autor empfiehlt. Ich werde immer mal wieder in diesem Buch blättern.

Nein, aber ich habe zuerst die Klappentexte, das Vorwort, das Register und das Inhaltsverzeichnis sowie das Quiz genutzt, um mir einen Überblick zu verschaffen.

Ja, die mehr fachlichen Informationen **(...)** habe ich übersprungen. Jetzt, wo ich merke, die sind wahrscheinlich gar nicht so trocken, schlage ich das in Veranda 12 Geschriebene und in Klammern Gesetzte nochmal nach.

(–2 Punkte, generell für die Durcharbeitung der letzten Aufgabe I.).

Danke, Sie haben das Quiz bestanden!

(Die Auswertung folgt auf der nächsten Seite.)

Auswertung des Quiz

Sie können die Punkte hinter den Antworten zusammenzählen, abziehen und ermitteln so Ihren Gesamtpunktwert:
Erreichen Sie null Punkte, stimmen mit meiner Selbsteinschätzung überein; rutschen Sie ins Minus, sind Sie sehr aufmerksam, angemessen kritisch und erweitern den Horizont des Autors, wofür er sich an dieser Stelle bedankt.

Auch für jede Null-Punkte Antwort, zu der Sie nachweisen, dass ich doch falsch liege, können Sie nochmals −1 Punkt subtrahieren. Mit zunehmenden Minuspunkten sind Sie Entdecker unbewusster Zusammenhänge.

(Skalen unerwartet mit dem Pluspol als „unerwünscht" und dem Minuspol als „erwünscht" zu konstruieren, führt zur Aktivierung des Denkvermögens.)

Zur Frage c.: Gucken Sie in der Ü07 nach.

Zur Frage d.: Gucken Sie in der Ü21 nach, ganz oben. Da wird eine sexuelle Attraktivität aus stilistischen und unterhaltenden Gründen absichtlich zweideutig angedeutet.

Zur Frage e.: Ich denke, in Ü09, 15, 17 wurde annähernd korrekt zitiert.

Zur Frage f.: In Ü06, 07, 10, 17, 19 ist der Autor politisch nicht neutral.

Zur Frage i.: Siehe Ü15. Hat er sich selbst in der Fallgeschichte geschildert?

Ü22 Der hammerhafte Alptraum

Ich schwöre, das Folgende ist genau so passiert. Dabei schwöre ich sehr selten. Und ich lüge nie.

(Die letzte Aussage ist eine Lüge und Selbstüberhöhung, weil unvermeidlich versehentliche Unterlassungen, Vergessen, sprachliche Verharmlosungen oft Lügen sind. Versehen und ihr Gegenteil, ein Mit-Absicht-falsch-Sagen, selbst in Verführungssituationen, selbst wenn rechtfertigend entschuldigt werden könnte, bleiben **Lügen**. Auch „nie" und „immer" sind Hinweise auf unzulässige, unglückliche Lösungen.)

Heute Nacht stand ich senkrecht im Bett. Ich hatte die Augen aufgerissen und mir war noch alles präsent, was passiert war. Das, ehrlich gesagt, war zu viel auf einmal, um es zu verstehen. Geschockt, benommen, war mir klar, ich bin in meinem Bett, wach. An Umdrehen war zu denken, an Einschlafen nicht mehr. Ich hatte im Alptraum ein Kinderlied gehört, jemanden übers Wasser gehen sehen, afrikanische Tiere erlebt und mich in einem Tatort zu sexualisierter Gewalt verstrickt. Wie war es dazu gekommen?

Ich gehe manchmal nachts ein halbes Glas kalten Orangensaft trinken, ich beruhigte mich auf diese Weise. Der Versuch, anschließend direkt ins warme Bett zu gehen und einzuschlafen, scheiterte dennoch. Mein Hirn versuchte, das Geschehen einzuordnen. Gleichzeitig überschlugen sich die Gedanken; ich könnte den frischen Alptraum eine unfreiwillige Selbstbeobachtung bei Nacht nennen. Ich wollte den Hammer-Alptraum als Umgang mit traumatisch-unkontrollierbaren Ereignissen in meine Hausaufgabenreportage aufnehmen. Ich stand also erneut auf und notierte ein paar Stichpunkte. Innerlich begann sich die Geschichte dabei selbst zu erzählen, die ich jetzt, später und mit Distanz geordnet aufschreibe. Gleichzeitig drängte sich das Unverstandene, Unverdaute an Bildern, Klängen, Parallelgeschichten in das Erleben, dass es nur so rockte.

Das brach ich ab, weil ich mich an früher erinnerte. Zur Zeit meines beruflichen Wechsels vom Angestellten zum niedergelassen, freiberuflichen Dasein, war ich sehr unter Adrenalin gewesen und hatte nachts Ideen, die sich in mir bewegen wollten und eigentlich noch nicht spruchreif waren. Einmal aufgewacht, hatte ich unvernünftigerweise stundenlang aufgeschrieben; die Folge war eine kraftraubende Schlafstörung. Die bin ich losgeworden, indem ich entschied, mich auf keinen Fall, nie mehr, nachts sinnvoll zu beschäftigen. Es gilt die Regel: Des Nachtens nur Schlafen, Sex oder Grübelstuhl.

(Das kann man so Kunden mit Schlafstörungen weitergeben. Vielleicht kann man noch frische Luft und weiße, kahle Schlafzimmer ohne jede Art von Technik empfehlen. Heute hat wohl jeder ein Handy, Tablet, einen Fernseher und die Musikanlage immer zur Dauerbeschallung dabei. Zum Grübelstuhl findet man in diesem Buch etwas unter Schlafstörungen (s. Ü12).
Also Schlafhygiene mit ausschließlich Zeit für Sex reservieren, Erholungsschlaf und Abgrenzung zum sonstigen Leben; ein Paravent, Vorhang oder Butzenbett mit großer verschließbarer Klappe zum Nachbarbett hilft bei Einraumwohnungen.)

Eine schlechte Lösung oder Entscheidung für die Situation wäre gewesen, ganz und gar offen zu allen Seiten mein Unbewusstes erkunden zu wollen und dazu alle meine Träume zu beachten und alles ernst zu nehmen. Auch viele Aufgaben im Kopf zu bewegen, ohne sie abschließen zu können, eine gute Tages- und Wochenbalance zwischen Chillen und anspruchsvolleren Denkaufgaben zu vernachlässigen, zu wenig körperliche Bewegung oder allgemein, noch mehr vom Wenigen, und – nicht zu vergessen – vor dem Schlafengehen noch Input ins Gehirn, all das wäre ungut.

(Für vieles, was stimmt, gibt es Gegenbeispiele. Imagery Rehersal Therapy verschreibt erfolgreich spezifisch mit Happy End versehene Alpträume direkt vor dem Schlafengehen, sodass dem möglicherweise wieder-kehrenden Schrecklichen sein gutes Ende im Schlaf gebahnt werde.)

Tatsächlich hatte ich mir vor dem Hammer-Alptraum eine **spezifische Zielvision** zum Schlafengehen aufbereitet. Empfehlenswert wäre es allerdings gewesen, diese Anregung nur über Tag umzusetzen und vor dem Schlafengehen zu chillen:

- Wie ein Therapeut kann sich jeder fragen: Was hätten Sie dann vor Augen, wenn Sie schon in einer Zeit wären, wo Sie alle Ihre heutigen Sorgen hinter sich gelassen hätten? Was würden Sie tun? Was genau spüren, riechen, hören Sie? Wie würde sich das auf der Haut anfühlen? Wie innerhalb des Körpers? Und was würde dann passieren? Wie würden andere darauf eingehen?

Leider hatte ich mich in der Nacht euphorisiert, hineinbegeben in den Raum, was ich fühlen würde, wenn ich dieses Buch über die listigen Manöver schriebe.

(Zielvisionen erlebnisnah zu entwickeln, ist eine sehr gute Methode, mit Patienten, Klienten und Kunden in jede Art von Beratung, Therapie oder Coaching einzusteigen. Die positive humanistische Psychologie und das ressourcen-orientierte Arbeiten können Orientieren wie Klärungen herbeiführen. Erste Schritte, Zwischenziele, Meilensteine und Endpunkte sind gemeint.
Umfassende Einfühlung in Wünsche und Sehnsüchte Ihres Gegenübers lässt auch den Therapeuten tief einstimmen. Die Resonanz des Therapeuten lässt Ihre Fähigkeiten und

Ihre Intuition, die Weisheit aus Erfahrung, in die gemeinsame Arbeit einfließen. Neben technischen Fertigkeiten spielen der emotionale Rapport, die Reverie, die Zweifühlung und die Abstimmung im Nichtbewussten eine große Rolle für den zielgerichteten Prozess, mit dem Selbstwirksamkeit, Emotionsregulation und Autonomie des Gegenübers so gestärkt werden, dass Visioniertes sich bewahrheitet.)

Und dann knallte es in der Nacht. Meine Bartstoppeln standen senkrecht. Da war etwas schiefgelaufen mit den Visionen. Auch wenn das äußere Ereignis positiv, gar nicht vollkommen traumatisch war, es hatte doch ein Happy End – so viel sei vorweg gesagt –, das innere Erleben war dennoch einer traumatischen, unkontrollierten Reaktion zumindest ähnlich. Wenn man den zeitweisen Verlust des geordneten Denkens, der emotionalen Beruhigung und des Handlungsablaufs nach verinnerlichten Regeln als Kriterien nutzt, war das ein Verlust von Kohärenz gewesen. Innerlich war ich doch in dieser einen Nacht irgendwie ins Rutschen geraten. So verschreib ich mir eine therapeutische Aktivität, die ich jetzt gerade, während ich schreibe, auch umsetzte, die Therapeutinnen vielleicht gemeinsam mit einem Patienten durchführen oder die an sich gesunde Erwachsene auch bei echten Aufregern allein schaffen können:

- **Erzählen** Sie einem aktiv zuhörenden Freund oder **schreiben Sie im Nachhinein** tagsüber auf, **was nach dem traumaähnlichen, kritischen Ereignis** passierte. Notieren Sie, an welchem Datum und zu welchem Zeitpunkt Sie nach dem Ereignis in Sicherheit waren und welche Personen zu diesem Zeitpunkt wichtig, weniger wichtig oder sogar störend waren. Nehmen Sie sich ausreichend Zeit dafür. Planen Sie **körperwohlwollende Pausen** ein, in denen Genuss und Bewegung stärken.

Strukturieren Sie die für die Bearbeitung notwendige Zeit über Stunden und eventuell Tage, Wochen, Monate; lassen Sie sich Zeit für die Bearbeitung des Traumatischen, Sie haben das Ereignis überlebt, aber schieben Sie es nicht auf. Planen Sie, wie, wann und vielleicht mit wem Sie Ihre Erlebnisse verarbeiten wollen. Überlegen Sie, ob nicht doch eine stationäre Aufnahme, eine ambulante Psychotherapie oder eine Vertrauenspersonen Ihnen vorübergehend mehr Sicherheit für die Traumaverarbeitung geben sollte. Wenn Sie Hilfen in Anspruch nehmen wollen, fragen Sie, ob die Fachleute auf Traumatherapie geschult sind, und seien Sie vorsichtig, wenn ein schlechtes Bauchgefühl entsteht. Seien Sie wählerisch in Ihren Beziehungen. Als Nächstes **ankern Sie, was vorher gut war**. Beginnen Sie mit einem Zeitpunkt, an dem Sie sich wohl gefühlt haben. Der letzte Urlaub oder der wirklich gute Zeitpunkt vor dem Belastenden ist geeignet. Wenn Sie wollen, ist auch der Zeitpunkt geeignet, als Sie geboren wurden, mit allem Potential, das Sie im Kern damals ausmachte. Es geht darum, eine gute Erinnerung zu erleben.

Dann **konfrontieren Sie sich strukturiert mit dem Trauma- oder Alptraummaterial**. Halten Sie Distanz, indem Sie in dritter Person über sich erzählen, aus der heutigen Zeitperspektive auf Vergangenes schauen. Bevor Sie erzählen, sollten Titel für das Ganze und Unterkapitel erfunden werden – wieder, um Distanz aufzubauen. Fassen Sie auch einzelne Kapitel erst zusammen.

Danach erst sollten Sie genauer erzählen. **Fragen** Sie sich auch, **was Sie gebraucht hätten**, z. B., wer den Spuk wie hätte beenden und Ihnen helfen sollen, nutze tröstende

Geister und Besseres.

Bei emotionalem Berührtsein lassen Sie sich Zeit, das Erlebte zu verarbeiten; bei Instabilität denken Sie an den Anker und alles Gute, was Sie haben und haben werden, wenn die anstrengende, aufwendige Konfrontation vorüber ist. Spielen Sie durch und **üben Sie das Distanz- und Annährungsmuster**, bevor Sie an weitere emotional belastende Hotspots gehen.

Das Erlebte soll so verarbeitet werden, dass Ihr Gehirn, das oft nachts unbewusst Erinnerungen ins Langzeitgedächtnis schiebt, nicht immer wieder unkontrollierbar hoch emotional anspringt (das sogenannte **Hyperarousal** aktiviert) oder, abwechselnd dazu, in einen sich selbst mehr betäubenden, neben sich stehenden Zustand (das sogenannte **Numbing**) geht. Das traumatisierte Gehirn ist überfordert. Ohne traumakonfrontative, strukturierte Arbeit über Tag, ohne aktive Auseinandersetzung mit tröstendem Anderen, gibt es oft keinerlei Besserung.

Erst einmal abzuwarten, kann zu Abwärtsspiralen führen, oft mit verheerenden Auswirkungen auf private und berufliche Entwicklungen. Beachten Sie durchgängig, immer wieder, sich zu stabilisieren. Entwickeln Sie nicht zu viel Druck, doch nutzen Sie ihr körperliches, genießendes Wohl, Ihren Mut und Ihre verbliebende Willenskraft. Therapeuten erkennen eine behandelbare Traumastörung gerade an der Ohnmacht und Unkontroliertheit des Wechsels von emotionalem Hyperarousal und dem erschöpften Numbing des Gehirns. Drehen Sie sich im Karussell, verändern Sie etwas aktiv zu ihrem Nutzen.

Ich schätzte meinen aufwühlenden Alptraum so ein, dass ich nicht gleich Supervision oder Hilfe durch andere benötigte. Es soll hier zur Demonstration dienen, wie man allein Krisenbewältigung versuchen kann. Als trainierter Therapeut hätte ich auch mit einem leeren Stuhl einen aktiv zuhörenden Vertrauten zu mir setzen können. Aber noch schreibe ich hier allein.

(Für einfache und komplexe Traumastörungen gibt es inzwischen ein reichhaltiges therapeutisches Arsenal mit beispielsweise Imagery Rehearsal, Rescripting and Reprocessing, Life-Review, Recapitulation with breath, PITT, KIP-T und Stabilisierungstechniken. Gut ausgebildete Psychotherapeuten sind bei ernsten persistierenden Störungen empfehlenswert.)

Ich habe schon viel geschafft. Zur Überschrift, was danach war, sei zusammengefasst: Er wachte in seinem Bett auf und trank Orangensaft.

Zur Überschrift, was davor war: Er hatte eine glückliche Zielvision. Er war ein halbwegs zufriedener Mensch. Nach einem Pausenabend mit gutem Essen, Wein und erholsamem Schlaf schrieb ich, ich schob gar nicht mehr vor mir her, weiter.

Zur Überschrift „Klänge" war vorbewusst klar, ganz sicher ein Kinderlied hatte ich im Traum gehört. Genauer Grundschulkinder, lächelnde Mädchen, armreckende Jungen, die mit Musik und Spaß sangen: „Und ich flieg, flieg, flieg wie ein Flieger, – bin so stark, stark, stark wie ein Tiger – und so groß, groß, groß wie Giraff, und so hoch. Heut ist so ein schöner Tag. Heut ist so ein schöner Tag. La, la, la und la, la, la …!"

Aufsteigende Tränen drückten hoch, Tränchen im Auge, drängten da noch andere Überschriften? Ich machte eine Pause mit frischer Luft.

Die neue Überschrift lautete „skurrile Bilder": Ich beobachte den Fluss. Keine Kajaks. Hinter Bäumen und Büschen geht ein großer Mann mit einem ebensolchen Rucksack zu Fuß schnell übers Wasser? Jesus? Knecht Ruprecht? Aber eine riesige Giraffe watet hinterher, äst von oben herab an doppelmannsgroßen Erlen. Ein Nashorn bricht durchs Gebüsch, rennt in Panik. Ich schmunzle, weil ich sicher weiß und erkenne: In der Eifel am naturbelassen Fluss Rur, da war ich wirklich gewesen im frühen Frühjahr, da lag noch Reif auf der Wiese, und die Sonne wälzte Wärme gegen Winterkälte. Ich hatte weit vor dem Traum einen einsamen Stand-up-Paddler entdeckt.

Die Giraffe hatte ich später lustvoll hinzufantasiert, zusammen mit den sieben ausgewachsen Eichen, der immergrünen Wünschetanne und allem, was gut war. Wann das gewesen war? Das lag Monate zurück und war auf einer Fortbildung für psychologische und medizinische Therapeuten, ich war damals auf einer netten ressourcenanreichernden Fantasiereise gewesen. War da noch etwas? Die Märchen der Kindheit und das verdächtige, heruntergekommene, mit Schmetterlingsfiguren behangene Armenhaus auf meinem Campingplatz hatten mich ein Drehbuch für den Tatort „Knusperhäuschen" erfinden lassen. Das war nach der Fortbildung gewesen. Auch nach den Pressemeldungen zu den sexuellen Missbräuchen in Lügde im Sauerland. Im Knusperhäuschen hatte ein Rattenfänger – mit kinderfreundlichem Spielgerät und Schmetterlingsforschung, Kindergeburtstagfeiern im Wald – Eltern, Jugendämter, die Polizei genarrt und Kinder gelockt, ihnen sexuelle Gewalt angetan, sie immer wieder gequält. In dem Tatort ließ ich eine Bande von Kindern sich kräftig rächen und – wichtig – gewinnen. Das brauchte ich. Sie nannten sich die Kürbisbande, weil sie Kürbisse aushöhlten und diese nicht nur zu Halloween auf Zaun- und Campingplatzpfosten setzten und erleuchteten. Sie hielten als Kinderbande zusammen, gingen mit diesen gelbroten Masken über verschlungene Wege an Wohnwagen, Vorzelten und den Armenhausbaracken vorbei. Als sie einen Psychologen während seiner Meditation über die große gelbschwarze Giraffe sahen, erschreckte der sich heftig. Kurz dachte der über sich: *Spinne ich? Laufende Kürbisse bei Nacht zu sehen, ist merkwürdig, die gab es doch nicht.* Er sprach die Kinder an, ob sie schön spielten. Sie vertrauten ihm. Sie zeigten stofflappenumwickelt eine Wehrmachtspistole, die sie dem Knusperhäuschenmann weggenommen hätten. Der hätte aber noch mehr neue Gewehre. Und ab da drückte der Psychologe unangenehm Tempo, als er sich an die Kommissarinnen der Mordkommission wand. Es kam zu Reibereien. Verdächtigungen gegen ihn wurden geäußert. Es kam zu einer wilden Schießerei zwischen Polizei und dem Knusperhäuschenverbrecher. Zahlreiche Kürbisse wurden querschlagend getroffen, zersplitterten. Kinder in Hütten versteckt, von Erwachsenen begleitet und gehalten, guckten, blieben heil. Sie grinsten wie die drei Fragezeichen über beide Ohren, lachten, als wenn sie nur bei einem Krimidreh mitspielten. Einige retteten sich zu wach gewordenen zugewandten Eltern – so wie es sein sollte. Kürbisse für sich explodierten in Nahaufnahme, zerplatzten in tausend Stücke, brannten. Aus der Vogelperspektive sah man die Akteure auf dem Campingplatz wie Ameisen rennen. Die Polizisten wurden verletzt, bluteten an den Schultern. Das „Schwein" wurde ins Herz getroffen, guckte noch mit offenen Augen, und kippte in den Hühnermist.

Und da war noch etwas. Zum Schluss des Tatorts hörte man: „Und ich flieg, flieg, flieg wie ein Flieger – bin so stark, stark, stark wie ein Tiger – und so groß, groß, groß wie Giraff, und so hoch. Heut ist so ein schöner Tag. Heut ist so ein schöner Tag. La, la, la und la, la, la …!"

Und wann bist du aufgewacht? Alles war gleichzeitig gekommen, der SUP-Paddler, die Giraffe, das rennende Nashorn. Die sieben Eichen standen hinter mir. Und *drinnen* im Fernsehen lief tatsächlich ein Tatort „Knusperhäuschen" mit dem Ohrwurm

„und ich flieg, flieg, flieg ...“ und dazu parallel *draußen* rockte, tanzte, bewegte sich der ganze Wald im Rhythmus der alles überlagernden, lauter werdenden Melodie „Amadeus, Amadeus“ von *Falko*. Deswegen hatte ich im Bett gestanden.

Und die Tränchen? Du wolltest ehrlich sein, wenn du kannst, nimm dir Zeit für Trauer! Ich hatte als Kind und Jugendlicher eine Schwester namens Ursula. Sie kam später unter die Räder, nicht durch sexuellen Missbrauch, anders. Sie wurde psychisch krank und starb zu früh. Die hatte ich gerne gehabt, als kleiner Bruder. Ich war hilflos, konnte sie nicht retten. Ich vermisse sie und liebe sie und die gute Zeit, damals, als ich noch Kind mit Ulla gewesen war.

Ich saugte den Atem bewusst durch die Nase ein, bis in die unterste Etage des Beckens, hielt die Luft etwas an und atmete lange ruhig aus. So ging es mir besser, und ich fühlte mich, warm und lebendig.

(Wiederholte Alpträume verschwinden, wenn man weiß, welches emotionale Informationsgeschenk sie beinhalten.)

War denn etwas schiefgelaufen? Ich hatte die Zielvision, dieses Buch zu schreiben. Wie beim Unbewussten bestellt oder vom Universum erwünscht, bekam ich das, was ich wollte. Prompt und unkontrolliert aus meinem Innenraum wurde der Alptraum doch zeitnah geliefert. Und hier, inzwischen lesbar, liegen meine Hausaufgaben konkret vor. Das Ziel war einfach zu visionieren gewesen, doch die schwierigsten Passagen des Weges wurden dann steil. Doch es ist bei allem ein Auf und Ab und umgekehrt ist es wichtig, zu spüren, wie und wie ganz genau die Sehnsucht sich stetig erfüllt.

Mit der weitertreibenden Sehnsucht, dem ewigen Wirken-Wollen, könnte ich jetzt mein Alter-Ego auf dem noch „leeren Therapeutenstuhl“ behelligen. Vielleicht brauche ich ihn, seine Ruhe, seine Zuversicht und seinen Trost. Es sei denn, er spricht schon aus mir: „Du hast es geschafft!" und „Gut, gemacht!" und „Ruh dich aus!"

Wenn Sie keine Pause durchführen wollen, spüren Sie doch interessanten Begriffen mit dem folgenden Register nach.

Register, für Fachleute oder die, die es werden wollen

Ich empfehle, Vorsicht walten zu lassen bei der Benutzung von Registern (s.u. am Ende des Registers).

Anmerkung zu Registern: Warum Vorsicht bei Registern? In der Ü5, in der jetzigen und … ist über das Nachdenken und die Denkenden nachgedacht worden. Hier folgt jetzt mehr zu Experten und Fachleuten: Sie wollen bleiben, was sie sind. Deshalb müssen sie auf der Höhe des Wissens stetig stehen oder besser noch höher hinaufsteigen. Empfohlen dazu wird, Reviews quer zu lesen und Klappentexte zu studieren. Und insbesondere *Register* und *Inhaltsverzeichnisse* lassen in Büchern schnell die Stellen finden, die für Experten interessant oder neu sind.

Beispielsweise suchen Fachleute für Depression unter „D" wie „Depression" im Sachverzeichnis. Liest man quer, bestätigt sich in der Regel: nichts Neues unter dieser Sonne. Oder es wird Alarm geschlagen und neueste Studien und Fragestellungen zur Depression werden entdeckt; zu denen „muss" aber, aufgrund neuer Fragen, weiter geforscht werden. So entsteht manchmal Druck, ins nächste Buch und weiter zu springen. Das Depressionsrisiko für Experten wird so erhöht. Dazu liegen keine Forschungsergebnisse vor.

Grundsätzlich raten Kolleginnen und ich schon seit Jahren, viele Dinge weniger getrieben und stattdessen aktiver und mit Spaß zu unternehmen.

Um für das Nachwort zu werben: Dem Autor gelingt es, Spaß zu haben, weil er darin sein Inhaltsverzeichnis auf den Kopf stellt. Er sagt etwas über psychiatrische Diagnostik und Prozess-diagnostik und hofft, der Leser möge damit seine eigene (Anti-)Motivation für Veränderung klären und entscheiden, was er ruhen lässt oder welche spezifische Übung sich für ihn lohnt.

Ü Nachwort (und die geheimen Motive des Lesers)

Warum ich mich im Nachwort mit **Möglichkeiten von Inhaltverzeichnissen** beschäftige? Das regt das Denken an. Und zuletzt kann der Leser sich für seine Ziele undgegen das Weiterlesen entscheiden oder nur passende Textpassagen des Buches bewusst suchen. Aber zunächst: Was hat es auf sich mit den Inhaltsverzeichnissen?

Wichtige Vorannahmen gehen in Inhaltsverzeichnisse ein und bedienen so die Motivation der Leser. Kann ich verschiedene Ordnungssysteme mit ihren Kategorien, Kriterien und Annahmen sinnvoll unterscheiden, stehen mir und Ihnen als Leser hier Wahlmöglichkeiten frei. Alternativ zu „Inhaltsverzeichnis I" (s. S. 5) wurden II und III entwickelt (s. ganz hinten im Anhang und am Ende des Buches). Auch im Nachhinein können unten getroffene Unterscheidungen erhellen und klären, was Sie motiviert und wohin Sie überhaupt navigieren wollen.

Anscheinend **ungeordnete Sammlungen** können für kunstbeflissene und kreative Sucher schön und inspirierend sein. Es gibt Bücher, die ganz ohne Inhaltsverzeichnis ungeordnet zusammengepuzzelt sind.

Beispielsweise ein bestimmtes Buch, mit geheimnisvollem Titelbild, magisch, erotisch-verführerisch, das ich wegen seiner knalligen Ein-Wort-Überschrift „Sex" erwartungsvoll kaufte. Zu schnell im Internet bestellt, wurde mit dem Lesen eines Kapitels und weiterer klar: völlig unverständlich geschrieben. Das Fehlen eines Inhaltsverzeichnisses für ein angeblich philosophisches Buch hätte mich bei den zahlreichen Kapitelchen warnen können. Von Philosophen erwarte ich gründliches Nachdenken und geordnetes Sprechen – was in „Sex" nicht der Fall war. Das

Buch war wie ein pinkfarbenes Schwein, außen pink und innen leider nur schlecht.

Bücher **mit Inhaltsverzeichnissen, die Kapitel auflisten** oder nur ein wenig in eine Reihenfolge bringen, lassen auf ihre Entstehung schließen. Vermutlich sind sie induktiv und assoziativ entstanden.

Dieses Buch entstand aus der Idee, wer oder welche Teilidentität schreiben könnte und was im Fokus der Aufmerksamkeit stehen sollte: Aktive Manöver für Klienten zu finden, die Lösungen zweiter Ordnung suchen (s. Ü „Einleitung für Leser“). Auf meine zielführende Idee bezogen gab es eine Flut von Einfällen, denen ich erst mal innerlich Raum gab. In diesem Sinne sammelte ich und fragte mehr: Gibt es noch etwas? So entstand eine erste Reihenfolge am Ende kreativer Wochen, die in etwa mit dem Inhaltsverzeichnis I wiedergegeben ist. Letztendlich wurde diese noch mal nach Kriterien der Lesbarkeit und der inhaltlichen Stimmigkeit geordnet.

Von Beginn an geisterten auch ordnende Ideen in meinem Kopf, die der Vorgebildete mit *psychiatrischer Diagnostik und Nosologie* oder systemischer Psychotherapie nach *de Shazer* verbinden würde. Ich widerstand der Möglichkeit, mein Denken durch ***Ordnungssysteme* und Übernahme derer Grundannahmen** zu beruhigen. Der Grund ist, dass kategoriale Ordnungen Probleme mit sich bringen. Sie können tatsächlich Existierendes ausschließen und Denkwege hemmen.

Ich glaube, dass größere psychische Probleme dadurch entstehen, dass einerseits logisch eine Kategorienzugehörigkeit nach dem Muster „ja“ oder „nein“ verlangt wird und anderseits durch schwer einzuordnende Phänomene, im Sinne des „sowohl, als auch“ oder „weder noch“, Irritationen und unstimmig Verrückendes zwischen und in Menschen entstehen. Psychologisch wird in diesen Fällen von Ambivalenz,

Zielkonflikten, Ambitendenz, Angst und Aggression oder Verhaltensauffälligkeiten mit Lügen, Ausagieren, Blockieren und Anfällen gesprochen. Ich wollte so gut wie möglich auf meine Erfahrungen und kreativen Einfälle zurückgreifen und nicht vorzeitig abblocken. Die alternativen Inhaltsverzeichnisse II, III entstanden schon in der Mitte bis zum Ende des Schreibprozesses, emotional, um eigenen Ordnungsbedürfnissen nachzugehen, und rational, um noch offene Kategorien, die ich hätte „vergessen" haben können, zuzufügen oder anzureichern. Deshalb bin ich mir sicher, dass mein Inhaltsverzeichnis I gar nicht zufällig assoziativ daherkam und kommt.

(Man betrachte einmal die folgende Tatsache: Vögel, die Eier legen, und Säugetiere, die nach der Geburt, wie der Name sagt, säugen, stellen landläufiger Meinung nach unterschiedliche Gattungen dar. Definitionsgemäß ist ein Tier entweder Säugetier oder Vogel. Nach dieser kategorialen Ordnung ist etwas „unmöglich", was doch möglich und lebendig ist: **Schnabeltiere**.
Sie leben in Australien und Neuguinea. Sie sehen aus wie nach einer Schönheitsoperation zusammengesetzt: Mit breitem Entenschnabel, der wirkt wie ein schwarzer Schuh mit Nasenlöchern. Mit Schwimmhäuten zwischen den vier bekrallten Patschefüßchen, die an ihren Gelenken giftige Stacheln tragen. Und mit einem dichten Fell wie Biberpelz – keine Federn. Schnabeltiere sind darüber hinaus noch Eier legende Säugetiere! Sie gehören zu einer erdgeschichtlich sehr alten und seltenen Rasse der Kloakentiere. Menschen ordnen ihre Umwelt nach begrifflichen Kategorien und konstruieren bzw. erfinden sich so eine Umwelt. Dieses Denken ermöglicht meist erfolgreiches Handeln.
Unstimmigkeiten werden häufig ignoriert, verleugnet, da Nichtpassendes emotional verunsichert, aggressiviert, als Fremdes ängstigen kann. Wahrscheinlich kann jeder komische „menschliche Schnabeltiere" identifizieren. Unter

Umständen sind unsere festen Weltbilder ursächlich für Isolation und psychische Probleme Einzelner oder von Minderheiten. Der selbstverständliche mehrheitliche Umgang mit Wirklichkeit verunsichert, aggressiviert, verrückt selbsterfüllend die alternative Wirklichkeiten von Minderheiten; sie fallen als komisch auf.)

Die **Nosologie der Psychiatrie** entstand im 19. und 20. Jahrhundert. Nachdem psychopathologische Phänomene nicht mehr dem Teufel oder der Hexerei zugeschrieben wurden, sich nicht körperlich verursacht zeigten. Damals hatte sich bewiesen, dass nicht Magnetismus heilend Körpersäfte beeinflusste, wie *F. A. Mesmer* (1734–1815) glaubte, sondern dass psychische Faktoren diese Phänomene heilen konnten. So wurde eine soziale Behandlung begründet und später von *Bernheim* (1840–1919) als Hypnotherapie durch Suggestion und Hypnose gefördert (*D. Edwards* 2012). So wurden auch massenhafte Heilerfolge bei Teufelsaustreibern als soziales Phänomen erklärbar (*W. Schönpflug* 2000).

Es wurde versucht, zu beschreiben, was systematisch erforscht und geheilt werden sollte.

P. Janet (1859–1947) beschrieb als einer der ersten dissoziative Störungen und Traumata und behandelte psychotherapeutisch. Er wirkte durch Ermittlung der Traumata, Wiedererleben, Umwandlung in Narrative, mit symbolisch externalisierenden „psychodramatischen" Dialogen und Imaginationen. Bei ihm studierte *S. Freud* (1856–1939).

Bis heute ordnet die Nosologie und benennt die seelischen Krankheiten nach ihren genau beschrieben Merkmalen. Um eine Krankheit „zu haben und eine andere nicht", müssen bestimmte Merkmale, z. B. eine gedrückte Stimmung, in bestimmtem Ausmaß von Intensität und Dauer oder mit Verlaufscharakteristiken vorliegen. Die Ordnung hat es Psychiatern und Psychotherapeuten ermöglicht, Gruppen von

Patienten zu untersuchen und Behandlungen systematisch wissenschaftlich zu überprüfen. Reduktionistisch ausgerichtet wurde häufig nach einzelnen Ursachen für die Krankheiten gefragt und nach dem körperlichen, dem genetischen, dem psychischen oder dem sozialen Grund geforscht. Die Wissenschaftler folgten ihrem Modell, etwas auf die Ursachen zurückzuführen, um dann ursächlich zu behandeln. Dieses System der Wissenschaft erhält sich selbst: Lehrstühle werden weiter besetzt, weil es immer neue Fragen oder technische Entwicklungen im gleichen Muster gibt. Pharmakologisch-medizinisch erfolgreich helfende Cluster wollen immer mehr Gutes. Medizin und Psychotherapie kooperieren „multiprofessionell". Selbst die Nosologien – es gibt mehrere – der Krankheiten werden neu konstruiert; nach dem amerikanischen Diagnostic and Statistical Manual of Mental Disorders (DSM 5. Auflage) oder nach der Internationalen statistischen Klassifikation der Krankheiten (ICD 10 F) folgt ICD 11. Auflage in Deutschland 2022. Man korrigiert, ergänzt, schreibt fort. Ich will das durchaus wertschätzen. Meine Kritik bezieht sich darauf, dass immer wieder mehr der Körper, das Gehirn, die einzelne Person und weniger das soziale System, ein Kind und die Familie, die Gesellschaft, was der Therapeut tun kann, betrachtet werden, vor allem ursächlich – **Muster I der Psychiatrie und Psychotherapie** genannt –, anstatt dass Möglichkeiten untersucht werden, wie die Prozesse der gewünschten Veränderung – **Muster II der Psychiatrie und Psychotherapie** genannt – durch den Patienten aktiv zustande kommen könnten. Ursachen für Heilung sind etwas anderes als Ursachen der Störung. Gelder und Ressourcen für Erfolgsprozessforschung, Psychotherapieforschung oder Gesundheitsforschung erscheinen sehr limitiert, im Vergleich zu den Aufwendungen für anderes.

Das Denken mit Nosologien verführt darüber hinaus zur

Annahme, die Krankheit als ein festes Ding zu betrachten, welches ein Arzt beseitigen könnte. Tatsache ist, dass Psychotherapeuten „nur sprechen" und nur Prozesse, die im Patienten oder in der Patientin schon im Gange sind und die dazukommen, beeinflussen können. Der Patient kann sich im Prozess der Kur verändert fühlen und anders, im Sinne neuer „zweiter Ordnungen", erleben und handeln. Auch mein Denken ist geprägt durch die Arbeit in der stationären und teilstationären Psychiatrie und der ambulanten, kassenfinanzierten Therapie. Bei finanziellen Abrechnungen mit Krankenkassen setzen diese eine ordnungsgemäße Diagnose entsprechend der Krankheitsbilder voraus. Mein Denken assoziiert somit auch automatisch Patientenmerkmale mit den klassischen Diagnosegruppen und als sinnvoll erfahrenen Behandlungsschritten.

Auch deshalb lassen sich die Übungen den Krankheitsbildern zuordnen, wie es im Inhaltsverzeichnis II (s. Anhang) geschieht. Oder Krankheitsbilder und Optionen sind schon im Inhaltsverzeichnis I kategorial überschneidend „gesammelt" neben spezifischeren Übungen. Für mehrere nosologische Störungen sind gleiche Interventionen einsetzbar, deshalb werden im Inhaltsverzeichnis II Übungen wiederholt unter verschiedenen Störungskategorien aufgeführt.

In den meisten Psychotherapien ist es üblich, zusammen indikativ mit dem Patienten nachzudenken, welche Ziele und Schritte zu planen und zu unternehmen sind, um als Entität fest Gedachtes wieder fließend, energetischer, emotionaler werden zu lassen. Das Fachwissen des Behandlers sollte erstens diesen eigenen induktiven Prozess der Klienten fördern. Das Fachwissen des Behandlers kann zweitens ergänzend deduktiv helfen, dem Patienten passende Fragestellungen und Gedankengänge behutsam nahezulegen, sodass der Patient kooperativ seine eigene gewünschte Veränderung vorantreiben kann.

De Shazer und *G. Schmidt* diagnostizierten dagegen ganz anders anhand von Prozessmerkmalen. Sie unterschieden Klienten nach Merkmalen ihrer Motivation und ihrem Auftrag an den Therapeuten. Die motivationalen Kategorien beschreiben Merkmale im Prozess. Das heißt, eine Person kann durchaus in andere Kategorien hineinwechseln. Therapeuten sollten die **Motivstruktur der Symptom-Problem-Konstrukte** der Beteiligten im Prozess der Beratung oder Therapie unterscheiden. Bedeutsam ist,

o ob ein Klient, offen oder verdeckt, gegen seinen Willen geschickt kommt und bestenfalls einen Verbündeten sucht, der ihm gegen den drängenden Dritten hilft – wir nennen sie Besucher mit spezifischem Auftrag oder **identifizierte Patienten,**

o ob er sich neugierig informieren will, um vielleicht später zu entscheiden, was er mit wem will – wir nennen ihn **Besucher,**

o ob er mit Leidensdruck, ganz schnell und sofort Druck für sich aufbaut, aber doch skeptisch ist, weil er wirklich nicht weiß, was genau getan werden soll, und weil die Ziele ungewiss sind – wir nennen ihn **Klagenden,**

o ob er handelnd, magisch erwartend oder wie auch immer etwas tun will – wir nennen ihn **Kunden,**

o ob er selbst ein differenzierter, mit viel Selbstwirksamkeitserfahrung und Kontrollkompetenz ausgestatteter Mensch ist, der mit seinen bewährten Mustern die Schwierigkeiten kontrolliert angehen möchte, die er, trotz seiner unbezweifelbaren Kompetenzen, hat – wir nennen ihn **Experten**.

Es erscheint mir wichtig, die klassischen Begriffe der genannten Autoren, besonders die, wie *G. Schmidt* (2004) sie verwendet hat, und die hier wertschätzend reformuliert sind, zu benutzen, um kooperative und prozessorientierte auf Lösungen II orientierte Entwicklungen zu fördern. Eine negativ konnotierte Bedeutung der Kategorien, wie sie durch eine falsche Anwendung als Ausschlussdiagnostik oder Ausdruck von negativen Gegenübertragungsgefühlen des Therapeuten oder Gegenübers des Patienten auftreten können, sollten reflektiert werden. Auch negative Reaktionen der Kunden auf sich selbst sind reflektiert und relativiert wertvoll, z. B. wenn ein Mensch mit gerichtlicher Auflage zur Therapie sich auch selbst als „dumm gewesen" beschuldigt oder „keine Lust" bzw. „Wut" hat.

Die Leserin fragt sich an dieser Stelle vielleicht, warum es mir wichtig ist, das zu benennen. Die Antwort: Es soll überleiten, um sich **selbst** zu **fragen, in welcher Art ein** oder das eigene **Problem motivational strukturiert ist.** Die Untersuchung der eigenen Motivation ist mit den folgenden Fragen praktikabel und relevant, um Leseschwerpunkte mit dem Inhaltsverzeichnis III zu setzen (s. Ende des Buches):

o Bin ich selbst oder ein anderer durch mich zur **identifizierten Patientin** geworden? Was will ich als identifizierte Patientin eigentlich selbst? Würde überhaupt etwas einen Unterschied machen und sich lohnen? Für wen? Gibt es Zielträume? Kann und sollte ich meine Wünsche mitteilen und wenn ja, wie? Soll jemand helfen, ausreichend Abstand von fremdmotivierenden anderen zu finden? Unschwer zu erkennen, eignen sich Ruhe, Pausen, schöne Freizeit oder höchstens Nachdenk-übungen in dieser Prozessphase.

o Bin ich **Besucherin**, dann kann ich neugierig stöbern, sammeln, wiederholen – so viel ich will. Ich sollte aber nicht anstrengende Aufgaben oder Experimente versuchen. Finde ich ein Problem und definiere das als ernst anzugehen für mich, wechsle ich in eine andere Kategorie.

o Bin ich **Klagende**? Leide ich, ohne eigene Ziele für mein Verhalten und Denken? Habe ich Ziele für andere? Oder Änderungswünsche an andere? Bin ich mehr resigniert? Wären die Entdeckung von gesundem Egoismus, Selbstbewusstsein und das Erleben von Wut neu und fremd? Oder wären eine „Sinnsuche" oder nur eine „Linderung trotz eines schweren Schicksals" eine neue Option? Vor Veränderungen sollte beobachtet, nachgedacht und in Ziel- und Kosten-Nutzen-Analysen bewertet werden. Sinnvoll ist auch, erst einmal das eigene Schicksal anzuerkennen, zu trauern und sich Zeit zu lassen. Stabilität zu gewinnen, ist eine Voraussetzung für anstrengende Veränderungsarbeit. Könnte etwas, das gar nichts mit dem Problem zu tun hat, Kräfte stärken?

o Bin ich **Kundin**, kann ich im ersten Fall alle Übungen, die mir passend erscheinen, allein und sofort aktiv ausprobieren und nutzen. Ich kann auch Freunde, ambulante oder stationäre Dienste und Therapeuten einbeziehen, wenn sie meine Art der Aktivität und Suche unterstützen. Wenn ich Ziele und Wünsche kläre und neue Lösungen ausprobiere, merke ich mir kleine, erfolgreiche Schritte, die in die richtige Richtung zu gehen scheinen. Ich kann mich trotz zu erwartender Rückschläge auf das Ziel freuen. Ich kann meine Probleme endlich energisch angehen und Kontrolle über mein Leben gewinnen. Oder im zweiten Fall – wenn das energische bisher schon mein Muster war – einfach mal nur wünschen, träumen, bitten, hoffen und entspannt warten. Immer gilt es, Pausen zu machen und zu genießen (s. Ü03). Vielleicht ändert das in diesem Fall auch die Lage.

o Bin ich **Expertin**, sollte ich darüber nachdenken, was ich bisher alles schon ausprobiert habe und ob das erfolgreich war. Wenn ich zeitlich zurückliegende, sich in kleinen Schritten abzeichnende Erfolgswege zu frühzeitig abgebrochen habe, sollte ich meine eigenen und mir vertrauten, guten Lösungswege nochmals gehen und überprüfen. Vorher würde ich keine neuen Ideen anwenden, also auch nicht die Übungen, denn Eigenes schon Eingeübtes passt erst mal besser zu mir als Fremdes, dass sich erst mühsam angeeignet werden müsste. Wenn ich dann noch neugierig bin auf die Buchinhalte oder anderer Helfer Ideen, wechsele ich die Kategorie und werde Besucher oder Kunde.

Der Leser kann die alternativen Inhaltsverzeichnisse II und III nutzen, um passende Kapitel für sich zu finden. Er findet sie ganz hinten im Anhang.

Anhang:

Quellenauswahl: Literatur

Adler, R. H. u. a. (Hrsg.) 2011: Psychosomatische Medizin. München: Urban & Fischer.

Allen, J. G.; Fonagy, P.; Batemann, A.W. (2011): Mentalisieren in der psychotherapeutischen Praxis. Stuttgart: Klett-Cotta.

Arbeitskreis OPD (2006): Operationalisierte Psychodynamische Diagnostik OPD-2. Bern: Hans Huber.

Bahrke, U.; Nohr, K. (2013): Katathym Imaginative Psychotherapie. Berlin: Springer.

Baumunk, B. M., Kampmeyer-Käding, M. (2000): VII Träumen – 7 Hügel. Henschel: Leipzig.

Beck, A. T.; Rusch, A. J.; Shaw, B. F.; Emery, G. (1981): Kognitive Therapie der Depression. M. Hautzinger (Hrsg.). München: Urban & Schwarzenberg.

Böll, H.(2006/2007): Ansichten eines Clowns. Hamburg: Rudolf Augstein.

Botton, de A. 2003: Die Kunst des Reisens. Frankfurt a. M.: Fischer.

Diekmann, M.; Dahm, A.; Neher, M. (Hrsg.) (2017): Faber/Haarstrick. Kommentar Psychotherapie-Richtlinien. (11.Auflage). Amsterdam: Elsevier - Urban & Fischer.

Dieter, W. (2017): Neurosen und Persönlichkeitsstörungen. IN: Ulmann et. al. 2017, 82–100.

Ebner; J. 2018: Wut. Darmstadt: Theiss.

Edwards, D. 2012: Von den alten schamanischen Heiltraditionen zur Pssychotherapie ... IN: Hackmann, A.; Bennett-Levey; Holmes, E. A. 2012: Imaginationstechniken in der kognitiven Therapie. Weinheim: Beltz.

Ecco, U. 1986: Im Namen der Rose. München: DTV.

Ermann, M. (2017): Von der Deutung zur Beziehung – Spielen mit dem Material. In: Imagination, 3, 19–30.

Fisch, R.; Weakland, J. H.; Segal, L. 1987: Strategien der Veränderung. Stuttgart: Klett-Cotta.

Flamme, N. 2002: Coaches – Gurus in Nadelstreifen? Eine empirisch-wissenschaftliche Orientierung im Coaching, begründet aus der Psychotherapieforschung. IN: *OSC,* 2002, 3, 205–215. Leverkusen: Leske+Buderich.

Flamme, N. 2016: Ist Imagination überbewertet? – Zur Gewichtung einzelner methodischer Aspekte (1): Die Kunst der Beendigung einer Psychotherapie. IN: Imagination 2016, 1, 36–60. Leverkusen: Wien: Facultas.

Grawe, K. (2004): Neuropsychotherapie. Göttingen: Hogrefe.

Internationale Klassifikation psychischer Störungen (1991): ICD-10, Kapitel V (F). Dilling, von H. (Hrsg.), Bern: Huber.

Kaluza, G. 2023: Sicher und Gelassen im Stress. München: Springer

Kanfer, F. H.; Reinecker, H.; Schmelzer, D. (1991): Selbstmangement-Therapie als Veränderungsprozess. Berlin: Springer.

Kottje-Birnbacher, L.; Sachsse, U. (1986): Das Gemeinsame Katathyme Bilderleben in der Gruppe. In: Leuner, H., Kottje-

Birnbacher, L., Sachsse, U. Wächter, M. (1986): Gruppenimagination. Mannheim. Huber.

Kottje-Birnbacher, L. (2000): Katathym-imaginative Psychotherapie. In: Reimer et al. (2000).

Kirn, T.; Echelmeyer, L.; Engberding, M. (2009): Imagination in der Verhaltenstherapie. Springer: Heidelberg.

Kirsch, H.; Brockmann, J.; Taubner, S. 2016: Praxis des Mentalisierens. Stuttgart: Klett-Cotta.

Krüger, R.T. (2015): Störungsspezifische Psychodramatherapie. Göttingen: Vandehoek & Ruprecht.

Lammers, C.-H. (2017): Die therapeutische Beziehung in der Verhaltenstherapie. In: Psychotherapeutenjournal (2017, 4, 324–330)

Leuner, H. (1994): Lehrbuch der Katathym-imaginativen Psychotherapie. Bern: Hans Huber.

Mattke, D., Reddemann, L., Strauß, B. (2017): Keine Angst vor Gruppen! Stuttgart. Klett-Cotta.

Menzos, St. (2015): Lehrbuch der Psychodynamik. Göttingen: Vandehoek & Ruprecht.

Moeller, M. L. 2000: Gelegenheit macht Liebe. Reinbek: Rowohlt.

Ploeger, A. (1983): Tiefenpsychologisch fundierte Psychodramatherapie. Stuttgart. Kohlhammer.

Retzer, A. (2009): Lob der Vernunftehe. Frankfurt a. M.: Fischer Verlag.

Revenstorf, D. 2005: Sieben Regeln. Seminarunterlage (unveröffentlicht).

Rudolf, G. (2013): Strukturbezogene Psychotherapie. Stuttgart: Schattauer.

Sack, M., Sachsse, U., Schellong, J. (Hrsg.) 2013: Komplexe Traumafolgestörungen. Stuttgart: Schattauer.

Schmidt, G. 2004: Liebesaffären zwischen Problem und Lösung. Heidelberg: Carl-Auer.

Schönpflug, W. 2000: Geschichte und Systematik der Psychologie. Weinheim: Psychologie Verlags Union.

Shazer, de St. 2014: Wege der erfolgreichen Kurztherapie. Stuttgart: Klett-Cotta.

Schulze-Venrath; U. (2013): Lehrbuch Mentalisieren. Stuttgart: Klett-Cotta.

Uexküll, T. v., Wesiak, W. (2011): Theoretische Grundlagen. IN: Adler, R. H. u. a. (Hrsg.) 2011, 3–40.

Ullmann, H. (2001): Das Bild und die Erzählung in der Psychotherapie mit dem Tagtraum. Bern: Hans Huber.

Ullmann, H. (2017): Einführung in die Katathym Imaginative Psychotherapie (KIP). Heidelberg: Carl-Auer.

Ullmann, H., Wilke, E. (2012): Handbuch katathym Imaginative Psychotherapie. Bern: Huber.

Ullmann, H.; Friedrichs-Dachale, A.; Bauer-Neustädter, W.; Linke-Stillger, U. (2017): Katathym Imaginative Psychotherapie (KIP). Stuttgart: Kohlhammer.

Varela, F. J.: Imagination als das eigentliche Leben. IN: Baumunk; B. M. et al. (2000).

Watzlawick, P. 1983: Anleitung zum Unglücklichsein. München: Pieper.

Watzlawick, P.; Weakland, d. J.; Fisch, R. 2013: Lösungen. Bern: Huber.

Wickert, U. 2010: Der Ehrliche ist der Dumme. Hamburg: Hoffmann und Campe.

Willi, J. 1986: Die Zweierbeziehung. Reinbek bei Hamburg: Rowohlt.

Whitebook, J. 2018: Freud. Stuttgart: Klett-Cotta.

Wollschläger, M-E.; Wollschläger, G. (1998): Der Schwan und die Spinne. Bern: Huber.

Yalom, I. D. (2015): Im Hier und Jetzt. München. btb.

Yalom, I. D. (2021): Theorie und Praxis der Gruppenpsychotherapie. Stuttgart. Klett-Cotta.

Quellenauswahl: Musik und Film

Falco 1985: Rock me Amadeus.

1999: Die drei ??? Kids (Hörspielserie) Hörbücher: Europa.

Allen, W. 1977: Der Stadtneurotiker.

Zemeckis, R. 2000: Cast away / Verschollen. Mit *Tom Hanks* als *Robinson Crusoe*.

Leven, J.: Don Juan de Marco. Mit *Johnny Depp, Marlon Brando, Faye Dunaway.*

Hary, O.; Laurel, St. 1920 f.: Dick und Doof.

Cuarón, A. 2013: Gravity. Mit *Bullock, S., Clooney, G.* als *Kowalsky.*

Exkurs: UEXKÜLL

Im Uexküll werden erkenntnistheoretische Einsichten für Therapeuten griffig zusammengefasst (UEXKÜLL et al. 2011,3–40 u. 927) und hier interpretiert:

1. Grundlagen des Wissens und der Theoriebildung

Die Theorie der Medizin setzte oft stillschweigend einige Prämissen voraus, die sich als problematisch für die Psychosomatik und Psychotherapie erwiesen. Der mit der Aufklärung und der Moderne einherschreitende *psychophysische Dualismus* soll durch ein **ganzheitliches Modell** ersetzt werden.

1.1 Grundlagenbegriffe: Perturbation, Autopoiese, erlebendes lebendes System und Konstruktivismus

Statt reflextheoretisch von „Reizen" könnten wir von **„Perturbationen"** (VARELA) sprechen, weil die das scheinbar gereizte System als innerlich aktiv, durch äußere Zeichen gestört, d. h. perturbiert, formulieren. Aus dieser Sicht führt der Körper Selbstgespräche, merkt Zeichen der Umwelt und agiert aktiv entsprechend seiner idiosynkratischen Bedeutungszuschreibung.

Die Bedeutungszuschreibung oder alternativ die Ignoranz für von Dritten wahrgenommene „überlebenswichtige" Zeichen nimmt das abgeschlossene lebende System vor. Der Organismus agiert entsprechend seiner Struktur „autopoetisch". **„Autopoesie"** bedeutet, dass biologische Systeme geschlossen ihre Umwelt unter dem Aspekt der Bedeutung für ihre Bedürfnisse interpretieren (MATURANA). Geschlossen bezieht sich dabei auf die Selbstbestimmtheit des Stoffwechsels von biologischen Systemen gegenüber ihrer Umwelt (z. B. die Maus entscheidet, ob sie den Köder frisst) und nicht auf die grundsätzliche Offenheit für bestimmte Stoffwechsel-vorgänge.

Die Angewiesenheit von Organismen auf eine artspezifische Umwelt lässt von einer „Einheit des Überlebens" (BATESON 1985) oder vom **„lebenden System"** sprechen. Jakob v. Uexküll (1864–1944) definierte „Umwelt" als „subjektive Welt", welche – über durch Rezeptoren und Sinnesorgane wahrgenommene Empfindungen hinaus – artspezifisch, entsprechend biologischen Bedürfnissen, aufgrund von Verhaltensdispositionen aus Zeichen „konstruiert" wird. **Erleben** ist die Fähigkeit eines Körpers, etwas zu „interpretieren, was die Einheit mit seiner Umwelt verändert." Maturana (1982) nennt die Fähigkeit, die Austauschprozesse nach „eigenen Kriterien" durchzuführen, gerade weil diese dem Außenstehenden verschlossen sind, Autopoesie. Ein eigenes Motiv des Körpers sei dabei stichwortartig bezeichnet mit Propriozeption, sensomotorischen Schemata oder situierten Agenten, mit eigener Aktivität oder „kybernetischer Prüfung" der Passung von Umwelt mit der subjektiven Umweltkonstruktion.

Die moderne Wissenschaft selbst musste die Möglichkeit, der Erkenntnis objektiver Realität, wie in der Abbildungstheorie vertreten, aufgeben. Der **„Konstruktivismus"** vertritt die Idee, dass die Vorstellung einer Übereinstimmung unserer Konzepte mit der Wirklichkeit durch die *Vorstellung des „Passens" unserer Wirklichkeitskonstruktionen zu einer prinzipiell unerkennbaren Realität* ersetzt. Für den Patienten und den Therapeuten muss bei Erkrankung/Passungsverlust eine Wirklichkeit über diagnostische Begriffe und Behandlungsschritte konstruiert werden, die eine gemeinsame Aufgabe zur Herstellung von Passung beschreibt.

1.2. Zeichentheorie vs. Reiz-Reaktions-Theorie

Statt einengend Reiz-Reaktions-Muster zugrunde zu legen, erscheint es angemessener, allgemein Indizien-Muster für Unbekanntes zu hypothetisieren.

Die **Semiotik** oder Bedeutungslehre war die altertümliche ärztliche Form des Herangehens an Krankheiten mit einer spurensuchenden Indizienwissenschaft. Durch die Erfolge mechanistisch-reduktionistischer Naturwissenschaft wurde sie in den letzten 150 Jahren weitgehend ausgeblendet. Sie soll jedoch Berücksichtigung finden, weil sie Phänomene beschreiben lässt, die nicht durch einfache Ursache-Wirkungs-Zusammenhänge darstellbar sind und die aufgrund der (1) Geschichte des Patienten und der (2) Geschichte der Arzt-Patient-Beziehung neben der (3) Geschichte der Krankheit relevant sind.

C. S. Peirce (1839–1914) begründete eine entsprechende **Zeichenlehre**, in der er universale Kategorien oder Zeichenklassen unterschied:

• *ikonische Zeichen*: Die Kategorie **„Erstheit"** besteht für **Sein in sich selbst.** „Quali-Zeichen" entsprechen phänomenologischen Empfindungsqualitäten.
Beispielsweise auf biochemischer und pharmakologischer Ebene entsprechen sie dem Prinzip komplementärer Passung lokalisierbarer physio-chemikaler Schlüssel-Schloss-Schemata.

• *indexalische Zeichen*: Die Kategorie **„Zweitheit"** besteht für **Sein in Bezug auf ein anderes**. Gemeint sind räumlich- zeitlich- kausale Zusammenhänge unterschiedlicher Wahrnehmungen. Bei komplexen Lebewesen beispielsweise werden räumliche und zeitliche Prozesse durch Hormon- und Nervensystem über die Zeit gesteuert.

• *symbolische Zeichen*: Die Kategorie **„Drittheit"** ist die **Beziehung zwischen einem Ersten und einem Zweiten**, somit handelt es sich um Gesetzmäßiges und

Gewohnheitsmäßiges und Allgemeingültiges. Die Symbole beruhen auf sozialer Übereinkunft, wie in der Kultur und bei Sprachen, in denen verschiedene Zeichenerfahrungen (ikonische, indexalische) mitschwingen.

Ein **repräsentiertes Objekt** trägt **Zeichen** für einen **Interpretanten.**

Der **Interpretant** kann *unmittelbar* sein; dann entspräche er der Erstheit und präsentierte sich für einen weiteren **Beobachter.**
Der *dynamische* Interpretant ist die Wirkung, wie sie durch ein Zeichen erzeugt wurde. Der Patient, der seinen Herztod voraussieht, wenn er Herzarythmien spürt.
Der *finale* Interpretant entspräche der „wahren", endlich festgesetzten Meinung.

Philosophische Zeichenprozesse sind infinitiv, niemals final, aber für biologisch abschließbare Zeichenprozesse gilt: „Die Semiose endet mit der Bedeutungsverwertung." Die Widersprüchlichkeit ist relativ, da ein „interpretierender Gedanke" ein menschliches oder biologisches Lebewesen voraussetzt.

Die Interpretanten führen zu pragmatischen Handlungspassungen, je nach Erfolg mit Aktivierung oder Rückzug. Das ist mit dem Begriff **pragmatisches Realitätsprinzip** gekennzeichnet.

Das **kommunikative Realitätsprinzip** ist erfüllt, wenn „wenn es Interaktionspartnern gelingt, gemeinsame Handlungen erfolgreich durchzuführen (MEAD 1968)." Dazu müssen sie sich in einem gemeinsamen Bindungssystem entsprechend ihren vorsprachlichen, emotionalen Einlassungen und ihren Narrativen hinsichtlich einer gemeinsamen Wirklichkeitskonstruktion abstimmen und handelnd begreifen.

Für den Patienten und den Therapeuten gilt: Soll Behandlung gelingen, sollten beide einen Kode entwickeln, der sich sprachlich „in der sachlichen Übereinkunft" oder im Rationalen zeigt und in einer Art ungeschriebener Übereinkunft zu bezogenem „szenischen" Handeln führt.

Das ist besonders für die Psychotherapie alles andere als trivial, weil sich symptomaufrechterhaltendes Verhalten des Patienten unbewusst in die Behandlungsbeziehung in der Regel einschleicht und zu Wiederholung problemaufrechterhaltender Muster führen kann.

1.3. Systemtheoretisches

Das griechische syn „zusammen" und das histemi „stellen" bilden die etymologische Wurzel für **System**, ein Ganzes, das durch Teile zusammengesetzt ist. Lateinisch wäre construere „zusammenstellen" oder „konstruieren". Eine Konstruktion oder ein System ist immer eine Beschreibung einer zuordnenden Tätigkeit.

Systeme sind Konstruktionen, die Zeichen zu Gegenständen und Vorgängen zusammenstellen und bezogen als ein Ganzes ordnen.

SIMON 1993 u. a. betonen den Unterschied, ob eine **Beobachtung erster Ordnung** oder **zweiter Ordnung** erfolgt. Erstere bedeutet, dass Beobachter nach eigenen Kriterien beobachten. Zweitere erfolgt, wenn Beobachter erster Ordnung nochmals beobachtet werden.

Auf komplexerer Ebene kann Neues erscheinen, was mit **Emergenz** bezeichnet wird. Das Ganze ist mehr als die Summe seiner Teile.

Begriffe wie Beziehung, Zusammenhang, Netzwerk oder Muster beschreiben dynamische Systeme.

Regelkreis, Funktionskreis und Situationskreis entsprechen ikonischer, indexalischer und symbolischer

Zeichennutzung, inkludierend phylogenetisch vegetativer, animalischer und menschlicher Entwicklung.

Lebende Systeme sind nach J. v. Uexküll eine Einheit aus Organismus und der von ihm konstruierten Umwelt.

Entwicklungspsychologisch bei Menschen kann von einer Interkorporalität oder Einheit von Organismus und Umwelt ausgegangen werden. Dem entspricht der **symbiotische Funktionskreis** mit den mit ikonischen Merkorgan und reflexhaftem Wirkorgan – **sensomotorischen Zirkulärreaktionen** – aufseiten des Säuglings bzw. der problemlösenden Mutter.

Der frühe Zustand wird zunehmend ausdifferenziert. Einverleibende **Assimilation** mit einer **Tendenz zur Wiederholung** und dadurch gegebene Möglichkeiten der Anpassung durch **Akkommodation** führen zu Entwicklungsschritten. Dabei lernt das Kind, zwischen Sensorischen und Motorischen zu hemmen. Zeichen **ikonischer** Art werden mit **indexalischen** integriert, sodass das Kleinkind sich mit vier Monaten als kontrollierender Verursacher erleben kann (STERN). Nach zwei Jahren mit Emotions-, geteiltem Aufmerksamkeits- und Sprachverständnis ist es möglich, **symbolische** Zeichen im inneren Operieren zu nutzen. Die Entwicklung progrediert (und regrediert partiell) vom **„Körper sein"** zum **„Körper haben"** und vom „Präsentsein" zum „Sein mit **subjektiven Objekten**" und weiter zum Sein mit **„objektiven Objekten"**.

Mit der Wende zu „objektiven Objekten" hat das Kind eine höchst vulnerable Entwicklung von Omnipotenz mit Selbstobjekten zur grundsätzlichen Fähigkeit der Autonomie durchschritten (WINNICOT 1973). Schizoid-paranoide Positionen gilt es aufzugeben zugunsten reiferer depressiver Positionen. Falsche Selbstorganisationen mit Symptomen gilt es von authentischen Selbstentwicklungen mit Integration von Umweltperturbationen zu unterscheiden. Allen, Fonagy, Batemann(2011) unterscheiden teleologische, konkretistische, als-ob- und reife reflexive integrierende Modi des Mentalisierens, welche sich bis zur Einschulung entwickeln können.

Vom **Situationskreis** wird gesprochenen, wenn die rezeptorische Sphäre merkt, die effektorische Sphäre wirkt, aber im Individuum eine Bedeutungserprobung über Fantasie und Probehandeln erfolgt und effektorisch problemlösend eine Umgebung konstruiert wird.

Für die Erklärung von Störungen wird so die Vulnerabilität der frühen Entwicklung nachvollziehbar. Auch die Unangemessenheit reduktionistischer Analysen, die emergente Ereignisse auf komplexerer Ebene unberücksichtigt lassen, erklären z. B. psychosomatische Störungen aufgrund auslösender sozialer Ereignisse nicht. Bedeutungen der Umgebung können physiologisch über klassische und operante Konditionierungen zwischen verschiedenen Subsystemen gekoppelt werden. Sie werden verstärkt oder gelöscht in Verbindung mit inneren Bedürfnissen und Bereitschaften. Biosemiosen enden mit der Bedeutungsverwertung.
Auf- und Abwärtseffekte in Subsystemen lassen sich durch **Übersetzungen in verschiedene Zeichen- systeme** erklären. Beispielsweise erhält ein Subsystem „Merkzeichen" und dieses Subsystem als Interpretant interpretiert „Merkmale" einer Repräsentanz und zeigt deshalb „Wirkzeichen".

Der Interpretant als Subsystem trägt dabei dual psychologische und physiologische Bedürfnisse, die in voneinander bedingenden verschiebbaren Gleich- und Ungleichgewichten existieren – gesehen aus der Warte des Beobachters zweiter Ordnung.
Zeichen sind dabei **materielle Vehikel** und bei Vorliegen entsprechender Codes oder Sprachen für die Umweltsignale Inhalt oder immaterielle **Information**.

Das ist relevant, da **Kausalität** allgemein jeder Veränderung eine Ursache zuschreibt; und neben der **„mechanisch-deterministischen"** gerade für lebende, zeitumkehrvariante Systeme **„semiotische Kausalität"** hypothetisiert werden muss. Gerade bei Auf- und Abwärtseffekten und emergenten Ereignissen sind semiotische Ursachen bedeutsam.

1.4 Konsequenzen für die therapeutische Praxis seien wie oben in Ü 15 beschrieben:

Zu beachten sind:

- die Qualität der sozialen Beziehungen,

- die Patient-Arzt-Beziehung und

- die Bezüge der Subsysteme im Körper und deren Geschichte.

    Diagnosen sind nicht nur die Feststellung eines somatischen Defektes, sondern auch von biologisch-psychosozialen Gesundheits- bzw. Krankheitsprozessen.
    Gesundheit ist ein Prozess, der ständig neu erzeugt werden will (Antonowsky 1979).
    Die Problemsituation wird sinnvoll aus ikonischen, indexalischen und symbolischen Zeichen des Patienten beschrieben.
    Der Therapeut muss als Körper-Interpret und Metainterpret eine Bedeutung erteilen.
    Im Prozess von Bedeutungserteilungen, Bedeutungsverwertungen, Neu-Bedeutungserteilungen und Neu-Problemdefinitionen sollen ein „Gefühl des Zusammen" und ein epistemologisches Vertrauen entstehen.
    Die Klärung von körperlich-informationellen Auf- und Abwärtsprozessen und besonders Teufelskreisen kann gesundheitsstärkend erfolgen. Über die

pragmatische Realität hinaus können kommunikative Realitäten wirksam werden.

Literatur:

Adler, R. H. u. a. (Hrsg.) 2011: Psychosomatische Medizin. München: Urban & Fischer.
Uexküll, T. v., Wesiak, W.(2011): Theoretische Grundlagen. IN: Adler, R. H. u. a. (Hrsg.) 2011,3–40.)

Inhaltsverzeichnis II

(Sie finden zu den Kategorien A. bis H. etwas in den genannten Übungskapiteln. Fett formatierte Ü-Nummern sind Hinweise auf spezielles Passen zu den jeweiligen Kategorien. Fett markierte Kapitel sind in diesem Sinn spezifischer. Die Seitenzahlen zu den Übungen finden Sie im *Inhaltsverzeichnis I* zu Beginn des Buches. Die Informationen sind populär gehalten und haben nicht den Anspruch eines Fachbuches.
Bei ernsten psychischen Problemen suchen Sie einen Arzt oder Psychotherapeuten auf. Lassen Sie sich beraten. Für die meisten menschlichen Probleme gibt es Alternativen. Fragen Sie nach.)

A. Dissoziation

Ü **Einleitung für Leser**

B. Depression

C. Angst

D. Zwänge

E. Psychose

Ü **Einleitung für Leser**

Ü**05,** 10, 11, **12,** 13, 14, 16

F. Psychosomatik

Ü03, 05, 10, **12, 13, 15,** 16

G. Trauma

Ü01, 05, 10, 12, 16, **22**

H. spezielle Methoden

(Sie finden hier keine psychiatrischen und psychotherapeutischen Methoden. Die Auswahl konzentriert sich
auf in eigener Verantwortung zu nutzende Information und
Übungen. Falls Sie in Behandlung oder Beratung sind,
können Sie mit ihrem Gegenüber einzelne Sie
interessierende Ideen dieses Buches besprechen.)

H.a. Selbstreflexion

Vorwort, Einleitung, Ü Nachwort (und
die geheimen Motive des Lesers)

Ü**01,** 02, **05,** 07, 09, 10, 11, **15,** 16,
17, 19

H.b. Selbstbeobachtung

Ü**01, 04,** 05, 11, 12, 13, 15, **16**

H.c. Selbstexperiment

Ü02, 03, 04, **07,** 08, **10, 11,12, 18, 20, 22**

I. allgemeine Methoden der Psychotherapie und Psychiatrie

(Nutzen Sie allgemeine Lehrbücher der Psychotherapie und Psychiatrie, um einen Überblick zu gewinnen.)

Inhaltsverzeichnis III

Die Kategorien A. bis E. werden in „Ü Nachwort (und die geheimen Motive des Lesers)" erklärt. Sie finden zu den Kategorien etwas in den genannten Ü-Kapiteln. Die Seitenzahlen zu den Übungen finden Sie im *Inhaltsverzeichnis I* zu Beginn des Buches. Die Informationen sind populär gehalten und haben nicht den Anspruch eines Fachbuches.

A. identifizierter Klient

Nur die Seiten 231–233 aus „Ü Nachwort (und die geheimen Motive des Lesers)" wird zu lesen empfohlen.

B. Besucher

Ü01 bis Ü22, alles durchblätternd querlesen.

(s. besonders „Inhaltsverzeichnis I", „Quiz: Unbewusstes entdecken").

C. Klagende

Ü09, Ü16 lesen.

(Lassen Sie sich Zeit. Führen Sie Belastungsausgleiche durch und versuchen Sie, etwas Schönes und Erholsames zu unternehmen. Wechseln Sie vielleicht erst später in die Position von A. oder B. oder D.).

D. Kunde

Alle Übungen 01 bis Ü22 der Reihe nach oder entsprechend individueller Priorität wiederholend durcharbeiten.

(Das Anlegen eines „Reflexionsbuches" mit persönlichen schriftlichen Aufzeichnungen wird empfohlen).

E. **Experte**

„Ü Nachwort (und die geheimen Motive des Lesers)"; „Register"; „Inhaltsverzeichnis I" anschauen.

Danksagung

Ich danke für die freudige Urszene und die frühen Jahre der
Mutter, dem Vater,
den Geschwistern. Ich verneige mich auch vor den Freunden
und den kleinen, großen, treuen Lieben, den Lehrern in der
Schule, Sporttrainern, Handwerkerkollegen,
allen Psycho-Ausbilderinnen und lieben Kollegen, meiner gut
zusammengesetzten Familie und nicht zuletzt den vielen
Patienten und Patientinnen, denen ich Mitmensch sein durfte,
was mich genau das lehrte und immer noch lernen lässt.

Für die Entstehung des Buches bin ich an erster Stelle *Stefan
Melulis* dankbar, meinem ersten Leser und Freund, weiterhin
Stefanie Kirschbaum für den kompetenten kollegialen Rat und
besonders meiner Lektorin *Celina Keute*.

Fach- und Sachgeschichten und dem Comic-, Film- und
Kunstliteraturbetrieb sei Dank für breite Bildung und für die
Möglichkeit von Skandal, Plagiat und Drama.

I love it.

Über den Autor:

Norbert Theodor Maria Flamme, geboren 1958, arbeitet seit Jahren als Psychotherapeut und Dipl.-Psychologe. Er lebt in der „Metropole Ruhr" Duisburg.

Fachzeitschriftlich hat er „Coaches – Gurus in Nadelstreifen?" (2002) und „Die Kunst der Beendigung einer Psychotherapie" (2016) veröffentlicht.

Belletristisch ist „2037: Skizze zum 7. Oktober – Herbstnovelle mit Hengstparade" sein Debüt. Sein Protagonist M. gerät in dystopische Szenen – das Loreleyfestival wird von rechtsextremen Autonomen überfallen. Mit M. zeigt der Autor, wie ein Mensch (und nicht der Superheld) langsam an den Herausforderungen wachsen kann. M. stärkt sich mit Freundinnen, Familie, Fundus an deutschen Werten, Wissen und Genuss. Mit der Hengstparade wird metaphorisch-utopisch deutlich: M. ist lebensbejahend, wird trotz allem aktiv und hat „in tausend Jahren" eine humane, an universalen Werten orientierte Welt hinterlassen. Der Autor erzählt von M. damit als bewältigendes Modell.

Mit „Manöver für unglückliche Lösungen" (2024) legt der Autor ein Sachbuch für Interessierte an den Themen Psychologie und Psychotherapie vor. Das Buch ist Workbook im Genre „Lebenshilfe und Psychotherapie". Das Werk entstand in den letzten drei Jahren.

Der Autor spricht, in Passagen anspruchsvoll, auch Therapeuten an, die sich starkmachen wollen für selbstständige Entwicklungen ihrer Klienten im Outside statt im Inside des Therapieraums.

Mit dem Fokus auf Aktivierung außerhalb des Therapieraums in Verbindung mit selektiver Offenheit eines erfahrenen Psychotherapeuten geht der Autor ein Risiko ein. Er wird persönlich greifbar. Das Buch hat so einen Alleinstellungswert.